此书为中国教育学会2024年度教育科研一般规划课题
"新课标背景下语文课程'教—学—评'一体化教学生态理论与实践研究"
（课题编号202427020215B）阶段性研究成果

梦山书系

好课的样子

小学语文"教—学—评"互动一体课例精选

黄国才 ◎ 编著

海峡出版发行集团｜福建教育出版社

图书在版编目（CIP）数据

好课的样子：小学语文"教—学—评"互动一体课例精选/黄国才编著. —福州：福建教育出版社，2025.6（2025.10重印）. —ISBN 978-7-5758-0413-4

Ⅰ. G623.202

中国国家版本馆CIP数据核字第2025J8W867号

好课的样子

——小学语文"教—学—评"互动一体课例精选

黄国才　编著

出版发行	福建教育出版社
	（福州市梦山路27号　邮编：350025　网址：www.fep.com.cn）
	编辑部电话：0591-83779615　83726908
	发行部电话：0591-83721876　87115073　010-62024258）
出 版 人	江金辉
印　　刷	福建东南彩色印刷有限公司
	（福州市金山工业区　邮编：350002）
开　　本	710毫米×1000毫米　1/16
印　　张	17.25
字　　数	264千字
插　　页	1
版　　次	2025年6月第1版　2025年10月第2次印刷
书　　号	ISBN 978-7-5758-0413-4
定　　价	49.00元

如发现本书印装质量问题，请向本社出版科（电话：0591-83726019）调换。

序

阿才是我带的省学科教学带头人培养对象班的学生。早在2005年我就听过他上课。那时，他还在光泽县教师进修学校，上的是臧克家的诗《有的人——纪念鲁迅有感》。这节课给我留下深刻的印象。记得当时我对一同听课的林莘、高玉说："阿才的课有思想！"

后来，我主编《有效备课·上课·听课·评课》一书，让阿才负责撰写备课和评课部分并统稿，认真、扎实、有见地。

再后来，阿才通过招聘考试到省教研室任职，专职从事小学语文教研工作，但他并没有脱离一线教学，每学年听课、议课两百多节，积累了极丰富的"课相"，向一线教师学了不少"绝招"；偶尔他还上课，将自己对课堂教学的理解和主张转化为实际教学行为，深受教师和学生的欢迎。

阿才笔头也勤，常常对同行的课进行剖析，做成课例发表，分享出去。

《好课的样子——小学语文"教—学—评"互动一体课例精选》一书，披沙拣金，汇集了阿才自己的课例和同行的课例，都是在专业期刊上发表过的。这些课例不仅勾勒出"好课的样子"，而且揭示了"好课的品质"，堪称生动形象的小学语文"教育学""教学法"。

具体而言，其好课的样子和品质，至少包含围绕一个核心和处理好三种关系。

这个核心就是"以生为本"，培养学生的核心素养。《义务教育语文课程标准（2022年版）》明确语文课程要培养学生的核心素养——文化自信、语言运用、思维能力和审美创造。这是语文课程和实施必须追求和达成的。

这三种关系，一是"师—生"关系；二是"教—学—评"关系；三是"读—思—达"关系。处理好"师—生"关系，就是要营造和谐氛围、建立平等关系，师生互相成就；处理好"教—学—评"关系，就是注重实现"教—学—评"一致性，构建"教—学—评"互动一体的课堂生态，使合力育人；

处理好"读—思—达"关系，就是要"以学为主"，致力于培养学生阅读、思考和表达能力，使思考基于阅读而不"空"想，表达基于思考而不"套"话，阅读经深度思考"加工"而"成为"自己、"成就"自己；等等。一言以蔽之，教学相长。

书中精选的课例，特别是阿才在"整本书读思达"理念引领下的整本书阅读指导课例体现得尤其突出，基本实现了素养立意、从学科教学向学科育人转变，践行"课堂教学，是教师、学生和教材互动互助而生成的一种智慧生活"的教学主张。

他山之石，可以攻玉。阿才编著的《好课的样子——小学语文"教—学—评"互动一体课例精选》，可以拿来研究，更可以拿来用。

是为序。

2024年11月于福州

代自序

课堂教学：多做一些"壮花苗"的事

黄国才

素养导向的学习目标是课堂教学的出发点也是归宿点。素养导向的学习目标怎么确定、怎么落实，是实施教学和提高质量的关键问题。确定目标，要以课程标准为"标准点"，以教材为"着眼点"，以学生发展为"落脚点"；落实目标，要锚定目标的达成，将目标转化为语文实践活动，依据学情或课堂生成来有效地调整目标与实施。目标确定与落实是相辅相成、互相影响的"有机体"。我们要以目标是否"落实"来评价目标"确定"的可行性，以"确定"的目标来指导"落实"的有效性，以课堂生成来调整目标的确定与落实。如此，使"素养导向学习目标的确定与落实"真正成为上位的指导课堂教学改进和质量提高的方向性存在。

基于此，课堂教学应着力提高素养导向学习目标的确定与落实的质量，进一步研究与落实"课程育人"理念、体现"编者意图"、指导"学生提问"、做实"评价伴随"等建议。

一、要进一步研究和落实"课程育人"或"课程思政"

语文教学要准确理解义务教育语文课程的基本理念，"充分发挥语文学科独特的育人功能"，全过程、全方位以文化人。

阅读教学，要朗读、默读，引导学生"走进"课文，"让文章的本身去教育学生"（张志公语）。"走进"课文的路径有多条，其中之一是了解作者、与作者"对话"。了解作者，不仅涉及尊重作者，而且能促进对课文的理解，还事关增强"文化自信"。《爬山虎的脚》的作者是叶圣陶先生、《北京的春节》的作者是老舍先生，尤其如此。教学时，要在板书课文题目的同时板书作者姓名（如果是翻译作品，还应该板书译者姓名）；在朗读课文时，读出作者

（译者）姓名；在理解课文内容和语言形式（写法）时，带入对作者的了解，以便加深理解。如，《爬山虎的脚》在引导学生体会作者是怎样"细致观察"和"长时间观察"时，插入"叶圣陶介绍"（"介绍"的方式有多种，但一定不是"读稿子"），让学生对叶圣陶爷爷亲自为孩子们学习观察进行示范而产生"敬意"，进而主动学习；《北京的春节》，在引导学生体会课文语言的"京味儿"时，插入老舍介绍，一定能加深对作品与作者的联系（知人论世）的认识，促进阅读与鉴赏能力提高，等等。

习作教学，同学发言或习作，难免出现幼稚的、狭隘的甚至偏颇的言语/文字，教师要认真倾听且敏锐地捕捉信息，给予即时引导，以便纠偏提质。例如，《我和____过一天》，有同学发言说"我和马良要去'画粮食画衣服'给小朋友"。虽然，这位同学由"为自己想"到"为他人想"，值得肯定，但是，这里面的问题显而易见——去哪里"画粮食画衣服"？教师是否听见且觉察出背后的"套话"并即时给予引导教育？如果教师启发学生"现在，有没有比'画粮食画衣服'更重要的东西呢"，学生可能就会想到画"时光机""智能机器人"之类，其思维品质就截然不同。同样，有同学说要"和嫦娥吃月饼"，教师是否敏锐地联想且引导学生关注"中国嫦娥六号于6月25日在月球背面采样'回家'，创造人类历史上的第一"，等等。

以上种种，都涉及"课程思政"且"润物无声"，都依靠教师课堂上的专心倾听与敏感反应。

二、要进一步研究和体现"编者意图"或"行为动词"的内涵与表现

课后练习是编者意图的集中体现（袁微子语）。当然，"编者意图"还包括课文、插图、注释、批注等，但就阅读教学而言，最直接的是课后练习，尤其是练习中的行为动词，如，朗读、默读、说一说、讲一讲、写一写、体会、感悟、想象画面，等等。厘清这些行为动词的内涵和表现，想清楚它们之间的关联、异同、训练方式、指导重点、评价要点等，直接关系到学习目标的确定和落实，课堂教学质量的提升。

例如，《爬山虎的脚》课后练习有"朗读课文""说一说爬山虎是怎样往

上爬的"。课堂中，有老师请两组同学上台借助词语卡和板画的提示边说边演示，就是"说一说"（当然，还应该脱离"词语卡"，面对同学说）。反之，如果是低着头看课文就不是"说一说"而是"读一读"。例如，《北京的春节》，有老师要求"聚焦腊八与除夕，体会作者是如何详写的"。如何"体会"、如何表现"体会"？笔者认为，学生要"体会"作者是如何详写的，至少包含以下四个连续的思维过程——知道并确定详写的部分→熟悉详写的内容→了解详写内容的安排→探讨这样安排的好处——并能"说"出来，才算完成了"体会作者是如何详写的"这一阅读任务。否则，就可能陷入"模模糊糊一大片"的境地。

同理，习作指导课（40 分钟或 80 分钟），可能涉及指导学生"读""想""说""讲""画""写""改/评""誊抄"等实践活动，但所有活动都应该为"写/改"习作服务。换言之，习作指导课，是基于写、评价写、提高写，在学生"写"的实践中，提高写作素养的。离开"写"的实践（评价的显性指标是动笔写的时间和质量。如果没有充足的写作时间还谈什么"习作指导"，没有学生的"习作"还怎么"指导"？），"想"得再美、"说"得再全、"评"得再好，都没有拿起笔来"写"重要。因此，习作指导课，虽然不排除学生"说"（口头作文、说方法等）和"读"（读例文、读范文——尽可能在写之后），但是，应该以学生写作实践为基础、以基于写作的进步（经由自己发现、同学帮助、教师/作者点拨的）为关键，来衡量学习目标的确定与落实的成效，避免"习作指导课"泛化为"口语交际课""读写结合课""习作方式'盘点'课"，等等。

三、要更加重视和引导"学生提问"或"以学为主"

"学生提问"可能是评价课堂教学从"以教为主"转向"以学为主"的诸多指标中的关键一个，也是"激发学生的好奇心、想象力、求知欲"的重要途径。没有学生自主发现问题、主动提出问题、积极探索问题解决的实践，是难以提升学生思维能力和落实在"'双减'中做科学'加法'"的重要指示精神的。

课堂教学中，我们听到"编者"提问、听到教师提问，却很难听到学生提问——更别说高质量的提问了。怎样重视和引导学生提问、变被动"答问"到主动"提问",是摆在我们面前的重大课题。因此,统编教科书在四年级编排了"提问策略"单元以专门训练之。

其实,课堂教学中有许多"问题"是可以让学生来问的。教师问与学生问,虽然问题一样,但是效果不同,就像"喂孩子吃"与"孩子自己吃/孩子自己做东西吃",孰优孰劣不言自明。例如,《北京的春节》,当学生梳理出"详写的日子"与"略写的日子",便可以引导学生提问——"你有没有什么问题要问?"如果学生问出"为什么要详写'腊八'和'除夕'?""老舍先生这样安排详略有什么好处?"等,"以学为主"不就"初露端倪"了。

总之,有"学生提问"不一定就是"以学为主",但是,没有或从来都没有"学生提问"一定不是"以学为主"。

四、要进一步研究和做实"评价伴随"或者"以评促学"

《义务教育课程方案(2022年版)》提出"注重伴随教学过程开展评价","强化考试评价与课程标准、教学的一致性,促进'教—学—评'有机衔接",厘清了评价与教学的关系,指明了评价与教学融合的方向。课堂教学中,作业设计与嵌套、即时评价与反馈等,应成为"伴随教学过程开展评价"的主要方式,并以此落实"以评促学""以评促教",实现"教—学—评"良性互动、相互成就。

另外,教师对学生课堂表现的反应(包括同学之间),是最直接、最常态的"评价伴随"。其"反应"亦即"对话"是否起到"评价"作用、帮助学生不断抵达"最近发展区",也是个问题。例如,教师对学生回答后的"理答"常常不"匹配",不管学生答什么,要么虚应掌声,要么不予理会,待一二学生回答后便将自己准备好的答案抛出来——或说出或板书——之后进入下个"任务"。如《北京的春节》,有老师问:"比较'腊八'和'除夕'两部分的详写,有什么不同?"第一位学生回答"'腊八'是'聚焦'",老师立即板书"聚焦"(因为正中老师的答案);第二位学生回答"'除夕'是'丰富'"(老师不响);第三位学生回答"'除夕'是'丰富多彩'"(老师不响);第四位学生回答"是'广阔'",老师终于忍不住了,说:"老师也想到一个词'全景'",并板书"全景",等等。请问"全景"从何而来、什么意思、与"聚焦"什么关系?

当学生的回答与老师的答案不匹配时,应先让学生"申辩"或其他同学补充;教师非要抛出自己的答案,也要引导学生"比较",尽可能让学生"知其所以然",否则,评是难以促学、也难以促教的。课堂教与学,要变"问答"式"线性"推进为"对话"式"交互"向前。当然,教与学永远是一对矛盾的有机体,不必纠结是教重要还是学重要、是"'学'室"还是"'教'室",我们老祖宗的"教学相长"已经道尽教与学的关系奥秘,只不过真正落实恐怕"永远在路上"。

总而言之,一节课的时间极其有限,学习目标要明确精准,切不可贪多求全,少而精才可能"一课一得";用好教材,聚焦听、说、读、写、思、书(书写)等语文实践才可能"课课有得"。如果大家认可一句比喻——把老师比作园丁——的话,那么,我们强烈建议辛勤的园丁们:课堂教学,少做一些"绣花盆"的事,多做一些"壮花苗"的事,在精准的目标引领下,构建起素养导向的高质量"教—学—评"互动一体的学习生态。

目 录

一、我评析名师的课

1. 小步进阶创造美　由美生爱巧育人
　　——第五届青年教师教学观摩活动示范课《这儿真美》实录与评析 … 3

2. 运用阅读策略与促进阅读理解并行不悖
　　——第四届青年教师教学观摩活动示范课《将相和》实录与评析 …… 18

3. 《学写留言条》可以教与学得这样有趣、有效、有用
　　——第三届青年教师教学观摩活动示范课《学写留言条》实录与评析 …
　　…………………………………………………………………………… 35

4. 让文章的本身去教育学生
　　——第四届人教一类课例《为中华之崛起而读书》实录与评析……… 45

5. 语文要素与课后练习融通　嵌套纸笔作业减负增效
　　——第三届人教一类课例《剃头大师》实录与评析……………………… 52

6. "难课文"教学：化难为易的三个策略
　　——第三届人教一类课例《白鹭》实录与评析…………………………… 68

7. 秋天如画　朗读如歌　童言如诗
　　——新修订教材一年级《秋天》实录与评析……………………………… 78

8. 江南风光，课堂这边独好
　　——新修订教材一年级《江南》实录与评析……………………………… 87

9. 用教材教，让学习真正发生
　　——新修订教材一年级《雪地里的小画家》实录与评析 …………… 96

10. 以游戏为情境　带领孩子初探"汉字王国·会意林"
　　——新修订教材一年级《日月明》实录与评析 ………………… 105

11. "对"是想出来的　"韵"是读出来的——想·读如"歌"
　　——新修订教材一年级《对韵歌》实录与评析 ………………… 115

12. 用足教材资源练习说话　根据教材提示进行识字
　　——新修订教材一年级《语文园地五·字词句运用》实录与评析 … 129

13. 小学生阅读分享会怎么开
　　——《奋斗的历程》阅读分享会实录与评析 …………………… 139

14. 《中国民间故事》阅读指导：不仅仅是读故事
　　——快乐读书吧《中国民间故事》（五年级上册）实录与评析 ……… 146

15. "文学阅读与创意表达"和"语言文字积累与梳理"完美结合
　　——《枫树上的喜鹊》（第一课时）实录与评析 ………………… 154

16. 新课标背景下习作起步：一步一个"新"脚印
　　——《我们眼中的缤纷世界》（三年级上册）习作指导实录与评析 … 164

17. 用多种媒体"自画像"　写评改与发表自信满满
　　——四年级习作指导《我的"自画像"》教学反思与评析 ………… 173

18. 如何赢在思维？
　　——群文阅读《如何赢在思维？》实录与评析 ………………… 182

19. 文学阅读：引导学生探索"有创意地表达"
　　——以统编教材四年级《我们家的男子汉》教学为例 …………… 189

二、名师评析我的课

20. 循朱熹读书之法　行"读思达"教学之道
    ——《〈古人谈读书〉之朱熹读书之法》教学赏析 ………… 199

21. 引导发现与提出问题：开启"整本书读思达"大门的金钥匙
    ——《星星之火——红色故事之创意美术》教学赏析 ………… 207

22. 共情求真助学习　激疑促思叩诗门
    ——综合性学习《轻叩诗歌大门》教学赏析 ………… 219

23. "教—学—评"一致　形简而意丰
    ——文言文《精卫填海》教学赏析 ………… 227

24. 读书　说书　议书　用书
    ——《我的"长生果"》教学赏析 ………… 232

25. 以文言之"简"探教学之"实"
    ——《王戎不取道旁李》教学赏析 ………… 241

26. 梳理与探究：指向核心素养的文言文复习课转型
    ——《〈文言文二则〉复习》教学赏析 ………… 249

附录　我们是书香少年 ………… 258

后记 ………… 259

一、我评析名师的课

1. 小步进阶创造美　由美生爱巧育人

——第五届青年教师教学观摩活动示范课《这儿真美》实录与评析

前奏：课前交流——两地美景"对对碰"

师：三年级九班的同学们，大家好！初次见面，我先做个自我介绍吧。我是来自福建省泉州市实验小学的黄老师，咱们互相打个招呼吧。同学们好！

生：老师好！

师：面对着现场的老师们，我们也跟老师们问个好。

生：老师们好！（现场教师掌声回应）

师：老师们的掌声是对你们的喜爱和赞美。距离上课还有几分钟时间，咱们来聊聊天放松放松，怎么样？

生：好。

师：今年国庆，老师来扬州小住了三天，觉得咱们扬州真是一个美丽而又热情的城市。同学们到过老师的家乡泉州吗？（无人举手）都没去过？那老师向大家发出邀请：泉州欢迎你们。

师（出示扬州和泉州城市图片）：你们看，泉州、扬州只一字之差，其实这两座城市有很多相似的地方：他们都是"海丝之路"的重要港口，都是历史悠久的文化名城，也都享有"东亚文化之都"的美誉；而且在30年前，两座城市就结为友好城市、携手发展呢。今天有缘相聚，咱们来玩一个和城市有关的游戏，怎么样？（学生充满期待）游戏名称就叫——

生：两地美景"对对碰"。

师：老师说出泉州的一处美景，同学们说出扬州相近或相关的一处美景，就算"对对碰"成功。

师（出示泉州五里桥）：泉州有一座"五里桥"，是我国现存最长的海港大石桥。

生：五亭桥。

师：如果话能说完整就好了。扬州有座……

生：扬州有座五亭桥。

师：桥对桥，"对对碰"成功。（师生击掌庆贺）你们看，连名字都有一些相似。

生：扬州有座二十四桥。

师（与学生击掌庆贺）：扬州是水乡，桥对桥肯定难不倒大家。我们接着往下看（出示"西街"美景），泉州有一条西街，是一条美食飘香的老街。

生：东关街。

师：要说完整话哦。

生：扬州有条街，叫东关街。

师：进步了（师生击掌庆贺）。街对街，东对西，真有意思。

师：同学们，一座座桥，一条条街连接了两地风光。虽然咱们两座城市相隔千里，但因为这些相似的风光，我们彼此的心里便多了几分亲切。美景"对对碰"难不倒大家，那么美景美词"对对碰"呢？敢不敢挑战一下？

生（响亮自信、底气十足）：敢！

师（出示两地街图片——"泉州西街"和"扬州东关街"）：请看图，待会儿听老师念两个词，从中选一个能和图片美景相搭配的词写下来。同学们从抽屉里拿出课前游戏纸，同时拿好笔。给大家五秒钟时间准备。倒计时5、4、3、2、1，时间到。请听词。第一个词"热闹"，第二个词"清凉"，选一个能和美景相搭配的写下来。（生书写词语）

师：雨琪同学写字坐姿端正，表扬她；第四组也很棒。子轩写得最快，你写的是什么？（生小声地：热闹。）能不能更响亮一点？

生：我写的是"热闹"。

师：有进步了，还能说完整话。其他同学也写完了，你们写的是——（生响亮回应：热闹。）

师（出示词语"热闹"）：那你写对了吗？写对的，伸出大拇指给自己点个赞。（多数学生兴奋地点赞）哦，也有写错的，没关系，先画个圈，待会儿留时间给你订正。

师（出示两地桥图片——"泉州五里桥"和"扬州五亭桥"）：游戏继续。请看图，请听词"美如画""亮晶晶"，选一个写。（生写词）吴晔同学坐姿特别棒，陈旭同学执笔好。（学生很快写完举手）好又快的同学告诉我，你写的是——

生：美如画。

师：声音多响亮。再看大屏幕（出示词语"亮晶晶"），写对了吗？写对的，手势告诉我。（多数学生给自己竖起大拇指）

师（出示两地塔图片——"泉州东西塔"和"扬州栖灵塔"）：最后一幅图，请看，请听词"闪闪发光""古香古色"，选一个写。（学生快速写词）最快的同学坐在后排。你写的是什么词？（生特别响亮：古香古色。）

师（出示词语）：写对的，给老师手势回应一下。（多数学生兴奋地竖起大拇指）

师：游戏中出现的这些词语都是咱们积累过的词语。如果有错，现在留时间给你订正过来。如果是全对的，那就用朗读来表达你胜利的喜悦，每个词语自己读两遍。（学生根据自己的情况朗读或订正）

师：你们的朗读自信大方，订正的速度好又快，完成任务后坐姿又端正，看得出平时训练有素。这些词语都能描写景物，也都能和我们两地的美景相对应。一条街、一座桥、一座塔，其实只是城市美景的一部分。我的学生就这样告诉我：老师，我们家乡泉州真美。作为扬州的小主人，你想对老师说句什么呢？

生：我们的家乡扬州也很美。

师：听，人人都说家乡美。如果让我们两地的学生异口同声都来说，那么有四个字非常合适，它就是——

生：这儿真美。

师：是啊，有一双发现美的眼睛，那么爱家乡、爱生活的我们一定会发现：美就在身边。同学们，课前交流的时间也差不多了，那么，我们把课前游戏纸收进抽屉里，坐端正，美妙的课堂之旅马上开启。同学们，上课！

［点评：异地上公开课，不管是比赛课还是教研交流课，首先是文化交

流、友谊缔结——以课交流文化、缔结友谊。黄老师的课前交流，就像这首优美的"文化、友谊"之歌的前奏，启智润心、独具匠心。一是泉州与扬州美景"对对碰"（蕴含"这儿真美"）；二是词语与词语"对对碰"（暗含"可以用上这学期新学的词语"和"准确运用词语"的习作要求），一箭双雕。课还没有正式开始，课程育人早已开始。］

一、发布习作任务，留心观察发现美

1. 揭题写题明"作者"

师：今天，我们来学习第六单元习作，请大家看老师写课题，"真"，框里边有三短横；"美"，上面的"羊"字头最后一笔是长横，只有发自内心的赞叹，才能用上"真"。美美地读一读。

生：这儿真美。

师：我们也来写一写课题：先描一描，在"作者"的后面写上自己的姓名。请从抽屉里拿出我们的课堂习作纸（写了"这儿真美""作者"等字样），比比看谁写得好又快。（学生动笔描/写，教师巡视）

师：轩铖同学坐姿特别好，老师喜欢你！林夕同学书写做到"三个一"，表扬林夕同学！人正字也正，三年级九班的同学写字习惯好。（学生陆续写完坐端正）

［点评：此开"题"可谓别开生面、令人耳目一新。一则黄老师特别注重板书的作用，充分发挥板书"生成性""示范性"在课程育人中的价值；一则习作纸的设计用心良多，有用、好用、重用。"有用"，预留足够的习作空间；"好用"，连习作题目都给学生"写"好，但是，要让学生"描红"；"重用"，让学生郑重其事地写上"作者"（自己）的尊姓大名，以示"负责"。阅读，要知作者（含译者）；写作，要签名，是课程育人的应有之义。］

2. 从读者角度说选材

师：课前，我们预习了课本，现在就请大家翻开课本第84页，回忆一下：这次习作要求我们写什么。

生：让我们把身边的美景介绍给别人。

师：你的声音非常甜美，如果再大声一点，就更好了。同学们，你们想把身边的美景介绍给谁呢？

生：我想把我身边的美景介绍给我妈妈。

师：说完整话，说得很清楚。

生：我想给身边的美景……（师：不急。）我想把身边的美景分享给外地的人。

师：多好的想法。同学们，你们看，今天咱们的现场就来了这么多老师，让我们把身边的美景也介绍给现场的老师吧！你们想介绍哪个地方？

生：我想介绍扬州的瘦西湖。

师：你说的是扬州著名的景点。来，握个手，这么响亮大方，老师们一定很想听你的介绍。

生：我也想介绍我们扬州的瘦西湖。

师：看来瘦西湖必须得一去。

生：我想介绍扬州的东关街。

师：都是我们扬州的景点。除了景点，可能还有别的哦。比如——

生：我想介绍张謇小花园。

师（出示课前预习统计）：他想要介绍扬州大学里的张謇小花园。（学生纷纷举手）老师看出来了，同学们要介绍的地方可真不少。课前老师统计了大家的学习单，我们一起来看，咱们班的赵智瑶等21位同学，要介绍的是操场旗台、中药百草园、候学驿站长廊等地方，这些都是校园美景。周倚漫、夏吴晔等32位同学，他们要介绍的是休闲小院、揽月河公园、个园假山等美景。这些地方都是校外美景。大家都是生活的有心人，在校内校外都有了美的发现。

[点评：写"这儿真美"，不管是常识还是教材，都必须明确"这儿"（景点）、"真美"（美点），还有"向谁介绍"（对象），即选材、取材和"读者意识"等等。写"这儿真美"的难点在哪里？在"景点"的选择，如果"景点"选的太大——瘦西湖、东关街之类，美是美，就是写不出。试想，三年级的学生怎么驾驭如此"大美"？因此，黄老师根据学生预习情况，将"景点"调整到（肯定）"操场旗台""候学驿站长廊""个园假山"等小景点、微景点上。不仅解决"有东西写"，还蕴含做"生活的有心人"，才有"在校内校外

都有了美的发现"（暗含"处处皆美"）的教育。课程育人于无痕。]

3. 发布任务激兴趣

师：这节课，就让我们一起来努力，用手中的笔写下身边的美景。如果你写得好，我们就用 AI 把它生成歌曲，让大家一起来传唱。希望自己的美景习作能够变成美景之歌的同学，举个手。（全体学生把手举得高高）

师：好，三（九）班的同学人人有目标，人人有信心。

[点评：将"这儿真美"用"AI生成歌曲"，这不仅仅是激趣的噱头，更是实实在在地让学生感受科技力量，感受时代气息。同时，也是在尝试落实《义务教育语文课程标准（2022年版）》提出"关注数字时代语言生活的新发展"的课程理念和"感受不同媒介的表达效果"的教学目标以及"把握信息技术与语文教学深度融合的趋势"的教学建议等。AI能不能将每个学生写的"这儿真美"生成歌曲，是很值得期待的。]

二、明确习作要求，运用写法表达美

1. 明确一个意思，学写关键句

师：怎样才能写好美景呢？课本给我们支了一招，请个同学来说一说。

生：写的时候试着运用从课文中学到的方法，围绕一个意思写。

师（板画圆圈，板书：一个意思）：说得真清楚，要围绕一个意思写。

师（出示句子）：有个同学想要介绍操场后面的小花园，他围绕"这儿真美"的意思写了一句话——（生：操场后面的小花园真美！）他用一句话说清了什么地方怎么样。

师（出示句子）：想要表达"真美"的意思，还有不同的说法。有个同学要介绍秋天的树林真美，他写了一句话——（生：秋天的树林就像一幅色彩斑斓的图画。）

师（出示句子）：非常动听。还有一个同学，他要介绍的是池塘真美，于是他就写了一句话，一到池塘边——（生：我就被眼前的景色吸引住了。）

师：看，用上合适的词句，就能表达"真美"的意思。你也来说一句话，说说你要介绍的地方怎么样。

生：花卉市场真美。

师：直接用"真美"来表示夸赞，很好。

生：我们学校的中药百草园里面的花真多。

师：我想，肯定是又多又美。其他同学，你想怎么说呢？拿出我们的课堂习作纸来，把你最想说的这第一句话写在习作纸上，注意空两格写。（教师巡视。表扬坐姿端正的同学，提醒个别同学头摆正）

师：你写得可真好，跟大家分享一下。

生：我写的是：瘦西湖的景色，就像是一幅美丽的水墨画。

师：你这句话让老师想到了我们课前游戏中的三个字"美如画"。你也想说，可以啊！

生：我想说一说高邮湖：高邮湖真是一幅美丽的水墨画。

师：我发现他说的也是水墨画。看来咱们扬州江南水乡处处都是动人的水墨画，非常期待你们的介绍。

[点评："景点"定下来了，就得构思怎么写了。"怎么写"教材是有明确提示的（围绕一个意思；用上学过的词语）。课堂教学，就是要引导用教材来学习——将静态的教材转化为动态的教学。这也是学生学习有教材还要有教师的本义。教材第一个提示是"围绕一个意思"写，因此，黄老师快速地让学生说出"这个意思"，并快速地写下"这个意思"——一句话，放在习作开头。黄老师还特别注重"这一句话"的不同表达方式，训练学生的同中求异思维。]

2. 自由分享观察所得，发现表达奥秘

师：刚才我们用一句话写清楚了一个意思，但是只写这一句话可不够，咱们还得写写这个地方美在哪儿。接下来，我们结合课前观察来介绍：这个地方有些什么、是什么样子的（板书：有些什么、什么样子）。同桌俩拿出课前观察单，先简单交流一下。（同桌合作学习）同桌交流得多么热烈。那就让我们跟大家一起来分享吧。

生：我要介绍的是校园，我写了桂花。秋风吹过，桂花树掉下了一朵朵金黄的花瓣，好像一颗颗闪闪发光的小星星。

师：这个同学给我们介绍一种植物和它美丽的样子，很棒。谁再来接着说？如果能说出两个方面，那就更好了。

生：我介绍的是学校的候学驿站长廊，那里面的叶藤密不透风，上面摆着石凳，当午休的时候就会坐满小朋友，非常热闹。

师：我从他的画面当中就看到了很多景物。他把"有些什么"说清楚了。同学们，你们有没有发现这两个同学的表达是有相似之处的。他们都用到了第五单元学过的观察方法，那就是用眼睛看。其实，在细致观察时，还可以用耳朵——（生：听。）用手——（生：摸。）用鼻子——（生：闻。）有时甚至还可以——（生：尝一尝。）

师：那么你在观察的时候，有没有这种多感官的发现，跟大家分享一下呢？

生：我观察的是灯塔公园，公园里有乌桕树。它的种子掉下来的时候是"噼噼啪啪"的。树叶叶形秀丽，青翠欲滴。

师：同学们，掌声送给他。他的观察非常细致，看得到，也能听得到。多感官、多角度的观察，能让我们发现景物的美，也能帮助我们写好每一种景物。

［点评："这个意思"写下来了，再往下怎么写——写清楚？黄老师再次引导学生回到教材，借助教材提示明确"有些什么""什么样子"，能把"这儿"有些什么、是什么样子写出来，就"写清楚"了。为了便于直观指导，黄老师先"交流"（口头说），在交流的过程中渗透方法——看、听、闻、摸、想——多种感官参与其中。这是难能可贵的。即写作方法——程序性知识——是"从学生中来，到学生中去"的"实践"，不是"知道"。］

3. 围绕一个意思，动笔练写

师：刚才，我们已经写了课题、作者和第一句话，接下来，我们要围绕第一句话的意思接着写，写清这儿都有些什么、是什么样子的。给大家8分钟的时间，够不够？（生：够。）同学们写的时候，老师也和大家一起写，我们也邀请现场的老师跟我们一起写，这就叫"一起来努力"。老师在讲台上写，如果同学遇到了什么困难，都可以上台来向老师寻求帮助。（学生动笔写，教师写3分钟后开始巡视指导，第6分钟有学生写完停笔）

师：提前写完的同学可以自己读一读，看看句子是否表达通顺，意思是否说清楚了。如果发现了错别字，就把它改正过来。

[点评：习作是写出来的。没有学生充分的写，习作指导课就没必要了。习作指导课即便学生侃侃而谈、出口成章，如果没有足够的时间下笔，对于习作能力都无济于事。此环节好在：第一，"8分钟"（当然不是老师"施舍"给学生，而是必须保证学生的写作时间——这个时间本来就是学生的），占课时的20%，比较足；第二，老师和学生一起写，并邀请在场的听课老师也参与进来（不知道现场听课老师有没有、有多少"下水"了？笔者参与了黄平平老师2次研课，和学生一起写了2篇下水文。笔者在另外一个会场当评委，听了6节习作指导课，写了6篇下水文。笔者在福建省要求同行在听习作指导课时，与学生同场写作）；第三，黄老师写3分钟之后巡视，既发挥教师示范作用（示范即指导），又不忘进行个别指导和为点评做准备，这才是"真"教、多角度教。]

三、对标习作标准，查改评荐分享美

1. 第一次改评，"生成"习作标准

师：同学们，写作时间到，咱们轻轻地把笔放下来，如果没写完也没关系，待会儿还有时间让大家写。接下来，咱们要进行同桌合作学习：把你写的美景读给同桌听，和他分享你发现的美景。如果你的同桌能用一句话写清一个意思，还能围绕这个意思写清这儿有些什么、是什么样子的，是篇"三星"好文章。待会儿就请你来推荐和分享。（老师边说边板贴"星星"）（同桌合作学习、交流）

师：同学们交流得差不多了。哪位同学来推荐同桌的好文章呢？（全班鼓掌，同桌上台）推荐这篇是吧？小作者的名字叫连佳豪。我们就请佳豪小作者给大家读一读他写的美景。从题目和作者开始读，带着分享的快乐来朗读。

生：我写的是学校的中药百草园。

师：直接读你写的内容。

生：这儿真美。作者……（学生有些紧张，顿住了）

师：你的名字读出来，大方自信一点。

生：作者连佳豪。学校的中药百草园真美。这儿有茉莉花、菊花、月季花……茉莉花像个小仙女一般亭亭玉立，菊花五颜六色，有的昂首挺胸，有

的如盛装的花仙子，有的如天上的繁星。

师：来，同学们，先掌声鼓励一下我们的小作者。当他读到"昂首挺胸"的时候，我分明看到了他的样子就是昂首挺胸，进步了。（小作者脸上有笑意）

师：小同桌，你说说看，他围绕着黑板上的三点介绍清楚了吗？

生：他围绕着一个意思来写，他说有茉莉花。

师：他的一个意思是在第一句话中体现的哦。

生：他说，学校的中药百草园真美。

师：行，一句话说清一个意思，给他一颗"星"。（老师板画一颗"星"）他还写了有些什么呢？

生：他写了有茉莉花、菊花、月季花。

师：后面还有个省略号，"有些什么"说得可真清楚。（老师板画第二"星"）。

生：他的介绍让我感受到了学校的中药百草园真美。比如，茉莉花像个小仙女一般亭亭玉立。

师：你觉得把茉莉花写得特别美是吧？我也特别喜欢这个"亭亭玉立"。（老师板画第三"星"）写得好，也要评得好。同学们，你们有什么补充和修改建议给我们的小作者吗？

生：我的建议是把事物再写细致一点。

师：是哪一种事物？给他一点具体的建议。

生：比如最后一个，菊花五颜六色，有的昂首挺胸，有的如盛装的花仙子，有的如天上的繁星。

师：菊花的姿态写得很美了，你是不是希望他把菊花的五颜六色给它写得更细致一点呢？

生：是的，我想菊花的颜色要写细致一点。

师："秋到扬州当赏菊"，所以菊花确实可以写得细致一点。（教师在学生习作纸上添加增补号）祁诺，你也想说？

生：就是他的字，写得歪歪斜斜的。

师：我知道咱们班的字都非常工整和漂亮。（转向佳豪小作者）今天有点紧张，写得潦草了一些。老师相信你，誊抄时你也可以写得很棒。同学们刚才给你提了一些修改建议，你能接受大家的建议吗？

生：可以。

师：别人帮助了我们，我们跟大家说一声——（生：谢谢大家！）（全班鼓掌，欢送同桌俩回座位）

师：老师有个小问题，想问一问全班同学：咱们小作者写的是"百草园"，那你看见没有？写的都是花。为什么这个地方不叫"百花园"呢？能不能给老师解释一下。这是老师没读懂的地方。

生：因为这里面的花都可以当中药来使用。

师：你们怎么知道这些花花草草都能当中药来使用呢？

生：有一次上课，老师告诉我们的。

师：哦，你得了老师的经验传授。有没有人在这个地方，就能学到中药知识呢？

生：老师，那个地方插了很多牌子，写着这些花的功效。

师：听见没有？这就是细致的观察和发现。原来在"百草园"里除了有草药，还有草药名牌，上面对草药的功效进行了介绍。介绍"百草园"这个地方，老师建议你们不妨把这个发现也写进去（在学生习作中批注增补号）。那么，我们不仅能看到中药百草园景色美，还能感受到咱们中医博大精深的文化美。这样，每个读过的人都一定会发出赞叹：学校的中药百草园——

生：真的很美！

〔点评：之所以要"习作指导课"，是因为教师或同学的点评能使习作有进步且认可"点评"。换言之，写出来是"原发展区"，经由教师或同学的"点评"能写得更好，是"最近发展区"。这是习作指导课最关键也是最具挑战的环节。这个点评环节，师生做得很漂亮！第一，评价标准"刚刚好"。评价标准太重要了，它来自课程标准，来自教材，也来自学生；它既不能"超标"也不能"降标"。第二，作者朗读自己的习作。朗读习作既是修改也是表现（三分文章七分读）。第三，紧紧围绕"标准"展开点评，不偏不倚。第四，让学生更进一步。黄老师非常巧妙地引导——发现问题、及时追问→同学补充→修改增补，将"方法"转化为"实践"，让学生"有方法"地前进。第五，黄老师的"还能感受到咱们中医博大精深的文化美"——再次课程育人"细无声"。]

2. "下水文"引路，示范课文词句运用

师（投影展示"下水文"）：老师写的刚好也写到了花。我们一起来交流学习一下。哪位同学愿意帮助老师朗读？（学生纷纷举手）

生：金秋，教学楼前的桂树开了花，开得那么热闹，一簇簇一团团，校园好像沉浸在香水世界里，满园满道都是醉人的桂花香。

师：读得可真好。你们觉得老师写得怎么样？（生响亮地：好！）你们有没有觉得特别熟悉？马上就让你想起了哪篇课文？

生：我想起了第6课《秋天的雨》，课文第三段写到了香气，你也写到了香气。

生：我发现你写的和第19课《海滨小城》非常相似。因为你说，教学楼前的桂树开了花，开得那么热闹。课文写的是凤凰树开了花，开得那么热闹。

师：秘密都被你们给发现了。老师在表达时，有自己的用词用句，比如"一簇簇""一团团"；还运用了课文中那些带有新鲜感的词语，比如"热闹"，带有新鲜感的句式，比如"好像……"。这样，老师就把景物的样子写得真美。选择合适的词语，用在我们所描写的景物当中，就能帮助我们写好景物。（板书：用上新词）

[点评：黄老师教得恰逢其时又恰到好处。一是发现学生不敢"偷"作者的东西，因为担心老师说"那是作者的"。其实不然，从阅读到习作，就是要不断地"偷"——借用、引用、化用——作者的遣词造句、构段谋篇（本质是思维）来提升自己的表达，增强表达效果。学生不敢，黄老师示范给学生看。二是请学生"帮助"老师朗读，增加学生训练机会。三是让学生回忆老师"偷"了哪些作者（课文）的，既是"复习"又是"复述"。]

3. 第二次改评，自我修改实践

师（出示教材第84页三组词语）：这学期我们积累了许多词语，加强词语运用，我们的文章一定能写得更美。下面我们来把自己的习作再改一改：让我们的表达更加准确，也让我们的景物介绍更加清楚明白；如果你觉得刚才写的已经够清楚明白，也够美了，那就再介绍另一方面的美——这时候恰当词语肯定用得上。修改的时候，注意使用规范的修改符号。（教师巡视。随时

表扬坐姿端正的学生。学生动笔修改5分钟）

师：同学们轻轻把笔放下来。简短的修改之后，同学们觉得自己有了新的进步的，举个手跟老师回应一下。（全体学生都举手了）

师：好，有思考和付出，就一定会有进步。我们先来看看几个同学的修改，好吗？刘洋同学、思雨同学、新瑶同学，这些同学各有不同方面的修改。

生：我主要修改的是往后又写了一段。

师：我要表扬刘洋同学的修改。你看，咱们刚才写的是一段，但是他在写的时候是分段写，把揽月湖公园的美一点一点地展开。前面一段写桂花树，写完桂花树，新的一段他就开始写银杏树。很棒，这个思路、这个结构值得我们学习。谢谢刘洋同学！

生：我修改了一个错别字，"挺拔"的"拔"。

师：诗雨同学，我最欣赏你能自己订正明显的错误。当然，老师希望我们再细致一点，"挺"字也需要修改一下。（教师圈画错别字"挺"）能不能自己解决？（学生点了点头）如果写不出来也没关系，咱们有好帮手（拿出《新华字典》，面对全体学生），他是谁？

生：《新华字典》。

师：如果你待会儿需要，可以来找我拿，好吗？（生：好。）

师：你看，改好一个字，就是写好汉字。这可是我们中国人应该具有的基本功。写好汉字，就是对汉字文化的传承。

生：我增加了一处景物描写，写了池里的螃蟹。

师：真了不起，有了这懒洋洋的螃蟹，这画面就"活"了。（学生领回习作纸，走回座位）谢谢三位同学的分享，我们掌声送给他们。通过努力，他们有了进步，老师相信，你们一定也有进步。

[点评：笔者前面说过，之所以需要习作指导课，是因为要使学生在写作之后"更进一步"。这个"关键"黄老师把握住了；这个"挑战"黄老师迎接了，而且把握得准，迎接得热情。一是再次用教材，强化教材提示——"用上这学期新学的词语"。二是动笔改——"动口不动手——空把式"。三是给学生空间，要改的改、不要改的继续写。习作是"改好的"。四是就一个汉字的修改，也不忘"放大"其育人价值。]

四、课堂升华情育人，活动延伸传播美

1. 写法迁移，情感升华

师：同学们，这节课咱们学习了第六单元习作——（生：《这儿真美》。）我们实践了"围绕一个意思"，从"有些什么"和"什么样子"把这儿的美写清楚。

师（出示教材单元目录）：回到第六单元，我们学习了4篇课文，跟着作家从南往北，登上了美丽的西沙群岛，走进了——（生：《海滨小城》。）还领略了西湖、洞庭湖、天门山和小兴安岭的无限风光。今天我们在扬州写下了身边的一处美景，在场的老师们来自全国各地，他们也写下了身边的一处美景。咱们的祖国处处皆美景，让我们一起来赞颂——

生：祖国真美。（板书：祖国真美）

［点评：这个小结再见黄老师功力了得。一是强化习作要求（标准）；二是强化教材与习作的联系，加强整体性；三是强化课程育人——由"这儿真美"到"处处真美"自然上升为"祖国真美"——爱国主义教育水到渠成。是的，抒写"这儿真美"，就是要让学生抒写"祖国真美"！］

2. 活动延伸，用爱（AI）传唱——尾声

师：还记得这个学习任务吗？写得好的美景，我们要用 AI 把它生成歌曲一起来传唱。这是老师所在的学校三年级二班的张紫琦同学写的习作。她写的是校园美景，不仅书写工整，文章也写得好。她用 AI 生成了美景歌曲，我们一起来听一听。

AI（演唱）：学校的八角池真美！你看，池中喷泉一跃而起，亮晶晶的水花在阳光下散落，有时还会形成一道五光十色的小彩虹……

师：好不好听？

生：好听！

师：老师相信，你们也可以的。课下就请同学们继续修改、誊抄，试着也用 AI 做一做，唱一唱。

［点评：让 AI 将"这儿真美"制作成歌曲并演唱——这个可以试、这个可以有！］

【总评】

黄老师和扬州三年级九班学生共同创生的《这儿真美》习作课，真美！（具体见"流水评"。不赘）概而言之，"小步进阶创造美，由美生爱巧育人"，体现在以下三方面：

一是锚定课程育人。本届教学观摩研讨活动聚焦"课程育人"，引导课堂教学从"学科教学"走向"课程育人"，将落实立德树人根本任务落实、落细到一堂堂课上。黄老师的课全过程、全方位育人，既有细微处、不经意处育人，也有全局的、有意识的育人。但不管是细微的还是全局的，都做到自然而然"润物细无声"。

二是用好用活教材。教材是法定的教学材料，是最基本也是最重要的教学材料，必须吃透、用好、用活，为培育和提升学生的核心素养服务。阅读教学如此、习作教学如此，就连整本书阅读和跨学科学习都如此。黄老师的课多次用到教材且用得灵活、有效，即将教材整个儿"装进"脑子里，该用时就用——为我所用——最为难得。

三是构建"写—评—改—创"互动一体的习作教学生态。习作指导课（常态是两个课时连着上，一次性完成"写—改—誊清"等习作任务），首先是努力地让学生拿起笔来写；接着是学生安静地充分地写；然后是写后朗读、交流、点评、修改（在此过程中，借以必要的方法指导）；最后是誊清提交给教师批阅（后续是根据教师的批阅再完善）、发表（在班级学习栏中展示或其他途径发表，让每一位学生切身感受到习作——创造性劳动——得到尊重）。黄老师的课努力将"写—评—改—创"贯通，构建起"写—评—改—创"互动一体的习作教学生态。

（执教：福建省泉州市实验小学 黄平平）

2. 运用阅读策略与促进阅读理解并行不悖

——第四届青年教师教学观摩活动示范课《将相和》实录与评析

一、课前交流意韵丰富

师：同学们好！很高兴来到重庆，来到美丽的谢家湾学校和同学们一块学习。知道我来自哪儿吗？

生：福建泉州。

师：从哪儿知道的呀？

生：刚才主持人的介绍。

师：真是会倾听的孩子。还从哪儿可以知道呢？

生：从老师的课件上可以看到。

师：同学们不仅会倾听，还很会观察。吴老师所在的福建泉州是一座海滨城市，而咱们重庆又被称为是"山城"，所以我觉得我们今天的合作必须有个响亮的名字——山海……？（同学纷纷交流想法）

生：山海经。（台下教师笑）

师："山海经"！山海之间互相交流经验嘛！第一次来到重庆，吴老师可是大开眼界，看到了很多不一样的风景。都有什么呢？

生：洪崖洞……

师：你们都有想法，来看看是不是你们心中所想的？请看大屏幕（课件闪现"李子坝轻轨"）是什么？

生（齐）：李子坝轻轨。

师：了不起，就这么一闪而过的一个词都被你们捕捉到了。同学们，这天下轻轨千千万，唯独这条最受宠，谁来说说这是为什么呢？来，王艺蒙，你来说说。

生：因为这条轻轨和别的轻轨不一样，这条轻轨，它是穿过了一栋楼继续行驶。

师：从你的介绍中，我听到了重庆小主人的自豪！你是说这条轻轨的轨道很特别是吗？可不是吗，有不少人来到重庆是为了吃美食，有的人来到重庆却是为了——（课件出示游客借位拍摄"吃"轻轨的照片）大家都笑了，真有意思。有机会吴老师也想拍张这样的照片去。孩子们，重庆还有很多美食也吸引着我，都有些什么呢？咱们再来看。（课件闪现：小面、火锅、麻花、冰粉）

师：来，杨韵可你最快举手，你来说。

生：小面、火锅、麻花、冰粉。

师：他说的对吗？哇，你一定是个深藏不露的吃货吧？孩子们，今天我们在座的老师们可是来自五湖四海，他们也很想听听你们来介绍，哪一个最好吃？（用重庆方言说）

生：我觉得火锅最好吃，他把自己想吃的东西煮进一个火锅里面，你可以选择汤底，红汤、清汤、鸳鸯锅，煮熟以后就可以蘸佐料吃了。

师：听出来了，资深的火锅爱好者。还有吗？来，韩羽忆。

生：我觉得冰粉最好吃，因为重庆的夏天非常炎热，然后冰粉冰冰凉凉的，还有一丝甜味，非常适合重庆夏天。

师：哇，说得我都流口水了。还有想推荐的吗？来，唐子涵。

生：我觉得麻花最好吃。因为麻花酥酥脆脆的，有甜的也有咸的，吃起来非常美味。

师：说不定在座的老师们都在想着要带一些麻花回去了，都是你推荐得好。孩子们，重庆除了好吃的，重庆话也非常有特色，我还想再学一句呢，谁来教教我这句话怎么说？（出示：重庆欢迎你）来，赖星霖。

生（用重庆话说）：重庆欢迎你。

师（用重庆话学）：重庆欢迎你。我学得像吗？看来我还是有点语言天分的嘛！吴老师也来说一句方言让你们猜猜。（用闽南语说：泉州欢迎你）彭一宸你来猜。

生：我觉得这句话的意思可能是"福建欢迎你"。

师：很接近了。谁再猜？

生：我猜是"福州欢迎你"。

师：老师来自泉州，所以这句话的意思应该是"泉州欢迎你"，这是一句闽南语。同学们到过泉州吗？

生：没有。

师：那吴老师也来给大家简单介绍介绍我们泉州吧！泉州是海上丝绸之路的起点城市，在宋元时期还曾是东方第一大港。来到泉州，你可以到西街漫步，去领略开元寺里东西塔矗立千年的风采，还可以欣赏一段小朋友们最爱的提线木偶戏，当然也可以来尝尝泉州美食的独特风味，还可以体验一回蟳埔女头戴簪花……就连央视著名的主持人白岩松到了我们泉州后都发出了这样的感叹呢！是什么呢？（闪现：泉州是你一生中至少要去一次的城市！——白岩松）有人看清吗？陈唯铭，你来试试。

生：泉州是你一生必须要去的一座城市。

师：怎么样，是不是把握住了意思？非常棒！同学们，也欢迎你们到泉州来打卡。刚才我们在交流中，不知不觉地挑战了"一眼看清一个词到多个词再到一句话"，虽然难度在不断地增加，但是都逃不过同学们的火眼金睛，我建议先把掌声送给自己！我相信接下来的学习中，同学们还会有更精彩的表现！时间差不多了，那咱们就准备上课吧！

[点评：俗话说"万事开头难"，头开好了，就顺风顺水了。吴老师深谙此道。在这十分钟之内的课前交流熟悉学生的环节里，吴老师和重庆谢家湾学校五年级的同学来了一次亲密的文化交流、思维碰撞和课程渗透，取得了非常好的效果。文化交流，吴老师采撷重庆山城之都与泉州海丝起点文化之一瓣（如美食、方言、民间艺术、现代建筑等），与学生互动交流，活泼轻松而有味；思维碰撞，如吴老师巧妙解释"山海经"，如让学生猜"闽南方言'泉州欢迎你'"的意思，以及师生相互介绍重庆和泉州的特点等；课程渗透，吴老师巧妙地把"阅读速度"的检查和运用融入交流中，从一个词到多个词到一句话（"三关"），难度逐步升级，教学铺垫自然而然。]

二、教学活动一：趣味挑战，学习策略

1. 趣味挑战，速视文段

师：同学们，在刚才的交流中，我们发现一眼看到的内容是可以不断扩大的。我觉得区区"三关"根本难不倒谢家湾的孩子们！我决定增加第四关：六秒看清一段话，还敢接招吗？

生：敢！

师：请看大屏幕——（课件出示一封信）

尊敬的赵王阁下：

　　听说您得了块和氏璧，寡人很是喜欢，打算拿十五座城池与您交换，不知您意下如何？

秦王嬴稷
大周赧王三十二年二月初二日谨具

【根据明朝余邵鱼《列国志传》（中国文史出版社）相关内容改写】

师：谁看明白了？

生：尊敬的赵王殿下，寡人听说你得了一块和氏璧，寡人准备拿十五座城池换你的和氏璧，不知你意下如何？

师（面向全班）：怎么样？是不是几乎把握住了这信的内容？有人比他看得更多的吗？那有一位，孟敬然是吗？来，你来说说。

生：在这之后，还有秦王写给赵王的信，然后还有时间。

师：哦，还看到了落款人和落款时间，对吧？你瞧，孟敬然跟大诗人孟浩然一字之差，果然了不得。来，把掌声送给这两位同学，看得都很快。孟敬然，请你说说，你怎么能看得这么快呢？

生：就是把它全部先看一遍，然后把它的主要内容概括出来。

师：你会及时概括，非常好的方法！孩子们，其实在《搭石》这一课中，咱们也学到了一些提高阅读速度的方法，是什么呢？（课件出示《搭石》一课的学习提示）

生：集中注意力，不回读。（学生边说，教师边板贴）

师：是呀，"集中注意力，不回读"是我们提高阅读速度最基本的方法。

能够用上这方法的同学请举手。(几乎都举手了)太了不起了,你们已经能把学到的方法转化为自己的学习经验了。

[点评:毫无疑问,要承担国赛课的学生都做了充分的准备,有些学生可能比赛课老师还要强,这对赛课老师是极大的考验——你是真"一眼泉"还是连"一桶水"都没有。如果老师是"一眼泉",就能因势利导、因学而教,课就能出彩。吴老师是"一眼泉"——你看她对6秒钟就能读完这封信并转述出来的同学的理答以及对"孟敬然"同学的妙赞——恰到好处又不失幽默。]

2. 交流谈话,明确策略

师:不过,在刚才的交流中,我们也发现,虽然时间相同,但是有人看得多,有人看得少,这是什么原因?咱们先来做个比较吧!如果刚才的这封信你是一眼一字地看(课件出示一目一字的阅读效果)怎么样?

生:太慢了,看不完。

师:如果你一眼一词地看(课件出示一目一词的阅读效果),这回怎么样?

生:快了一点。

师:如果你能再进一步做到一眼一短句,甚至一眼一行地来读,又会怎么样呢?(课件出示一目一行的阅读效果)有什么发现吗?

生:要想读得快,不仅要集中注意力不回读,而且还要加快阅读速度,一目一行地读。

师:你太会总结了,把掌声也送给他。是呀,原来阅读速度也和我们一眼看到的范围是有关的。假如我们平时能像这样用一眼看词到一眼看句,不断地来练习,你的阅读速度就会变快了。这样的方法就叫作"连词成句"地读。(板贴:连词成句)

[点评:这个环节,吴老师利用现代信息技术,将"眼动"与"一字一字""一词一词""一句一句"的阅读直观地呈现出来,既知技术又知"所以然"。另外,明确提高阅读速度的策略(或称技巧、方法)不仅要"知道",更要"实践",熟能生巧——不是"死练"而是"巧练"——有策略有方法地练。这是统编教材编排四个阅读策略单元的底层逻辑。]

三、活动二：初显身手，实践方法

1. 板书课题，齐读课题

师：这节课，我们就来学习第6课《将相和》，练习用"连词成句"的方法，进一步提高我们的阅读速度。好，看老师写课题（强调"将"，左边这部分读作"pán"；"相"读第四声）。好，一起读课题。（生齐读"将相和"）

师：真有气势。这个故事是根据司马迁《史记》中的相关内容而改写的。（板书：《史记》）（学生再读，连同课文出处信息一起读。）

[点评：课文的作者、译者和出处，与课文题目和课文内容同等重要，可惜常不被师生重视，这是有悖常识的事。本次观摩活动，我在重庆江南体育场听了8节阅读系列的课，没有一位老师板书作者姓名，没有一位老师要求学生在朗读题目之后读出作者/译者/出处，却对课文序号非常在意，一定要学生读出"第几课"。到底是作者或出处信息对于学习、对于理解作品重要，还是课文序号？常识告诉我们，重视作者等信息，至少有以下益处：（一）记住作者，是"文学常识"；（二）了解作者，对于理解作品有极大的帮助（知人论事）；（三）尊重作者（你读他的作品，连他姓名都不知道，说不过去）；（四）隐含延伸阅读、对比性阅读。如《那个星期天》，教材注释"本文选自《务虚笔记》，作者史铁生，选作课文时有改动"，学生自然会想读一读《务虚笔记》，研究一下编者到底"改动"了什么、为什么"改动"（这不正是教学期待的吗），等等。吴老师具备常识，板书作者、出处，并要求学生朗读作者、课文出处。]

2. 运用策略，自主阅读

师：我们怎么做到连词成句地读呢？请看大屏幕——（课件出示阅读过程，师配合解说：你可以像这样把笔尖放在每一行的中间，眼睛尽可能扫过整个句子，这样逐行往下阅读，你的速度就会越来越快了。）咱们也来试一试吧！看，这是个阅读计时器，它可以帮助咱们了解自己的阅读速度。《将相和》这篇课文共有1539个字（去除标点），你读完全文要用多长时间，每分钟能读多少字，它都会显示出来。一会儿读完课文，同学们可要赶紧抬起头，记下你用的时间，再了解一下你每分钟的阅读速度是多少。（学生尝试运用连

词成句的方法阅读课文。教师巡视，了解学生的阅读情况并作提醒：如果读完了，别忘了记下时间，并且静静地回想读到的内容）

师：是不是差不多了？你们刚才都用了多长时间？快来跟同学分享分享吧！汪恒言，我注意到你是第一个读完的。

生：我用了58秒，每分钟能读1600多字。

师：了不得，速度超级快！你呢？（顺势交流该小组的其他同学。）

生：我用了1分20秒。

师：每分钟达到1000多字，快！

生：我用了1分13秒，平均每分钟读了1242个字。

师：同学们都了不起。咱们五年级的同学，每分钟的阅读只要能做到不少于300个字就算快了，而你们平均达到（指向大屏幕）每分钟约为615字，远远超过了这个速度。

［点评：学习提高阅读速度的策略，目的是在运用策略中提高阅读速度。吴老师"教"给学生"连词成句"以及"把笔尖放在每一行的中间扫读"的方法，学生用上它，并通过信息技术即时记录每分钟的阅读字数，直观、刺激。学生的潜能被激发出来，阅读速度远远超过课程标准规定的"达标要求"。学生的阅读速度上来了，获取信息和理解信息的能力是否随之提高？教学跟进检查。］

3. 快速问答，检验收获

师：但是，仅仅读得快是不够的，还要读得懂呢！接下来就一起检验一下我们的阅读收获吧！请听题，课文中的"将"和"相"分别指谁？

生：是指廉颇和蔺相如。

师：没错，但你能不能分别说说"将"是谁，"相"是谁？

生："将"是廉颇，"相"是蔺相如。

师：真好，这样说就清楚了（边板书边讲解，"廉"："广"字头，里面一个"兼"字）。看这个"廉"字，你能想到哪些词语？

生：我想到了"谦虚"的"谦"。

师：哦，你想到了形近字"谦"。有人想到与"廉"相关的词语吗？

生：我想到了"物美价廉"。

师：很好，这形容的是物质。它也可以用来形容人的精神品质。你想到了什么？

生：我想到了"清廉正直"。

师：哇，太棒了！做人就要像陈唯铭同学说的那样——清廉正直。这是"廉"字告诉我们的道理。我们再看"相"，指的是蔺相如，他是一员文官（边板书边讲解，"蔺"：草字头下面"门"的里头是个"佳"字，有四横，"蔺"是一个姓）同学们，这两个名字不太好读，让我们再来响亮地读一遍吧！（学生读得整齐响亮。）

师：真好，字字清晰。再让我们拿起笔，把"将""相"的名字工工整整地写在课题的下面（师边巡视边提醒：书写时除了要注意坐姿端正，还要注意把所写的内容也记在心中。）

师：大家陆续停笔了，看来咱们不仅有阅读的速度，还兼具了书写的速度，写得是又快又好。

[点评：这个破题环节不同凡响，巧妙地将整体把握、科学识字和育人贯通融合。第一，阅读故事，必须记住主要人物；第二，从识字写字角度看，"廉"和"蔺"都是不要求掌握，但是，从阅读的角度看，阅读《将相和》连"将"和"相"的姓名都不会写，还算什么阅读；第三，吴老师遵循汉字特点教学生识字写字，学生就不感到困难；第四，在教"廉"时，让学生做扩词练习（渗透系统识字），当学生说出"清廉正直"时，强调一句"这是'廉'字告诉我们的道理"——自然育人；第五，抄写课文题目、主要人物姓名，既是巩固识字，又是整体把握，体现了第三学段"识字与写字""阅读与鉴赏"的教学特点。]

师：既然课题叫"将相和"，那就说明"将""相"之前肯定有过不和。他们俩是因为什么而不和？

生：前面两次蔺相如靠着一张嘴，爬到了廉颇的头上，然后廉颇很生气，所以发誓见到蔺相如就要让他下不来台。

师：是什么爬到廉颇的头上？

生：是职位。

师：原来是官职的原因。你们看，这是一幅战国时期的官阶图（课件出示战国时期官阶图），当廉颇立下赫赫战功已经是左上卿的时候，蔺相如呢？

生：门客。

师：大家了解过门客吗？门客就是古代一些在达官贵人的家中帮忙出谋划策的人，等级很低。但蔺相如他因为哪两件事，官职就高过了廉颇？

生：他第一次是完璧归赵，另一次是渑池会面，官职就超过廉颇了。

师：你有很强的概括能力，仅用了两个四字词就说清楚了。这第一件事情是"完璧归赵"。（边板书边讲解："璧"是一种玉器，所以它的下面应该是个玉字。在课文当中，它指的就是那块价值连城的和氏璧）"完璧归赵"后，蔺相如的官职就升到了——（生：上大夫。）

师：（课件显示蔺相如职位上升至"上大夫"）表示官职的时候读作"dà"，上大夫。第二件事情叫"渑池会面"。"渑"容易读错，当表示地名的时候要读作"miǎn"。渑池会面后，蔺相如再度升官，就成了右上卿。在当时右尊左卑，所以这个官职就比廉颇高了。（课件显示蔺相如职位上升至"右上卿"）后来他们俩又是怎么和好的呢？

生：因为廉颇知道了蔺相如是为了赵国利益而躲避，他觉得自己很自私，就负荆请罪，蔺相如和廉颇就成了好朋友。

师：说得多完整，掌声送给他。"荆"指的是荆条，是一种植物，但是同学们看"荆"这个字，却是左右结构，立刀旁。这是因为在古代，荆条是一种用来鞭打犯人的刑具，其利如刀。可见这廉颇请罪是富有诚意的。"罪"，写的时候注意上半部分扁宽。（边板书边讲解）

［点评：这个环节教学，再次突出科学识字和随文识字的理念，同时将汉字文化和育人自然融合，又有所侧重。如"璧"侧重形与义的关联，"渑"侧重义与音的关联，"上大夫"侧重词义与字音的关联，"荆"侧重形与义的关联及其变化，同时渗透育人——请罪要有诚意。此其一。其二，运用多种媒介讲解知识，直观、易懂。无论是讲解古代官职还是汉字文化，吴老师都将传统媒介（如粉笔、黑板、老师口语等）与现代媒介（活动的幻灯片）结合，取得良好效果。第三，充分利用课文和编者提示（课后练习题），引导学生快速把握住课文的主要内容，简洁高效。］

师：同学们，看看这三个小标题，其实它们就躲藏在课文中，你能快速地从文中找到相对应的三个句子吗？拿起笔来画一画哦！（生：快速圈画）不少同学都找到了，是哪些句子呢？

生：完璧归赵，是第1自然段到第9自然段，这时蔺相如他变成了上大夫。

师：好的，你划分了段落。如果我们要用一句话来概括这个小标题，你觉得1~9自然段当中的哪一句最适合？

生："这就是完璧归赵的故事。蔺相如立了功，赵王封他做上大夫"。

师：很好，这是第一句。那"渑池会面"，你们又是从哪概括的？

生：从第10自然段到第14自然段是"渑池会面"。其中，第10自然段的"过了几年，秦王约赵王到渑池会面"，可以概括出"渑池会面"。

师：好，你是从故事开头的这个句子中概括出来的。还有其他句子也可以概括"渑池会面"哦。有谁找到了吗？

生：第14自然段，"蔺相如在渑池会上又立了功，赵王封他做上卿，职位比廉颇还高"。

师：真好，你跟上一位同学一样，找到了故事中小结性的句子。那"负荆请罪"，你们又是从哪儿概括的？

生：我是从课文倒数第二句话："他脱下战袍，背上绑着荆条，到蔺相如门上来请罪。蔺相如见廉颇来请罪，连忙出来迎接。从此以后，他们俩成了好朋友，同心协力保卫赵国。"

师：说得很好呀！下次咱们声音可以再响亮一点好吗？这些句子都找对了吗？孩子们，在阅读的时候，如果能像这样及时地圈画出关键语句，不仅能帮我们更好地概括内容，还能提高阅读速度呢！

［点评："完璧归赵""渑池会面""负荆请罪"，看似显性信息，一看便知。但是，吴老师却看得更远，引导学生想得更细、更深。例如，"渑池会面"的信息分散在两处。"负荆请罪"并不是课文中的"原词"而需要提炼。吴老师并不想学生做"拿来主义"，而是经历阅读思考过程。另外，对于"重要的事情"，及时强调，以加深印象便于实施，如强调"圈画出关键语句"的作用（属于程序性知识）等。］

4. 抓关键信息，梳理文章内容

师：这样梳理后，我们就发现，虽然课文很长，但其实就讲了三件事（指向板书）。

生：（结合板书串讲主要内容）先是蔺相如因为在"完璧归赵""渑池会面"这两件事上立了功，官职就高过了廉颇，将相因此不和；后来廉颇"负荆请罪"，将相和好。

师：太了不起了！孩子们读得快，想得也快。再一次把掌声送给我们自己。

[点评：不管是长课文还是短课文，掌握了抽象思维的方法且不断运用方法进行练习，概括课文内容就不难。吴老师将教材资源用足，又将板书内容用好，学生顺利完成"高难度动作"——"串讲"主要内容。学生学得轻松、学得有效。]

四、活动三：再用策略，品读人物

1. 再用策略，感悟形象

（1）自学与互助，感知形象

师：其实在连词成句地读的时候，圈画关键语句还能帮助我们更好地走进人物呢！请同学们继续用上连词成句的方法来默读第一个故事"完璧归赵"，圈画出你感受最深的语句，想一想，蔺相如给你留下了怎样的印象，用一个词写在卡片上。（学生自读自悟，圈画句子，填写卡片。）

师：同学们都已经有了自己的思考，先把你写的词语和感受最深的内容和同桌进行交流吧。（与邻座同学进行交流。）

（2）研讨与交流，丰满形象

师：同学们都讨论得很热烈，谁先来分享你们的读书收获呢？好，甄威然同学来分享。

生：我觉得蔺相如是一个勇敢无畏的人。我在第7自然段找到了一句话，是这么写的："他怒发冲冠，说：'我看您并不想交付十五座城。现在璧在我手里，您要是强逼我，我的脑袋就和璧一起撞碎在这柱子上！'说着，他举起和氏璧就要向柱子上撞。"我从这句话中知道，蔺相如面对强大秦国的国君都毫不示弱，不让秦国的国君占到一点便宜。所以我觉得他勇敢无畏。

师："强逼"的"强"表示强迫，读第三声。瞧，他能够抓住句子，还能清楚地表达自己的感受，很好。掌声也送给他。请甄威然同学把"勇敢无畏"这个词语贴在蔺相如的下面。

生：我和甄威然找的是一句话，但是我认为这句话写出蔺相如的品质是"不畏强权"，因为他面对强大的秦王也不畏强权，还是想保全和氏璧，带给赵王。

师：你的意思是带回赵国去是吧？是为了保全赵国的利益。你看同一个句子，同学们能够有不同的感受，真会读书。来，也请你把"不畏强权"贴上来。

生：我觉得他还是"智勇双全"的。嗯，刚才他们都说过"勇"的方面，那我就来说说"智"。蔺相如用计谋向秦王提出合理的要求，不仅使秦王没有对他产生责罚什么的，反而还惧怕了他，把他安全地送回了赵国。所以我觉得他是"智勇双全"的。

师：噢，能够以理服人，对吧？你瞧瞧，这位同学很善于补充，说出了自己独到的见解，也把掌声送给他。我请你把"智勇双全"贴在黑板上。还有没有不一样的感受？

生：我也是从他"怒发冲冠"这句话看出来的。嗯，这是一句神态描写和语言描写，从中我体会到了他的"视死如归"。

师：真好，你能抓住人物的相关描写来表达自己的观点。是呀，为了保全赵国的利益，蔺相如毫不吝惜自己的生命。好，也请你把"视死如归"贴在黑板上。还有其他观点吗？

生：我看到的是第4自然段："正在为难的时候，有人说有个叫蔺相如的人，勇敢机智，也许他能解决这个难题。"因为在这之前，很多人都不能解决这个难题，都害怕和氏璧到了秦国被骗，而蔺相如，他们觉得他很机智，所以推荐蔺相如。这里我感到了蔺相如的才智过人。

师：你另辟蹊径，从一个侧面描写的句子感受到他才智过人。真会读书！

［点评：由于课时的限制（只有40分钟），吴老师合理取舍教学内容，引导学生聚焦蔺相如，品评蔺相如的品质，即人物形象。蔺相如的品质，课文

有直接点明即"勇敢机智",这是"作者/编者"的观点。对于这个观点,学生只要"找到",并加以"解释"即可。但是,吴老师并未止于此,而是努力引导学生充分发表个性化意见,只要有理有据就行。于是就有了"勇敢无畏""不畏强权""智勇双全""视死如归""才智过人"等学生自己的见解。虽然这些见解大同小异,但由于是学生"读"出来且合逻辑地表达出来,就有了教育学意义。学生的思维得以展开和深入,学生的意见得到尊重,是"以学为中心"的本质特征。]

2. 朗读表现,丰富认知

师:太了不起了!刚才咱们连词成句地读圈画关键语句,不仅读出了速度,还有了这么多的阅读收获。老师注意到,有很多同学都关注到了这两个句子。先来看第一句,蔺相如为什么说这块璧有点小毛病?(课件出示句子:蔺相如见这情形,知道秦王没有拿城换璧的诚意,就上前一步,说:"这块璧有点小毛病,让我指给您看。")

生:因为蔺相如知道秦王没有拿城换璧的诚意,所以他就称这块璧有点小毛病,然后把璧拿回来。

师:你也很机智,读出了这是个借口、是个计策。那为什么得强调是个"小毛病"呢?

生:因为如果是"大毛病"的话,秦王也可以一眼就看出来,"小毛病"他不能一眼就看出来,所以说才会把璧交给蔺相如。

师:哇,厉害!一个"小"字被你看出了大玄机。这肯定是蔺相如深思熟虑的结果。请你来读读这句话,让秦王相信你,并愿意把和氏璧交给你。(学生朗读)

师:嗯,你读得正确,但这种语气,秦王不会把璧交给你的。想想看,你现在就面对着秦王,(师指自己)你要怎么从我手中把这块璧拿回去呢?再试试!(学生再朗读。)

师:嗯,怎么样?(面对全班)

生(频频点头):好多了。

师:是呀,你的语气平和,说得恭敬又真诚,秦王听你这么一说,赶紧就把和氏璧交到你手上了。接到璧的蔺相如立刻往后退了几步,靠着柱子站

定，他怒发冲冠。这"怒发冲冠"是什么意思？（课件出示句子并圈画）

师：咦，上一秒还那样毕恭毕敬，现在却怒发冲冠，你有什么想问的吗？

生：就是我有一个问题，他刚才还感觉很恭敬的样子，像是真的有小毛病，为什么他会突然那么生气？

师：哦，态度转变如此之快？问得好，还有想问的吗？

生：我觉得他为什么要怒发冲冠，不可以跟秦王谈判吗？

师：也问得好！有人能解决过这些难题吗？

生：因为我们联系上文可以知道，赵王接到信后十分着急。如果他不答应，怕秦王派兵来打他，所以从这句话可以看出秦王的残暴不仁，所以他才怒发冲冠，不跟秦王理论。因为他知道跟秦王理论是没用的，像秦王这种残暴的人不值得和他理论。

师：你可以保留你的观点，也许秦王还是会讲道理的呢？

生：如果他会讲道理，那为什么他会一言不合就跟其他国家打起来？

师：这可能说明了一个道理，"落后就要挨打"。但你想说的是蔺相如这是在震慑秦王，对吗？还有谁来解答吗？

生："您要是强逼我，我的脑袋就和璧一起撞碎在这柱子上！"他借了秦王对这个和氏璧的珍惜，拿着和氏璧来威胁秦王，让秦王手足无措。

师：他充分抓住了秦王的心理。来，你来读读这句话。（学生朗读，读出了愤怒。）

师：女生能读出这样的气势来已经很不错了。哪位男生来试试？好，让我们来听听你怎么把蔺相如的气势表现出来。（男生读得声情并茂）

师：掌声在哪里？太了不起了！我从你这"怒发冲冠"的气势中感受到你的勇气和决心。你们看，蔺相如就是这样（指向大屏幕），始终抓住秦王的心理巧妙地应对，让我们用朗读来再现这惊心动魄的场面吧！老师读旁白，你们读蔺相如的话，注意读出这两处语气的不同。

师（读旁白）：蔺相如看这情形，知道秦王没有拿城换璧的诚意，便上前一步，说——

生："这块璧有点小毛病，让我指给您看。"

师：秦王听他这么一说，就把和氏璧交给蔺相如。蔺相如捧着璧，往后退了几步，靠着柱子站定。他怒发冲冠，说——

生："我看您并不想交付十五座城。现在璧在我手里，您要是强逼我，我的脑袋就和璧一起撞碎在这柱子上！"

师：好极了！原来，在蔺相如每一处勇敢的言行背后，都让我们看到了他过人的智慧。从他"临危受命"，到"带璧换城"，再到成功地"完璧归赵"，都可以让我们看出他的确如同学们所说的——（读黑板上板贴的词语：勇敢无畏、智勇双全……）这些都告诉我们，蔺相如是一个"勇敢机智"的人。（出示课文词语。）

〔点评：如果上一环节，侧重抽象思维训练——概括蔺相如的品质/形象，那么，这一环节则侧重形象思维训练——通过朗读表现蔺相如的品质/形象，仿佛让人身临其境、亲历其形。阅读理解，就是要在"抽象—形象"之间来回往复，既培养学生的语言运用能力，也锻炼学生的思维能力，还加深学生的审美体验。特别值得一提的是，现在的阅读教学，朗读训练和朗读指导都偏弱，即使偶有读书声，也不是"朗朗"的，而是"黏黏"的——不是"拖腔"就是"拿调"。而这个环节，吴老师不仅重视朗读训练，更重视朗读表现，即通过朗读表现人物形象，蔺相如从秦王手中"夺"回璧的"智"和与璧共存亡的"勇"，在学生的朗读中呈现在听众面前，仿佛看见蔺相如，仿佛听见蔺相如。〕

五、活动四：对比阅读，升华情感

1. 对比表现，深化认识

师：可是如此勇敢机智的蔺相如，在面对廉颇时却是这样的表现——同学们连词成句，快速地看这两个句子。（课件出示内容。略。）

师：正如手下人说的那样，简直是老鼠见了猫！这样的蔺相如，你觉得他还能算得上是勇敢机智吗？

生：我觉得还是勇敢的。因为他躲着廉颇是为了国家的安危，如果廉颇和他闹不合了的话，赵国就会引起内战，别的国家就会趁机来攻打赵国，赵国就会灭亡。

师：蔺相如的门客们要是有你这般聪明该多好。

生：我来补充。因为蔺相如说："诸位请想一想，廉将军和秦王比，谁厉害？"大家都知道是秦王厉害，但是他还是一样躲着廉颇，是因为他顾全大局，如果他们两个闹起来了，那秦王就会占领赵国。

师：你也分析得相当有道理。原来，勇敢并不是一味地向前，有时候也要懂得退让。而蔺相如是为了什么而退让的？

生：国家利益。

师：是啊，能够为了国家利益放下个人的得失，这其实是一种大勇敢、大智慧。可见，在蔺相如的心中，什么才是最重要的？

生：国家，国家的利益。

师：是的，在蔺相如的心中，"国家的利益高于一切"（板贴）。作者司马迁也在《史记》中对他做出了高度的评价。同学们一起读。课件出示：

"……相如一奋其气，威信敌国；退而让颇，名重泰山。其处智勇，可谓兼之矣！"（学生齐读。）

[点评：一节课，时间限定、空间（物理）限定、目标限定，这是讨论课堂教学的成效的基本前提。当教师根据课程标准和教科书（包括学情）制订了精准的教学目标之后，就得围绕教学目标的实现取舍教学内容、组织教学活动，以达成教学目标。到此，教学目标基本实现，如何收束（同时也是开启，开启课后学习、下节课的学习）以体现课堂教学的完整性？吴老师这个环节，给我们启发有三：（一）有详有略、详略得当。一笔带出"怕"廉将军。（二）引发思考：连秦王都不怕的蔺相如怎么"见到廉颇像老鼠见到猫一样"？——对比策略恰当运用，效果显著。（三）自然升华、无痕育人。原来是为了"国家利益"！在"国家利益高于一切"上，蔺相如和廉颇高度一致，所以廉颇"想了一下"就主动"负荆请罪"——将相和。之于当下的学生，自然被感化、受到爱国主义教育。]

2. 方法小结，拓展延伸

师：同学们，今天我们用上连词成句的方法来尝试着进一步提高阅读速度，还结识了这样一位勇敢机智的蔺相如。其实，像蔺相如这样熠熠生辉的人物，在《史记》当中还有许许多多。今天吴老师也给大家带来了一套适合咱们阅读的《史记》，希望同学们能够继续用上学到的方法走进书中，让我们一起"品读先贤故事,传承家国情怀"!

〔点评:一篇篇课文,只是"例子";一节节课,也只是"引子"。引发学生思考、引发学生讨论、引发学生研究——读更多的文章、读整本的书,才是真正的目标、才是真正的"大单元"。这个结课,与其说是"下课",不如说是新开始。〕

【总评】

综合上述课堂实况和"流水评",可以概而言之:吴老师的课精确地诠释了全国小语专委会的教改追求"用好统编教材,落实课标理念",全面反映了福建小语教研"构建素养导向的'教—学—评'互动一体的教学生态"的精髓。即透彻理解教材意图,将提高阅读速度策略与提高阅读理解力有机结合、并行不悖,恰当运用现代媒体将策略可视化,引导学生全身心地"进入"文本,揣摩语言文字以感受人物形象,扎实训练读写以提高语言运用能力,感悟人物精神,使学生自然受到"国家利益高于一切"的教育,堪当示范。

(执教:福建省泉州师院附属小学　吴筱瑾)

3.《学写留言条》可以教与学得这样有趣、有效、有用

——第三届青年教师教学观摩活动示范课《学写留言条》实录与评析

一、读绘本故事，认识留言条

1. 师生共读绘本《留下一点冬天》

师：上课之前老师先给大家读一读绘本故事《留下一点冬天》，请注意，这个故事中，就会看到我们今天要写的"留言条"哦。（课件出示《留下一点冬天》）

师：故事的主人公兔子和刺猬可是一对好朋友。

冬天到了，小刺猬要冬眠了。小兔子不舍地说："我会想你的。你会想我吗？""不会的。"小刺猬摆摆手。"可是，我会想你的。"小兔子又轻声地嘀咕着。"知道啦，你刚刚已经说过了！"小刺猬显得很无奈，因为小兔子的记性真的有点差，刚刚说过的话就忘了。小刺猬说："如果你记性好的话，就不会忘记为什么我不会想你了。"

师：孩子们，你们知道为什么吗？

生：因为小刺猬要去冬眠了。

师：哎呀，你的记性可比兔子好多了！冬眠？对！冬眠就要错过整个冬天啦。小刺猬多么希望小兔子能留下一点冬天给自己，因为他想知道冬天是什么感觉！可是小兔子的记性实在是太差了，怎么办呢？大家猜猜看，小刺猬会想到什么办法呢？

生：小刺猬想给小兔子写"留言条"

师：没错，小刺猬在一棵大树的树干上写下了"留言条"。大家看，小刺

猬的"留言条"是这样写的。（课件出示"留言条"）

亲爱的兔子：

请你在我醒过来的时候，留下一点冬天给我。

爱你的刺猬

师：刺猬刺猬，你来读一读呗！（生读"留言条"）

［点评：对二年级学生来说，"留言条"是新知识，"写留言条"是新能力。新知识和新能力如何出新——让二年级小朋友愉快地习得和练得？陈老师颇费了一番心思：将留言条嵌入绘本故事中，有趣、有益。］

2. 从绘本转入"留言条"

师：小刺猬，你为什么要写留言条呢？

生：因为小兔子的记性很差，要写留言条提醒他。

师：好厉害，留言条最关键的作用被你抓到了！生活中，我们也经常会碰到像小刺猬这样的情况，双方碰不上面，电话也联系不上，这件事情又很重要，所以就要写留言条来提醒他、告知他。让留言条代替你来讲话。在真正的生活中，你们写过留言条吗？

生：写过。

师（追问）：什么情况下写的，写给谁？

生：我写给我朋友的，那天有事找他，他却不在，所以写留言条给他。

师：留言成功了吗？

生：成功了。

师：看来留言条真的很管用。他能够帮助我们解决生活中的许多问题。这节课咱们还真有必要来学一学怎样写好留言条。

［点评：学生为什么要学写留言条？因为有用。有用，就学；学了，有用，所以学生才会认真学。这个环节的师生对话，很好地解决了留言条写作的意义问题，激发了学生的内驱力——"我要写"。］

二、识留言条，写留言条

1. 认识留言条

师：看，这就是生活中的留言条。（课件展示播放录音）（贴出板书）

师：听懂了吗？没关系，咱们再来听一听，这张留言条究竟讲了什么。（课件展示播放录音）

（1）内容讲清楚

师：这是谁写给谁的留言条？

生：这是小新写给妈妈的留言条。

师：留言条中讲了几件事？

生：两件事。第一件事是中午不回家吃午饭，第二件事是要妈妈少做点菜。

师：那咱们数一数，小新一共讲了几句话？

生：两句话。

师（小结）：看，第一件事，先讲为什么留言，再告知对方做什么；第二件事也是这样，先讲为什么留言，再提醒对方做什么。（在板书的留言纸上画波浪线）两句话，就把事情讲清楚了。这就是留言条的特点，虽然内容很简短，意思却表达得很清楚！（课件展示）（贴出板书：简短、清楚）

［点评：内容讲清楚，是留言条的"语文要素"，必须落实到位。陈老师通过示例，让学生直观认识留言条的内容要素：原因（为什么）＋要求（做什么）。学生同时认识到留言条"简短"的特点。］

（2）格式讲清楚

师：同学们，再读读，发现了吗？和之前咱们写的一段话相比，留言条多了什么？

生：前面写"妈妈"。

师：对，你要写给谁，就明明白白把称呼顶格写在第一行的最前边儿。

师：还多了什么？

生：还有写"小新"，还有"时间"。

师：事情讲完，可不要忘了，署名和日期要各自另起一行紧紧跟在右下角。

师（小结）：其实呀，这就是留言条的格式。瞧，写给谁（圈）、谁写的（圈）、什么时间写的（圈），也交代得很清楚！（板画：圈出纸条上的格式）

［点评：写留言条，必须遵守留言条的规范格式（也就是文体思维方式），

而且严格要求。当然，要从具体示例中来。］

2. 写留言条

师：接下来，就让我们来写一写吧！课本中有两条任务，第一条是给老师留言，请你来读一读！

生（读第一条）：1. 去办公室还书，老师不在。

师：第二条是给小芳留言，你来读！

生（读第二条）：2. 去小芳家，通知她明天九点到学校参加书法小组的活动，但家里没人。

师：现在，请你们选择一种情况，练习写一张留言条吧。（课件展示）如果是给老师留言，称呼就写"老师"；如果是给小芳留言，称呼就写"小芳"。写完了记得署上你们自己的姓名和日期（今天是12月21日）。

（学生选择并写作。老师边巡视边提醒：如果遇到不会写的字，可以空着，等留言条写好之后，查字典补上）

［点评：这个环节，陈老师利用教材提供的写作情境，让学生选择其一，完成写作任务。特别值得一提的是，对于学生暂时不会写的字的处理——"先空着，待写完后查字典"——符合统编教材新理念。具体言之：一是落实用字典来解决不会认不会写的字，使查字典成为习惯；二是不提"不会写的字，用拼音代替"，使拼音回归"拐杖"功能。因为，如果提"不会写的字，用拼音代替"，就必然拔高拼音教学的要求，给汉字注音，又把查字典给"荒废"了。］

3. 评留言条

师：咱们来读一读吧！看这是咱们班＊＊＊同学写给小芳的留言条。（作品投影）

小芳：

  不要 忘 记，今天上午要去参加书法小组的活动啊！

              ＊＊＊

              12月21日

师：刚才老师发现＊＊＊同学遇到不会写的字很认真地在翻查字典。哪个字不会？

生：“忘记”的"忘"字。

师：用了什么方法查字典？

生：音序查字法。

师：会读不会写，就可以用音序查字法来查。会了吗？

生：会了。

师：真好，字典可是咱们的贴身小老师，熟练使用它，就没有你不会认的字了。同学们，伸出大拇指，给他点个赞吧！接下来，请＊＊同学来读一读。其他同学听一听，他读的留言条讲清楚要对方做什么了吗？你是否也明白？（学生朗读留言条）

［点评："不会写的字，先空着，待写完后查字典。"提了要求，就要落实。陈老师正好发现这位同学不会写"忘"，并且是"先空着"，然后"查字典"补上，就好好地树立榜样，并"给他点个赞"，以鼓励之、强化之。］

（1）评价提升，习得要领。

师：讲清楚了吗？对照要求，咱们来评一评。同桌是一个学习共同体，那就请同桌来评吧。

生：写给小芳的，没有写时间。小芳不知道明天什么时候参加。也没有写出地点，小芳也不知道要去哪里参加比赛啊。

师：缺了时间和地点！小芳收到这样的留言条还真不知道该怎么办呢，你能帮他改一改吗？（生口头修改，教师根据学生口述在屏幕上修改。见下文斜体字）

小芳：

不要忘记，今天上午九点要去学校参加书法小组的活动啊！

＊＊＊

12 月 21 日

师：这么一改，是否就讲清楚了？看！时间，地点可都是关键信息，丢了它们，留言条就失去留言的功能了！你会改了吗？

生：会了。

师：你想对同桌说什么？（生：谢谢。同桌：不客气）。

师：互帮互助，共同进步，掌声送给这个小团队。

［点评：习作教学，关键在学生写出来之后，有进步。让学生有进步，给教师极大的挑战。迎接挑战，除备课充分预估和准备外，要在课堂上发现典型，优秀的"长善"之、不足的"救失"之。陈老师巡视中发现的可算是典型：一是通过查字典补上不会写的字；二是漏写关键信息——具体时间和地点。其实这在一年级《动物王国开大会》就训练过的。这个环节，值得提倡的是发挥同桌互帮互助的"学习共同体"的作用。］

（2）引进绘本，提升总结

师：在咱们的绘本故事中，小兔子也遇到了同样的麻烦！瞧！意外发生了！一块树皮脱落了！留言条成了这样。（课件出示"留言条"）

亲爱的兔子：

　　请你在我醒过来的时候，留下一点＊＊给我。

爱你的刺猬

师：这下小兔子可晕了，他的记性又差，留言条中关键信息又丢了怎么办呀？读到这，结合刚才＊＊＊同学写给小芳的留言条，你觉得要想把留言的内容讲清楚，最关键的是要注意什么呢？

生：关键的信息不能丢。

师：对，写留言条关键在于把内容讲清楚，让对方明白该怎么做，可不能漏了重要信息。

一改：注意关键信息是否遗漏。

师：你们的留言条写清楚了吗？对照要求，自己再读一读，改一改！（课件出示"留言条"）

学生修改。

师：大部分的同学都改好了。看，这是咱们班＊＊＊同学写给老师的留言，请＊＊＊同学读一读吧！（作品投影）

老师：

　　您借我的书我看完了。我把它放在您的办公桌上，请您收好！

＊＊＊
12月21日

学生朗读留言条。

师：如果你是老师，你听明白＊＊＊的留言了吗？

生：明白了。

师：知道了什么？

生：知道＊＊＊把书还给我，就放在办公桌上！

师：书还回来，放在哪，可是关键信息，讲清楚了就能保证老师收得到还回来的书了。提个小建议：如果再加两个字——"谢谢"——就更好了！"谢"字三个部件都要写得瘦窄，左边的言字旁稍短，右边的射字略长。虽然他的笔画有点多，但是只要掌握规律，认真写，就一定能写好！（师边讲解边写字）一起再读读（谢谢）。对，咱们要做有礼貌的孩子！

师：你瞧，两句话，简短清楚！留言成功！掌声祝贺他。

［点评：再次示范修改。"谢谢"二字很重要，一是养成有礼貌的好习惯；二是"谢"易说难写，陈老师边写边讲解，体会"无处不教，教而无痕"的教学理念。］

二改：注意标点符号规范使用。

师：看！麻雀虽小，五脏俱全！用放大镜瞧一瞧，你发现了什么？

生：标点符号。

师：对了，写话时，要把这些常见的标点符号写正确，这样意思就表达得更准确，写成的留言条，看得才更明白。

师：看"妈妈"这个称呼后面什么标点？

生：冒号。

师：上下两圆点儿，左下格子靠紧字；你的冒号写好了吗？马上拿起笔改一改。（生修改冒号）这又是什么符号？

生：逗号、句号。

师：标点虽小，也要写好。同学们，最好的修改就是朗读！捧起你们的留言条放声读一读，改一改，重点看看自己的标点符号是否写清楚了。（生二改留言条）

［点评：二年级处于写话的起点。不要让孩子"错"在起跑线上。陈老师要求严格，方法得当，用意深远。］

师：对，留言条还有特殊的要求呢！（课件展示）请看第一个要求，读：

先写留给谁，再写什么事，最后写名字和时间。

师：这就是留言条的"三字经"，我们读一遍，把这三字经牢牢记在心里吧。

写给谁，写出来；
什么事，写清楚；
人与时，写明白。

师：记住了吗？对照三字经的要求，自己先调一调，然后和同桌交换着读一读。如果同桌写得好就给他画一面小红旗吧！如果还需要修改的，就给他提一点小建议，别忘了，同桌可是学习共同体啊！

［点评：这三则"三字经"编得好——好记好用。］

三、用留言条

1. 直接使用

师：声音渐渐小了！留言条都写好了，最担心对方看不见！放哪里比较好？让小刺猬给点启发吧！

生：我觉得给老师的留言条就放在老师的办公桌上。

生：小芳不在家，她的留言条可以直接贴在她家的门上。

师：对，留言条放的位置要讲究。要让对方看得见，看见了才能发现，并阅读留言。

师：还可以做什么保证对方知道呢？

生：打电话告知。

生：发短信。

生：QQ留言、微信留言。

生：还可以发邮件。

师：是呀，看来这个时代留言条也发生了很多变化，短信、微信也是一种新型的留言方式。

［点评：留言条有用，关键在与时俱进。］

2. 生活中的"留言条"

师：会写留言条可有用了，我们可以给全世界写留言条。

师： 看，在我们的生活中，留言条处处可以见到——

（1）展示第一组留言条

为回家留言、为安全留言、为找人留言，留言条给我们的生活带来了许多方便。

（2）展示第二组留言条

为感谢留言、为祝福留言、为道歉留言，留言条给我们的生活增添了许多温暖。

（3）展示第三组留言条

为商店留言、为病患留言、为自己留言，留言条留下的是满满的诚意。

（4）展示第四组留言条

这是爱因斯坦写给未来5000年后的人类的留言条。

世博会就有一个传统，给后人留下一个"时间舱"，里面装着给未来人类的留言。

（5）展示第五组留言条

这是世界留给我们的留言条：金字塔、秦兵马俑、麦田怪圈……这些未解之谜都是世界给我们的"留言条"呀。有兴趣，课后可以去读读这些留言。

师： 回去之后，咱们可以试着写一张留言条，并真正用起来，让对方接受你的留言好吗？

[点评：现代社会，学生还要"学写留言条"吗？陈老师着实花了心思！这五组"留言条"不仅激发二年级学生的极大兴趣，也给成人打开了视野。学以致知与学以致用融为一体。]

四、尾声：绘本故事会怎样结尾

师： 同学们马上下课了，还记得这个故事吗？春天来了，小刺猬苏醒了，你们猜，兔子会记得当初的留言吗？

生： 我猜不出，好难做到。

生： 我觉得小兔子做不到，因为之前说那块树皮掉了。

师： 哈哈，告诉大家，留言是朋友间的约定，相信好伙伴一定会遵守约定的。这套书非常有名，不止一本哦，下课，大家可以找来读一读。

〔点评：绘本开课，绘本结课，可谓别出心裁。绘本开课，激发兴趣，绘本结课，引起阅读，精巧。毕竟，功夫在课外。〕

【总评】

学写留言条，是这届学生第一次写实用文——也是人生第一次写实用文。"第一次"如此不同。

第一，把留言条的写作融入到绘本故事中，让"第一次"有趣。

第二，让学生在故事的引导下，一步一步学习写、学会写；学习改、学会改，让"第一次"有效。

第三，学生为什么要写留言条（乃至为什么要写作文）？因为生活需要（学习需要、工作需要、生活需要），所以要认真写、好好写，让"第一次"有用。

学生感受到所学有趣、有效、有用，哪有不好学、学不好的。

（执教：福州市仓山区实验小学教育集团　陈姬）

4．让文章的本身去教育学生

——第四届人教一类课例《为中华之崛起而读书》实录与评析

一、开题入课彰显育人立意

师：今天我们要学习一篇课文，一起去认识一个人，一同走进他的故事。

生（齐）：《为中华之崛起而读书》。

师："崛"字是本课的生字，要读准。（生读）它是什么意思？

生：繁荣昌盛。

师：还可以理解为——

生：振兴，复兴。

师："崛"字是山字旁，本义指山峰高起、突起，你们所说的"繁荣昌盛""振兴""复兴"都是它的引申义。课题的意思是——

生：为中华繁荣昌盛、振兴、复兴而读书。

师：这句话是谁、在什么时候说的？

生：这句话是周恩来在奉天东关模范学校的修身课上说的。

师：那时候他只有——（生：12岁。）关于周恩来，你们有哪些了解？

生：我通过查阅资料，知道了周恩来对人民是有非常大的贡献的。他生前最后一句话是"我这里没有什么事了，你们还是去照顾别的生病的同志吧"。

师：他一生都在为他人着想。你懂得真多。还有吗？

生：他一生勤于工作，严于律己，被称为人民的好总理。

生：通过查阅资料，我知道他是伟大的革命家、政治家、军事家、外交家。

师：正是这样一代伟人，在他12岁的时候，在一堂修身课上回答老师"为什么而读书"时，立下了这样远大的志向——（生：为中华之崛起而读书！）请你拿出"研学单"，把"为中华之崛起而读书""周恩来"，工工整整地写下来。（生书写）请把你所写的默默记下来，把它牢牢地刻在心中。（生默记）

[点评：万事开头难，"头"开得好，"事"行得顺。这课一开头，就把思想启迪与语言实践活动融为一体，让人眼前一亮。一是读题解题做得好。二是了解主要人物做得好。三是抄写题目和人物做得好。"为中华之崛起而读书"何其著名，"周恩来"何其伟大，学生工工整整地抄写，严肃认真地默记于心，这就是文道统一。]

二、整体着眼，训练概括能力

师：我们一起回忆这篇课文的主要内容，想一想这篇课文讲了哪几件事。

生：一共写了三件事。

师：你是怎么知道的？

生：根据时间。"新学年""12岁那年""一个星期天"。

生：我是根据地点的变化。第一件事就是在新学年的时候，地点在修身课上；第二个地点是在奉天；第三个地点是在被外国人占据的地方。

[点评：阅读教学旨在引导学生学习阅读，学会阅读。林老师遵循"整体—部分—整体"的顺序，引导学生结合预习从整体上把握课文的主要内容，训练概括能力，培养逻辑思维。此整体把握环节，体现了语言运用与逻辑思维的共生共长。]

三、"走进"修身课，以读代讲

师：让我们一起回到一百多年前，回到那一堂令魏校长为之一振的修身课上。新学年开始了，修身课上奉天东关模范学校的魏校长提出了一个严肃的问题："你们为什么而读书？"（生：为家父而读书。）（生：为明理而读书。）"明理"就是——（生：明白道理。）读书不为明理，还读什么书？应该啊！你说——（生：为光耀门楣而读书。）这"光耀门楣"是什么意思？

生： 我通过查阅资料，明白了以前比较厉害的人家，门上会有那种浮雕，越厉害的人家浮雕会越好看，这个横木就是"门楣"。

师： 很好，你会通过查阅资料来理解词语！同学们，这个词确实很有意思。你们看（出示图片，略），"门楣"指的就是古代人家正门上方的这个横木，它是一种地位的象征。在古代只有朝廷官吏所居住的府邸才有门楣，所以"光耀门楣"就是让自己的家族很荣耀。那么，立下这个志向其实就是为了——（生：家族。）对了，用我们现在的话说就是"光宗耀祖"，为家族而读书，也应该啊。可是有位同学一直默默地坐在那里若有所思，魏校长点名让那位同学回答。那位同学站了起来，清晰而坚定地回答道——（生：为中华之崛起而读书!）一个12岁孩子竟然有如此的抱负和胸怀，所以魏校长听了——（生：为之一振。）他怎么也没想到，于是他睁大了眼睛，又追问了一句"你再说一遍：为什么而读书？"（生：为中华之崛起而读书!）好哇！为中华之崛起，有志者——（生：当效此生。）这位同学是谁？（生：周恩来。）

师： 年仅12岁的周恩来就立下如此远大的志向。读到这儿，你想问什么问题？

生： 他只有12岁，为什么会有如此大的志向呢？

生： 他回答得那么坚定，他认为自己一定能成功吗？

[点评："走进"修身课，非常精彩。首先，林老师充分利用课文内容，通过生动的讲述和分角色朗读，带领同学"走进"魏校长的修身课，使学生产生身临其境之感。其次，以读代讲，读中理解，因学而教，教融入学却不着痕迹。第三，先分后合，反复强调"为中华之崛起而读书"，以文化人，实现理解内容与陶冶品格水乳交融。]

四、探寻立志原因，以史为鉴

师： 根据提示继续研读课文，一起去探寻他立下这个志向的原因。（生研读，然后交流）

生： 中国人自己的国土却要绕着走，真是太不公平了。

师： 你是从伯父的话语中感受到"中华不振"。是的，在我们自己的国土上竟然有这样的一个地方，叫作——（生：被外国人占据的地方。）谁能结合课前查阅到的资料谈一谈?

(生结合资料谈清政府被迫和帝国主义列强签订的一系列不平等条约)

师:在这些条约里头,我们无条件地割地、赔款。(播放屈辱历史的视频)你有什么想说的?

生:如果当时我们的朝廷不那么腐败,说不定不是这个样子。

师:因为"落后就要挨打"。

生:我体会到了当时人民生活的苦难,被外国人欺负,可我们无能为力。

师:这也印证了伯父口中的那一句话——(生:中华不振。)还能从课文当中哪些句子感受到"中华不振"?

生:我的心情十分难过。因为这个巡警原本是中国人,本应该去惩处那个肇事的外国人,为这个不幸的中国女人撑腰。但因为是在"被外国人占据的地盘里",他却要训斥她。

生:老师,我不得不说虽然当时中国也是有巡警,也有很多有势力的人,但是在被外国人占据的地方,即使是有职位的中国人也不敢轻易地去惹外国人。

师:你读出了自己的理解,你觉得是"无奈"。请你读出这种"无奈"。(生读)不但不惩处肇事的外国人,反而训斥她。他训斥谁呀?(生:那个不幸的女人。)你的心情怎么样?(生:愤怒。)请你带上这样的感受,读句子。(生读)这里用上了"不但不……反而……"让你感受到了"愤怒"。看到这样的一幕,怎能让人不愤怒呢!那当时围观的中国人又是怎么做的呢?

生:他们紧握着拳头,可是也无可奈何。

师:围观的中国人都"紧握拳头"。他们在想什么?

生:他们想惩处这个肇事的外国人帮中国人讨公道报仇。

生:他们敢怒却不敢言。

师:这是多么的——(生:无奈。)带上这样的感受,请你读一读。(生读)读着读着,相信你们一定读明白了伯父先前的告诫。

生:奉天有些地方被外国人占据了,不要随便去玩,有事也要绕着走,免得惹出麻烦没有地方说理。

师:读着读着,相信你们也一定读明白了伯父的那一句叹息——(生:

中华不振。）在东北的所见所闻，给少年周恩来带来了强烈的刺激。虽然那个时候他只有12岁，但"中华不振"这四个字沉重的分量他已真正体会到，所以就有了课文前头的那一幕。

生：有位同学一直默默地坐在那里，若有所思。

师：你可知他在思索着什么？

生：怎样把祖国和人民从苦难和屈辱之中拯救出来？

师：是的，这个问题就像是一团烈火，一直燃烧在他的心中。所以在修身课上，当魏校长问大家为什么而读书时，他清晰而坚定地回答——

生：为中华之崛起而读书！

师：面对魏校长的再一次追问，他铿锵有力地回答——

生（齐）：为中华之崛起而读书！

[点评：探寻周恩来立下"为中华之崛起而读书"志向的原因，是阅读理解的重点，也是难点。重点，是因为这是了解周恩来立志的思维轨迹、内在逻辑，只有让学生"经历"周恩来产生志向的心路历程，育人才不至于空洞，教育才有力量。难点，是因为"中华不振"的那段历史非常悲惨、非常屈辱，离学生比较遥远且不容易理解。这个教学活动，我们看到了课文信息与课外资料同向发力，突出重点突破难点。林老师引导学生充分利用课文提供的信息，反复阅读，同时适当补充学生课前所查阅的资料。如此"点"（课文）"面"（课外资料）结合，让学生对当时的社会状况有比较全面的了解。]

五、走近伟人践行誓言的一生

师：为中华之崛起而读书。他是这样说的，也是这样做的。1917年19岁的周恩来要去日本留学，在东渡日本前，他写下了一首救国抱负的诗篇《无题》："大江歌罢掉头东，邃密群科济世穷。面壁十年图破壁，难酬蹈海亦英雄。"（出示，师生齐诵）

师：青年周恩来两次留学日本，他在那里刻苦钻研学问，他想着学成以后回国拯救国家的命运，这就是"邃密群科济世穷"，这就是"面壁十年图破壁"。为中华之崛起，他也用自己的一生去践行这个誓言。（播放有关周恩来生平事迹的视频）请结合你课前查阅到的周恩来生平的相关事迹，试着用一个词来概括"周恩来一生为中华之崛起而____"。(生写后分享：周恩来一生为中华之崛起而奋斗而努力。周恩来一生为中华之崛起而无私奉献。周恩来一生为中华之崛起而苦心操劳。周恩来为中华之崛起而奋斗终生。周恩来一生为中华之崛起而呕心沥血……)

师：周恩来一生都为中华之崛起而鞠躬尽瘁。也正是因为有了像周恩来这样一代又一代有为志士的不懈努力，我们的祖国才实现了从站起来到富起来再到强起来的伟大飞跃。(多媒体播放"百年强国"视频)

师：正如"时代引路人"所说，每一代人有每一代人的长征路，每一代人有每一代人的使命。作为新时代接班人的我们也要思考：在祖国日益强大的今天，我们又为什么而读书呢？(板书"？")不着急回答，回去好好思考，想清楚自己读书的志向，也要想清楚立下这个志向的理由，把它写下来。老师再推荐大家去阅读《一夜的工作》，继续走近周总理；去阅读《少年林则徐》，去看看另一个少年立志的故事。

[点评：课文只是一个"引子"，课堂教学也只是一个"引子"。引发学生思考，引起学生阅读更多、理解更深，才是教学之目的。此学习活动，是整个学习活动的高潮部分，也是"点睛"之笔，扎实而令人回味。一是运用多种媒介让学生"浮光掠影"式了解周恩来光辉的一生，但又不忘沉入语言文字深处感受、思考、品味，如，朗诵周恩来留学日本前写下的《无题》诗；要求学生用一个词概括"周恩来一生为中华之崛起而____"等，稳稳守住语文课程的本质。二是以伟人为榜样反思自我、激励自我，但又不浮于表面、不搞形式(例如喊喊口号)，而是思考——想清楚想明白——再下笔"立字为证"。三是由课内而课外，引导学生阅读整本书——让整本书去教育学生。教学只有引发学生思考，才会触及学生心灵；阅读才可能指导并化为行动。]

【总评】

张志公先生在谈到教一篇文章，如何让学生从中得到思想上的启迪时，提出要"让文章的本身去教育学生"。这一理念，对我们进行革命文化类课文教学、落实立德树人根本任务有着极其重要的指导意义，是革命文化类课文教学以文化人、避免空洞说教的金科玉律。林老师执教的《为中华之崛起而读书》很好地诠释了这一理念。林老师指导学生的阅读从一篇课文走向整本书；从走近少年周恩来到走近青年周恩来直至"为中华之崛起"而奋斗终生的周总理，全面而充分地走进文本情境，走进革命先辈心灵，进而走进革命先辈的一生，实践"让文章的本身去教育学生"，让整本书去教育学生，实现文道统一，共同促进学生的核心素养提升。

（执教：福建省福清市东瀚中心小学　林月颖）

5. 语文要素与课后练习融通 嵌套纸笔作业减负增效

——第三届人教一类课例《剃头大师》实录与评析

一、揭题解词，质疑激趣

师：同学们，今天我们一起来学习第六单元第19课《剃头大师》，伸出食指和老师一起写课题。（板书：剃头大师）"剃"是形声字，左边的"弟"提示读音，右边的立刀旁表示剃要用——（生：刀。）课文的作者是谁？

生：秦文君。

师：（板书：秦文君）齐读课题——（生：剃头大师 作者秦文君。）

［点评：阅读教学，教师板书课文题目和作者姓名，学生朗读课文题目和作者姓名，不仅是记住课文和作者、是丰富文学常识，而且是对作者的尊重。庄老师做得漂亮！同时，板书不"哑巴"，随机识字了解其"形、义、音"的关系。真是字字皆教学、笔笔有教学。］

师：同学们，生活中什么样的人才能被称为"大师"？

生：做一件事非常厉害的人。

师：（出示图片）是啊。同学们看，梅兰芳先生演绎的京剧剧目传为经典，我们称他为——（生：京剧大师。）

师：齐白石先生擅长国画，我们称他为——（生：国画大师。）

师：像他们这样在技术或艺术上有较高的造诣、受到人们尊敬的人才能称为——

生：大师。

师：那"剃头大师"一定就是——

生：剃头非常厉害的人。

师：是啊，看来这可不是个一般人。来，咱们再读课题。

生：剃头大师　秦文君。

［点评：这个"题"开得好，信息量很大又很吸引人。老师与学生一起认识"大师"，又产生对"大师"的疑惑，激发阅读期待。］

二、关注人物，梳理架构

师：同学们已经预习了这篇课文，自主学习了生字，还把课文读得正确、流利了。老师问问你们，你们喜欢这篇课文吗？

生：喜欢。

师：为什么呀？

生：因为这篇课文非常有趣、非常好笑。

［点评：文学的第一性是审美。"有趣""好笑"是文学审美的"表"也是"里"。庄老师直截了当，了解学生的直观感受，培养学生的直觉思维。］

师：（板书：趣）哈哈，是啊，多么有趣的课文啊！课文里还有几个非常有趣的人物呢？请同学们打开课本去找一找吧。

生：课文里有小沙、老师傅，还有姑父，还有我。（老师板书）

［点评：读小说，有了整体印象（感觉）后，就抓住人物。塑造人物形象、突出人物个性、表现人物内心世界（或精神、或品质、或思想等等），是小说的内功。庄老师的引导精准到位。］

师：同学们，那么文中分别是怎么称呼他们的？

生：老师傅是"害人精"。

师：（板书：害人精）谁称他为"害人精"？（生：小沙说他是"害人精"。）

师：那"我"呢？

生："我"是"剃头大师"。

师（板书：剃头大师）：你从文中哪里知道"我"是"剃头大师"？

生：第12段中写道：我觉得自己像个剃头大师。

师：原来啊这个"剃头大师"是自封的呀。同学们看，"害人精""剃头大师",如果让你也用一个称呼来称呼小沙,你们要叫他什么呢?

生:胆小鬼。

师:为什么要叫他"胆小鬼"呀?

生:第1自然段说:"小沙天生胆小,他怕鬼,怕喝中药,怕做噩梦,还怕剃头。"这可说明他是一个"胆小鬼"。

师:真是活脱脱一个胆小鬼。

师:(出示:胆 鬼)同学们看,"胆"也是形声字,左右结构。书写"鬼"字时要特别注意,第一笔是个短撇,第六笔是个连贯的长撇。请同学们看老师书写。(板书:胆小鬼)你们把这个词写在课文第1段的空白处。(老师巡视)写字时注意你的执笔姿势,背直肩平。

[点评:抓住了人物,接着抓人物特点——作者以"雅号"来标记——师法《水浒传》。庄老师的教学综合性强,统筹安排出效益,板书运用自如见功夫,如"胆""鬼"的识写。这样的写字指导突出了阅读教学中写字指导与练习的特点:第一,遵循"字不离词、词不离句"的原则;第二,把字写正确(必要时,了解字的形义关系);第三,在写正确的基础上逐步写得美观。同时,这个语境又与第一课时的教学内容相关,既起到辅助概括的作用又隐含"语用"训练。]

师:同学们看,胆小鬼、害人精、剃头大师,连人物的称呼都这么的有趣。都说题目是文章的眼睛,读着这个题目,我们知道这篇课文写的是什么事儿?

生:剃头。

师:谁给谁剃头啊?

生:老师傅给小沙剃头,还有"我"给小沙剃头。

[点评:把握文章的主要内容,是阅读的第一能力,教科书从三年级开始编排"语文要素"加以训练,循环往复,逐层进阶。庄老师依据课文特点,引导学生运用课文题目——文章的眼睛——帮助概括,娴熟自然。]

师:文中的哪几个自然段写了老剃头师傅给小沙剃头的经历呢?

生:第4自然段到第6自然段。

师:有不同的意见吗?

生：我觉得是第 2 自然段到第 6 自然段。

师：还有不同意见吗？

生：我觉得是第 1 自然段到第 6 自然段。

师：嗯，课文 1~6 自然段写了老剃头师傅给小沙剃头的经历。那么，剩下的 7~18 自然段就是课文的第二部分，写了"我"给小沙剃头。

[点评：有了前几个环节的整体把握，自然局部着力。因为，我们都是以课时——40 分钟——为单位的教学，因此，一课必须有一课的目标，为实现目标而选择合适的教学内容。庄老师和学生一道以人物为标志，快速将课文划分为两个部分，以便深入开展"阅读与鉴赏"实践活动。]

三、运用方法，读悟结合

师：我们走进课文的第一部分，去看一看老剃头师傅给小沙剃头的经历。（出示：默读课文 1~6 自然段，想一想：小沙为什么称老剃头师傅为"害人精"？画出你觉得难懂的句子。尝试用学过的方法读懂它）（学生自学。老师巡视，个别指导）

1. 品读交流，初步理解"害人精"

师：刚才老师看到大家学得很认真。先来说说小沙为什么称老剃头师傅为"害人精"。

生：因为小沙不想剃头，可是老剃头师傅要给他剃头，小沙不喜欢老剃头师傅，所以称他为"害人精"。

师：有没有补充？

生：最让小沙耿耿于怀的是，每次剃完头，姑父还要付双倍的钱给"害人精"。

师：这可是一个很重要的原因。

生：请大家看第 5 自然段：最痛苦的是，老师傅习惯用一把老掉牙的推剪，它常常会咬住一绺头发不放，让小沙吃尽苦头。

师：跟我读，一绺头发。

师：通过刚才的交流啊，我们初步了解了小沙称老剃头师傅为"害人精"的原因。

［点评：庄老师带领同学们围绕主问题，理解课文内容。问题，是思考的引擎。不管是别人的问题（编者的、老师的、同学的），还是自己的问题；也不管是好问题，还是一般的问题，都是引发思考、引导探讨的"发动机"。阅读教学首先要带着"编者的"问题思考，然后要加强引导学生自己发现和提出问题——带着自己的或是同学的问题——思考。前者是规定动作，后者是自选动作；前者是一般动作，后者是特殊动作；前者是因袭动作，后者是创新动作，都要练习，但是，当下，后者更紧迫。后者才是以学为主的标志。小沙称老剃头师傅为"害人精"是有原因的且原因不止一个。因此，庄老师要追问"有没有补充"，旨在克服"找到一个答案就停止思考"的弊病，培养思维的深刻性。］

2. 运用方法，理解"难懂的句子"

师：你们在读1～6自然段的时候，有没有遇到难懂的自己也不能解决的句子？请提出来，咱们一起来学习。

（1）提出各自难懂的句子，请教交流

生："小沙每次都是被姑父押进理发店里，而且，姑父还得执一把木尺在一旁监督，否则，小沙准会夺门而逃。"为什么小沙每次都是被姑父"押进"理发店，而且"姑父还得执一把木尺在一旁监督"呢？

师：这位同学觉得这句话比较难懂。有没有谁来帮助他？

生：因为小沙怕剃头，所以在剃头的时候，如果姑父不执一把木尺的话，小沙会逃走。

师：哦，你听明白了吗？好的，还有什么句子让你觉得很难懂呢？

生：为什么"店里的剃头师傅都不欢迎小沙这样的顾客"？

生：因为谁给他剃头，他就骂谁"害人精"，还要用看仇人一样的目光注视对方。

师：当然大家都不——（生：喜欢他。）

师：也不欢迎他。现在你读懂这句话了吗？真好。同学们，刚才大家提出了自己难懂的句子，通过我们的交流，同学们渐渐地读懂了。看来平时阅读时如果遇到难懂的句子，向同学请教是一个不错的办法。

［点评："运用多种方法理解难懂的句子"，是本单元的语文要素。这个语

文要素是"运用多种方法理解难懂的词语"的进阶。阅读时,遇到"难懂的词语/句子"怎么办?想办法弄懂它!这个环节,弄懂的方法是"向同学请教"。同学弄懂的方法是联系上下文、是关联自己的生活经验。]

(2)聚焦共同难懂的句子,交流理解

师:还有什么句子觉得比较难懂啊?

生:为什么"总是一个老剃头师傅来做小沙的冤家"?"冤家"是什么意思呢?

师:同学们看,有的时候借助关键词也能帮助我们理解难懂的句子。"冤家"是什么意思?为什么总是这个老剃头师傅来给小沙剃头呢?

生:"冤家"就是"仇人"的意思。

师:你想见到他吗?

生:不想。

师:那为什么总是他来做小沙的"冤家"呢?

生:因为老师傅耳朵不好,听不清小沙的抗议,而且,他有一把磨得锃亮的剃刀。

师:是呀,同学们,别看这个句子表面意思简单,实际上它有自己内在的含义。(出示"交流平台"的内容)我们在上一篇课文《童年的水墨画》中发现,理解难懂的词语和理解难懂的句子,方法比较相近。我们可以继续用这些方法来理解难懂的句子。

师:为什么总是一个老剃头师傅来做小沙的冤家?

生:因为老师傅耳朵不好,听不清小沙的抗议,而且,他有一把磨得锃亮的剃刀,所以,小沙只得规规矩矩由老头摆布。

师(出示句子):他说得非常好!同学们想想,老师傅耳朵不好,小沙会怎么抗议呢?他说些什么呢?

生:放开我,我要出去,我才不想剃头呢!(老师扮演老师傅:你说什么我听不见。)

生:"害人精""害人精",放我出去。(老师扮演老师傅:这小孩不好好剃头,说什么呢?)

生:你是"害人精",快放开我,我要出去。(老师扮演老师傅:安静

57

点儿。)

师：同学们想想，抗议无效，他还会怎么做？

生：他会挣扎。

生：乱动。

师：同意吗？（生：不同意。）为什么不能乱动？

生：如果乱动的话呢，那么可能头发会乱飘起来，很容易飘到他眼睛里来。

师：而且他头上有一把——（生：磨得锃亮的剃刀。）

师：你看剃头这么不自由，太难受了。谁来读一读这句话？（学生朗读）

师：同学们，刚才我们联系上下文，读懂了为什么总是一个老剃头师傅来做小沙的——（生：冤家。）

[点评："总是一个老剃头师傅来做小沙的冤家。"读不懂有两处，一是"冤家"；一是"总是一个老剃头师傅"。"冤家"采取同义词结合生活来理解。为什么"总是……"则联系上下文来理解。同时，庄老师相机扮演老剃头师傅听不见小沙的抗议（怎样抗议，引导学生想象说话），既是理解的方法，也增加了学习的趣味。]

师：你还从哪里读懂了这句话？

生：因为老师傅习惯用一把老掉牙的推剪，它常常会咬住一绺头发不放，让小沙吃尽苦头。这还不算，老师傅眼神差了点儿，总把碎头发掉在小沙的脖子里，痒得小沙咪咪笑。你想想，这一会儿痛一会儿痒的，跟受刑一样。

师：很好。同学们看，他提到老师傅习惯用一把老掉牙的推剪。说到"推剪"，你们见过吗？（生：没有。）（出示资料）大家看，这就是手动推剪。老师小的时候，理发师常用这种推剪给我们剃头。这种推剪上下各有一排钢齿，手握把柄上下咬合就能把头发剃下来。要是使用的时间久了，或是钢齿断了，那可是会卡住头发的呀。同学们看着图片，听了老师的资料介绍，我问你们，你们愿意让这把推剪从你的头上推过去吗？

生：不愿意。

师：为什么呀？

生：因为万一推剪卡在头发上，拔下来一绺头发很疼。

师：哦，那种感觉肯定非常难受，谁来读一读呀？（学生朗读）

师：要只是这样也就算了。可这还不算呢，同学们读——（生：这还不算，……跟受刑一样。）"一会儿痛一会儿痒的，跟受刑一样。"生活中谁有没有这样的剃头经历啊？

生：有的时候，剃头师傅没有注意，把头发掉在我的衣服里了。然后非常地痒，有时候还会刺挠。

师：嗯，看来你的体验深刻，那就请你来读一读这句话吧。（学生朗读）

师：刚才我们通过看图片、结合资料，还结合了自己剃头的经验，读懂了为什么总是一个老剃头师傅来做小沙的冤家，你还从哪里读懂了这句话呢？

［点评："老掉牙的推剪"，是图片加资料加口头介绍来理解（这只是一个"陈旧的"知识）。"咬住一绺头发不放"等，联系生活可以理解。句子的意思理解了，就带着自己的理解朗读，试图用朗读表现理解。这样，"理解"的理性与"文学"的感性就结合起来。］

生：最让小沙耿耿于怀的是，每次剃完头，姑父还要付双倍的钱给"害人精"。

师：姑父为什么要付双倍的钱给"害人精"呢？

生：因为老剃头师傅给小沙剃头，小沙不仅用仇人一样的目光怒视对方，还骂他"害人精"。所以姑父出于内疚，给了老剃头师傅双倍的钱。

师：你看，这位同学的心多细呀。他读出了一个用心良苦的父亲。同学们想想，小沙看见父亲付双倍的钱，他心里怎么想啊？

生：这双倍的钱还不如给我买糖吃呢。

师：哎哟，说的真好！

生：他会觉得很生气，为什么我这么痛苦地理头发，父亲还要付双倍的钱呢？

［点评："付双倍的钱"，难理解在于"姑父"的用心。庄老师将此理解突出出来，暗含育人。由学科教学提升至学科育人，不仅要增强意识，而且要提高技术——育人要自然而然，要润物无声。］

师：你们看，像这样把不高兴的事揣在心里，想不明白，用文中的词来说，那就是——

生：耿耿于怀。

师："耿耿于怀"到底是什么意思呢？我们来查一查词典吧。

师：有的同学查词典的速度非常快。请你说。

生：耿耿于怀的意思是，事情多为令人牵挂的或不愉快的，在心里难以排解。

师：多为令人牵挂的或不愉快的事情放在心里。生活当中，有没有遇到耿耿于怀的事？

生：我弟弟经常打我，但是我去告诉爸爸妈妈，他们却骂我说不懂得让弟弟，这件事情让我耿耿于怀。

师：哦，很好！还有吗？

生：每次我做不好什么事的时候，我妈总要打我一次屁股。打完后，我总是耿耿于怀，想不通。

师：哦，那你做事的时候做对还是做错呀？

生：做错。

师：啊，那还耿耿于怀啥呀？还有谁来说一说？

生：奶奶经常说我，有时候说我好话，有时候说我坏话，我都一直都把她的话记在心里。

师：为什么奶奶不能总说我好话，是吗？还有想不明白为什么奶奶老说我，耿耿于怀是不？我们一起来读一读——（学生朗读）

[点评："耿耿于怀"，对于三年级学生来说，一定是难懂的。怎么弄懂？庄老师和同学的对话可谓教科书式。一是，借助工具书，查词典理解。难能可贵的是，庄老师让学生打开词典查词语。虽然花了一点时间，但是非常值得。因为，不花时间查词典，就养不成"查词典"的习惯、就形不成"借助工具书学习"的能力。二是，将词典意思与生活经验结合，让学生说一说经历的难以排解的事情。词语的意思能够与生活经历联系起来且联系得密切，就真理解了。三是，适当引导学生排解负面情绪，育人无声。对于三年级孩子而言，这些事情不都鸡毛蒜皮、普通平常。]

（3）总结理解难懂的句子的方法

师：刚才我们通过联系上下文、看图片、查找资料、查词典，结合自己的生活经验，读懂了为什么总是一个老剃头师傅来做小沙的——冤家，也更加深刻地了解了为什么小沙要把老师傅称为——"害人精"。

［点评：自然总结，加深印象。］

四、书写生字，回文概括

师：（出示习题）课文读到这儿，我们来写写字。请同学们拿出课文中的生字练习单，看拼音写生字，写完之后读一读。（学生练习。老师巡视，提醒写字注意做到三个一：头正、肩平、背直）

师：同学们都写完了。我们一起看看吴新彤同学写的这张练习单。（展示作品）请你读一读你写的内容。（学生朗读）

师：有什么意见要提给他吗？

生："夺门而逃"的"夺"，上面的"大"得盖住下面的"寸"。

师（板演修改）：是啊，写"夺"时，上面的"大"要写得大一些，盖住下边的"寸"。

［点评：庄老师将本节课要写的生字，植入到本节课阅读的内容中，既练习写字又复习课文内容，还暗示写字是为了在表达中运用。对"夺"（学生写错了，也是平时大家容易写错的——上面"大"的撇捺要舒展）的字形与字义以及相似的生字，可以做必要的梳理，如，夺、奈、奋、奇、牵，等等，都有相同部件"大"且都在上，一类撇捺要舒展；一类撇要收捺变为点。］

五、趣比"剃头"，发现"不同"

师：同学们，我们学习了课文的第一部分，了解了老剃头师傅给小沙剃头的经历，接下来就让我们一起来回顾一下吧。（依次出示表格）你们看，老剃头师傅给小沙剃头使用的工具是什么？（生：剃刀、推剪。）

师：剃头的价钱是多少？（生：双倍。）

师：小沙的感受如何？（生：痛苦、难受。）

师：是啊，那么剃头的结果呢？

生：一个帅气的、完美的头发。

生：正常的。

师：起码是一个正常的、合格的发型。对吗？

［点评：借助表格梳理，为下文与"我"给小沙理发形成直观对照，以便深入理解"剃头大师"的意味和秦文君行文的趣味。］

师（出示要求）：那么，自称为"剃头大师"的"我"又是怎么给小沙剃头的呢？我们走进课文的第二部分，说一说老剃头师傅和我给小沙剃头有什么不同之处。

剃头的不同之处	剃头老师傅	"我"
工具	剃刀、推剪	
价钱	双倍	
小沙的感受	痛苦、难受	
剃头的结果	合格的……	

师（出示对比表格）：哪对同桌依据表格给咱们说说？

生：老剃头师傅剃头使用工具是剃刀和推剪。

生：我剃头使用的工具是剪刀。

师：只有剪刀，是吗？

生：老师傅剃头，剃头价钱是双倍。

生：我剃头的价值是五块钱，不给钱也可以。

师：不给钱行吗？

生：行。

生：老师傅剃头，小沙的感受是痛苦、难受。

生：我剃头，小沙的感受是高兴、兴奋。

生：老剃头师傅剃头，剃头结果是正常、合格。

生：我剃头，结果是害小沙再去理发店被剃了一个像电灯泡一样的光头。

师：最后被迫剃成了——光头。这对同桌能够你一言我一语的，把老师傅剃头和"我"剃头的不同之处说了出来。从这个过程看，老师傅剃头小沙是痛苦、难受，"我"剃头小沙非常高兴；可从结果看，老师傅起码剃个正常合格的头，我却害小沙被迫剃成了个——光头。

［点评：庄老师将课后练习题"转化"为语文实践活动，自然而然地阅读、思考；同时，根据所要完成的阅读任务设计与之匹配的课堂作业——表

格——有效带动学生阅读。一目了然、简洁明了。]

六、趣读剃头，感受童趣

1. 理解"剃头大师"的由来

师：老师想不明白了，"我"第一次给人家剃头，为什么就敢自封为"剃头大师"呢？

生：虽然以前没有干过这一行，可我好像有剃头的天分。我先把姑父的大睡衣给他围上，再摆出剃头师傅的架势，嚓嚓两剪刀，就剪下一堆头发。

师：原来他觉得自己——

生：第一次给别人剃头就能剪下来这么多头发。

师：而且很得意、骄傲。谁能把这种感觉读一读啊？（学生朗读）

师：老师感觉到"骄傲、得意得都要翘天上去了"，真逗！你还从哪里得出自认为是"剃头大师"呢？

生："我觉得自己像个剃头大师，剪刀所到之处，头发纷纷飘落，真比那老剃头师傅还熟练。这儿一剪刀，那儿一剪刀，不一会儿，姑父的睡衣就像一张熊皮，上面落满了黑头发。"从这里我可以看出他很骄傲。

师：你看，刚摆完架势，更加骄傲了。谁把他的得意劲儿读一读呀？（学生朗读）

师：是啊，这个"剃头大师"原来是他自封的呀，自以为是又洋洋得意。除了这个原因，还有别的原因吗？

生：还有一个是因为小沙配合。"其实，不给钱我也愿意，因为从来没有人肯把头交给我随便处置。"他第一次干，就有人把头发交给他随便处置，可以让他很得意，随便乱剪。

[点评：对于"我"给小沙理发的内容，庄老师调整了阅读的方式，以朗读和谈感受为主，使学习方式充满变化。课堂灵动，学习生动。]

2. 关联上下文，读懂"最优秀的顾客"

师：看来这个剃头大师可离不开小沙这个顾客的配合，要知道在我眼里（出示句子）——（学生朗读：我敢说，世界上再也没有比他更优秀的顾客了。）

师："我"为什么"敢说世界上再也没有比他更优秀的顾客了"?

生："嚓!"小沙高兴了,"你真把头发剪下来了!"说明他只要把头发剪下来就行了。

师：发型有要求吗?（生：没有。）

师：这句话,你从哪里感觉到小沙特别高兴?

生：两个感叹号。

师：两个感叹号让我们感受到了小沙的高兴。请你把这句话读一读。（学生朗读）

师：只要剪下头发就行。你们还从哪里读出这是"世界上最优秀的顾客"啊?

生：因为呢,很快,我就发现自己闯了祸。因为这样随意乱剪,头发长长短短,这儿翘起,那儿却短得不到一厘米。"哎呀!"我叫起来,"坏了!"小沙连忙摸耳朵,看它们还在,就无所谓了。

师：你想说什么?

生：因为小沙觉得"我"能把头发剪下来就已经很不错了。

师：只要——（生：耳朵完好无损,他什么都愿意。）

师：你看,只要求别剪破耳朵。文中还有一处也说了——

生：小沙坐在凳子上,看我找出剪刀,才有些慌,说："别剪破耳朵,你得发誓!"

师：同学们,小沙只要求剪下头发,别剪破耳朵就行,而且还要付给我——（生：五块钱。）这样的顾客真是打着灯笼也找不着啊,怪不得我会说——

生：世界上再也没有比他更优秀的顾客了。

师：刚才同学们能够抓住课文中的主要内容、抓住关键词,体会人物的心情,读懂了"我敢说,世界上再也没有比他更优秀的顾客了"这句话的含义。

[点评：对于"优秀的顾客"的理解,庄老师善于引导学生"以文解文"——认真读课文,让"文章本身做解释"。这也是阅读教学的基本式,和学生一起认认真真地读书,而不是读PPT。]

3. 趣称"姑父"，感受童真童趣

师：同学们看，天生胆小的小沙竟然也有这么活泼可爱的一面；而洋洋得意的我，最后却让小沙和姑父成了世界上——（生：最倒霉的人。）

师（出示最后一段）：读了故事的结尾，如果让你用一个词来称呼姑父，你要叫他什么？

生：倒霉蛋。

生：冤大头。

师（板书）：是啊，同学们，这篇课文正是因为有了这些个性鲜明、特点突出的人物才显得更加有趣。

〔点评：给"姑父"取外号且不唯一，独具匠心，强化用人物外号来突出人物个性，增添趣味。〕

七、趣品题目，再悟趣意

师：课文为什么要用"剃头大师"做题目呢？

生：因为这样子的题目可以吸引读者的眼球，让读者想要去知道谁是剃头大师。而且这虽然是童年做的一件比较傻的事情，不过这回忆了他们童年的快乐。

师：也是非常有趣的，是吗？我想这份趣，绝不仅仅是因为故事情节的生动、有趣，更是因为它记载了我和小沙童年生活的童真——（生：童趣。）就像单元导语说的那样（出示句子）——

生：在童年的百花园里，我们看到了真善美。

〔点评：巧妙回归整体。一是探讨课文题目的妙。庄老师再次将课后练习转化为学习活动，并且把握得准确。对于三年级的学生而言，探讨课文题目的奥秘，只能点到为止。二是回到教材单元导读页，强化人文主题，引导学生留心自己的童年、留意生活中的真善美，自然而然地将学习伸展到课堂外、延伸到生活中。〕

八、趣联作者，推荐阅读

师：这么有趣的故事是谁写的呀？同学们看，（出示资料）这就是秦文君女士。《剃头大师》这个故事选自她的小说集《调皮的日子》，还是这部小说的封面故事呢！小说里还有许多和《剃头大师》一样生动、有趣的故事。同学们想不想看呢？课下，就请同学们认真地去读一读《调皮的日子》这部书，也可以摘录书中有新鲜感的词语和句子。

〔点评：由读一篇课文到读一整本书到读一类书，是阅读教学的真目标。如果三年级的孩子读了《剃头大师》，就去读《调皮的日子》等——这课才"功德无量"。庄老师的课做到了。（我还收到过孩子们阅读《调皮的日子》写下的阅读日记呢）〕

【总评】

语文要素是统编小学语文教科书的创新性理念，也是一个"核心概念"。"所谓语文要素就是语文训练的基本元素，包括基本方法、基本能力、基本学习内容和学习习惯。全套教科书统筹规划语文要素，尝试建立语文训练体系，以语文要素为单元语文训练的主线、明线"，语文要素使课程标准的学段目标与要求具体化、可操作化。阅读教学将语文要素与课后练习融通整合，并嵌套纸笔作业，联结过程性评价，能大幅度提升课堂教学质量。

《剃头大师》是三年级下册第六单元的一篇精读课文，单元语文要素是"运用多种方法理解难懂的句子"。庄老师在教学中，首先在学生、编者和教师"对话"中确定"难懂的句子"，然后根据难度系数，灵活运用多种方法理解"难懂的句子"，有教师直接解释，联系上下文，想象情境，情境对话，查阅词典并联系生活经验，运用图片结合语言描述等。

庄老师在引导学生交流自己对难懂的句子的理解时，又以朗读跟进表现自己的理解，增强语文课的感性和文学作品的形象性，将理性与感性、工具性与人文性相互融合，有趣有效。

落实语文要素是阅读教学的重要内容，但不是全部内容。《剃头大师》除了要落实"运用多种方法理解难懂的句子"，还要"说说老剃头师傅和'我'给小沙剃头的过程有什么不同"。（这是文内比较阅读训练，是发展形象思维与逻辑思维的综合练习），交流"课文为什么用'剃头大师'作为题目"的看法（这是评价能力训练，即评价文本形式。其实，这也是"难懂的句子"的另一种表现形式），等等。教学中，庄老师多次嵌入纸笔作业，特别是基础性作业相互嵌套和联结，让学生脑手并用，减负增效。有设计语境，练习写字；利用表格，比较阅读；回答问题，欣赏题目，即"课文为什么用'剃头大师'作为题目"；启动整本书阅读，课内外联系等。

纵观庄老师执教的《剃头大师》，在落实"双减"文件精神、提高课堂教学效益方面做了大胆尝试，取得良好的教学效果。一言以蔽之，要吃透统编教科书的意图，将语文要素与课后练习题和纸笔作业有机整合，"使得学习活动与评价相互嵌套和联结"，努力构建素养导向的教—学—评良性互动的教学生态。

（执教：福建省泉州市实验小学　庄小芳）

6. "难课文"教学：化难为易的三个策略

——第三届人教—类课例《白鹭》实录与评析

一、导入新课

师：同学们，厦门有一个美丽的名字叫作——（生：鹭岛。）是的。白鹭就是我们的市鸟。它是一种常见的鸟，在厦门很多地方都能看见它。你看在美丽的白鹭洲、迷人的筼筜湖都能看到它的身影。老师带来了一段资料，（课件出示，略）请你们快速默读，了解白鹭。

师：你知道了些什么？

生：白鹭不常飞入人多的地方。

师：你了解到了它的生活习性。

生：白鹭晚上成群嬉戏在树木的顶部。

生：白天，白鹭会分散成小群活动。

师：你们对它的生活习性都很感兴趣。

生：白鹭的体羽洁白，脚长52—68厘米，细嘴、体型修长，富有美感。

师：这是它的外形。它的外形很美。自古以来，很多的文人墨客都很喜欢白鹭，它还常常"飞入"古代诗人的诗句之中。你还记得吗？我们一起来吟诵这两首诗。（课件出示）

《绝句》唐　杜甫　两个黄鹂鸣翠柳，一行白鹭上青天。窗含西岭千秋雪，门泊东吴万里船。

《渔歌子》唐　张志和　西塞山前白鹭飞，桃花流水鳜鱼肥。青箬笠，绿蓑衣，斜风细雨不须归。

师：有节奏有韵味，读得真不错。你们看，在诗人的眼里啊，白鹭就是一道美丽的风景。我国著名的大文学家郭沫若先生也喜欢白鹭。今天就让我们一起走进他的作品——（生：白鹭。）打开课本，放声读课文：读准字音，读通句子；遇到难读的地方，多读几遍。

［点评：导入新课，直接了当，但是内涵丰富。一是联系生活——厦门鹭岛。二是了解事物——白鹭印象。三是对接文化——诗词中的白鹭。］

二、初读课文，检查字词

师：孩子们读得真认真。这篇课文难读吗？

生：不难。

师：需要我帮助吗？

生：不需要。

师：好！那老师就来考考你们：这篇课文里有几个句子比较难读。这是一个长句子，你看一句话有七个逗号。谁愿意来试试？（出示长句）

那雪白的蓑毛，那全身的流线型结构，那铁色的长喙，那青色的脚，增之一分则嫌长，减之一分则嫌短，素之一忽则嫌白，黛之一忽则嫌黑。

师：你真了不起。这么长的句子，一点错误都没有，不仅读得正确流利，还略带一些感情，真棒！这一句中有几个词语我们要了解一下。（出示：蓑毛　流线　长喙）

师：（出示图）这就是白鹭。你知道它的蓑毛在哪吗？（学生指蓑毛）你解释得可真仔细。你是不是课前查过资料，真棒！

师：蓑毛是白鹭身上特有的一种羽毛，一般长在前颈和后背，像这样羽枝分散的羽毛就是它的蓑毛。流线型是怎样的一种线条？

生：（指图中的白鹭）从颈部开始，然后弯下来到尾翼。

师：这就是流线型。你说得真好，像这样平滑的柔和的线条就是流线型。你看咱们厦门演武大桥下的这个观光步道就是流线型。（出示图片）还有很多的建筑、汽车也会采用流线型的结构。

师：长喙是指？（生：嘴。）是的，鸟兽的嘴就叫喙。再来看这一处——（出示句子）

在清水田里，时有一只两只白鹭站着钓鱼，整个的田便成了一幅嵌在玻璃框里的画。田的大小好像是有心人为白鹭设计的镜匣。

师：你读得非常流利。但是有没有听出什么问题来？

生：那个词读玻璃框，"框"是第四声。

师：是的。跟老师读——（生：玻璃框。）这是一个生字，确实比较容易读错。还有一个词"镜匣"，他读得很好。"框""匣"不仅容易读错，在书写上也要特别注意。这两个字都是带有三框的字。写这样的字要特别注意它的笔顺。先写里面的，竖折是最后一笔。拿起笔在生字表下面端端正正地每个字各写一遍，看谁写得又快又好。注意你写字的姿势，写好了就停笔。（学生练习书写）

师：还有一处，老师提醒一下，这里有一个特殊的标点符号。（出示自然段）

或许有人会感到美中不足，白鹭不会唱歌。但是白鹭本身不就是一首很优美的歌吗？

——不，歌未免太铿锵了。

生：破折号。

师：是的。平时咱们在看到破折号的句子，一般都是出现在一段的中间。像这样独立成一自然段的不常见。咱们在读的时候要注意停顿的时间略长一些。另外还有一个词比较新鲜，"铿锵"，你理解它吗？

生：铿锵就是有力。

师：对了，这四个字常常连用。"铿锵有力"，就是有节奏有力量。你看看它的两个金字旁就已经提示我们它的意思了。

师：接下来，咱们一起朗读课文。（学生朗读）读得真好。

［点评：郭沫若先生的《白鹭》，也是一篇散文诗、短文、难文。这个环节，赵老师先带领学生扫除显而易见的"难"，如新鲜的词语、标点符号（破折号新用法）、长句子等。赵老师还巧妙地将写字指导融入其中。框、匣，这两个字的指导，应该将其"形、义"结合起来，特别是"匚"——读作"方"，古代一种盛放东西的方形器物——所以由"匚"构成的字，如"匡、匣、匜、匾"等等，都与器物有关。如此，汉字特点才能被学生认识，不仅提高汉字的学习效率，而且增强文化自信。］

师：孩子们在你读这篇课文的时候，白鹭给你留下了怎样的印象？

生：白鹭特别地美。

师：美在哪？

生：美在它的样子。

师：外形美。（板书）

生：我觉得白鹭它很精巧，它的身段和颜色很适宜。

师：真好！能用书上的话来回答。

生：白鹭是清澄的形象化。

生：我看到了白鹭在田间钓鱼。（师：还有吗？）我还看到了白鹭站在小树的绝顶，像在发呆一样。（师：还有——）我还看见黄昏中白鹭在低飞。

师：孩子们，你们看白鹭的外形和它活动的姿态其实也是作者描写白鹭的两个方面。老师跟你们的感受是一样的。读着读着，眼前就好像出现了一只优雅而富有情趣的鸟儿。那么，在作者的眼里，白鹭仅仅是一种鸟吗？它是——（生：一首精巧的诗。）是的，作者开篇就说——（生：白鹭是一首精巧的诗。）白鹭是诗，这是一个很新鲜很特别的比喻。你有什么疑问？

生：为什么说白鹭是一首诗呢？

生：比喻一般是要有共同点的。那白鹭跟诗有什么共同点呢？

师：你真会思考！为什么白鹭是诗呢？这也是本课学习的重点和难点。从小到大我们读过很多的诗，你觉得诗有哪些特点？

生：我觉得诗非常有韵味，而且非常有节奏感。

生：诗一般都是一字多义的。

生：诗一般都非常优美。它的词语美、语言美。

师：诗有节奏有韵律，它语言很美。还有什么美？

生：还有，它一般是很简洁的。

生：它给人的意境很美。

师：意境很美。这个词用得真好！

生：它很容易让人想象到画面，想象到诗描写的事物的美丽形态。

[点评：这个环节的教与学有品位！一是体现"从整体到部分"的阅读教学一般程序（思维的有序性）。以"白鹭给你留下了怎样的印象？"为牵引，

激发学生思考，学生的思维自然从"整体'美'"到"部分'美'"——形体美、画面美、意境美，等等。二是从用作者的话"白鹭是一首精巧的诗"概括到用自己的话表达，将作者的语言"转化"为自己的语言。这是阅读力的具体化。三是引导学生提出问题。学生主动地发现问题、提出问题，是"以学为主"的标志。四是充分运用学生的已知——诗有哪些特点，来理解"白鹭是一首精巧的诗"。］

三、品读课文

师：想象，是诗最大的特点，而且其中还包含着诗人对这个事物的情感，所以除了言美意美，还有情也美。总而言之，诗给人的感觉就是美。"白鹭如诗"，说明在作者的眼里，白鹭如诗一般的美，让我们聚焦到课文的2～5自然段，看一看从哪些地方能够感受到"白鹭是一首精巧的诗"呢？在感受最深的地方做批注。（学生默读、批注。老师巡视、指导）

师：你从哪感到"白鹭是一首精巧的诗"？

生：我找到的是第5自然段。（师：请你先读一读，再说一说你的理由。）（学生朗读）这一段用一连串的排比句，充分体现出了作者对白鹭"增之一分则嫌长"的优美外形的惊叹，体现了白鹭的外形美。

师：这孩子真厉害！出口成章。他发现了在这一段当中的一个修辞手法——（生：排比。）作者用排比来写的是什么？（生：白鹭的外形）作者描写白鹭的外形主要是抓住什么来写的？

生：白鹭的颜色。

师：哪些颜色？我们读一读。（出示：雪白　铁色　青色）白鹭就这三种颜色。这三种颜色给你什么样的感受？

生：构成了这样一只优美的白鹭。我感受到的是作者对白鹭的喜爱。

师：与色彩艳丽的那些鸟儿来比，你觉得这三种颜色的配合给人一种什么样的感觉？

生：给人一种朴素、平凡、自然的美。

师：是的，带着这样的感受，你读一读——（生：雪白　铁色　青色。）连起来读短语——（生：雪白的蓑毛　铁色的长喙　青色的脚。）

师：多么淡雅清新的颜色。他发现了白鹭的颜色美。除了颜色美，还有哪里美？

生：流线型的身段。

师：是的，身段也美，它的形体美。能不能用你的朗读来把这样的一只白鹭给我们呈现出来？（学生朗读）你们的眼前看到这样一只白鹭了吗？你读得真好！

师：孩子们发现了吗？刚才咱们先读一读，然后说一说，再朗读。继续分享。

［点评：品读——这个行为动词的内涵是什么？赵老师和学生的对话做了很好的回答。品读，一要找到品读的内容；二要理解所读内容的意思、意味（批注、想象等）；三要将所理解的说一说（并且互相补充、完善）；四要回到文字，将自己的理解带入朗读，表现作者的内容和自己的理解。如此，方为"品读"。作为教学，赵老师采取的策略——范例—放手——恰当有效。］

生：我发现这边引用了一句古诗句。这个古诗句我觉得它应该是选自战国宋玉的《登徒子好色赋》。

师：你真了不起！你读过吗？

生：我读过。但是不会背。

师：没关系，老师带来了。（课件呈现）

"东家之子，增之一分则太长，减之一分则太短；著粉则太白，施珠则太赤。"

他说的没错，这一句话是作者"借"来的，他"借"的是古人宋玉的这句话，说的是他邻居那个女子身段、肤色一切都完美。说明在郭沫若先生的眼里，白鹭也像个美女一样，色素身段一切都很是适宜。什么是适宜？

生：刚刚好就是适宜。

生：我觉得应该是看着很舒适也很舒服。

师：是的，这从感觉上来解释这个词非常好。

师：那么，作者在借鉴的过程当中也有自己的改动和创造，特别是他改了一个字——（生：把"太"改成了"嫌"。）"嫌"这个字笔画比较多，特别是穿插笔画。（板书：嫌）同学们和赵老师一起书空。左边是女字旁，右半边的兼要略高一些。（学生练习）请你带着你的感受来读一读。

师：在这一句中，还有一些字要引起我们的关注。你觉得从哪些字眼里可以感受到作者对白鹭的喜爱？

生：我从"一分"可以看出，如果白鹭再增加一点点的话，就不适宜，也不完美。

师：所以"一分"你认为它就是一点点的意思。还有哪个字也有这个意思？

生：忽。

师：这个字咱们可以理解为一点点。但是，你要去查一查工具书，你会有更多的发现。

生："忽"是古代的一个计量单位。十忽为一丝，十丝为一毫。

师：你的课外知识非常丰富！你看积累得多了，理解起来也就轻松了。是的，"忽"是一个计量单位，十忽为一丝。咱们通常讲一丝一毫，就说已经是很小了，这里的忽比丝更小。你再看从忽到分，中间还隔着多少个单位？（出示：忽—丝—毫—厘—分）你们看，在作者的眼里，白鹭白一点点，太白了，黑一点点，太黑了。这个"忽"让你有什么样的感受？

生：让我感受到了白鹭是非常精巧、细致。

师：你太厉害了！这"一分""一忽"之间不就是白鹭的"精巧"之美吗？这是对"精巧"最好的解释。作者对白鹭的喜爱也就藏在这"一分""一忽"之间。这句话读起来也特别有意思。你看句式整齐，读起来朗朗上口。（学生朗读。）白鹭的确精巧如诗啊！

[点评：郭沫若先生真是爱屋及乌，对白鹭情有独钟！他化用《登徒子好色赋》中极赞美女子的名句来盛赞白鹭。这个化用当然是难之所在。赵老师怎么化难为易？一是朗读；二是对比；三是运用工具书；四是调动想象；五是讲解——如此一套"组合拳"，学生的理解也差不多了。（厦门的学生底子也厚！）]

师：白鹭精巧如诗。还从哪些地方你能感受到它"精巧如诗"？

生：我从第3自然段。（学生朗读）

师：你的感受与众不同。在这一自然段当中，作者从头到尾都没有写到白鹭，你怎么能感受到"精巧如诗"的？

生：因为他用了对比的手法，把白鹭与白鹤、朱鹭和苍鹭做了对比，突出了白鹭的适宜。

师：还有谁有感受？他发现了对比。

生：他从侧面突出了白鹭平凡质朴之美，突出表现了作者对白鹭的喜爱之情。

师：这一段又有一个"嫌"字。这一回作者"嫌"的是什么？

生：白鹤太生硬、太大了。

师：那么，相反——它赞的是什么？

生：白鹭比较小。

师：比较小巧。白鹤、朱鹭和苍鹭真的太大太生硬吗？老师带来了他们的图片（课件呈现），有没有和作者不一样感受的？

生：我觉得其实朱鹭也挺好看的，因为她的粉红色很娇艳。

生：我觉得白鹤也挺好看的。白鹤也是白色的，而且它好像不像作者描述的那么生硬。

师：你发现了吗？在作者眼里，白鹭一切都很——（生：适宜。）是的，他无论从色、形都非常完美，这其实是作者——（生：自己的独特感受。）正所谓"情人眼里出西施"。这个"嫌"字就包含着作者独特的感受，非常有意思。我们一起读一读这句话。（学生朗读）

师：白鹭小巧精致——的确是一首精巧的诗。我们再回过来看一看，谁能说一说"白鹭精巧如诗"都体现在哪里？

生：白鹭是一首精巧的诗。看，它身段的大小不会如白鹤太大，白鹤太大而嫌生硬。她的身段非常适宜，增之一分则嫌长，减之一分则嫌短，素之一忽则嫌白，黛之一忽则嫌黑。

生：白鹭是一首精巧的诗。看，它色素的配合和身段的大小，让人看着一切都很适宜。

生：白鹭是一首精巧的诗。看，它雪白的蓑毛，还有它全身流线型结构，还有铁色的嘴，青色的脚，增之一分就会觉得很长，短一点的话就觉得很短。这难道不是一首精巧的诗吗？

师：一个反问句加强了他的感受，真了不起！咱们用自己的朗读来读一读这一段外形之美。（师生朗读/背诵）

[点评：郭沫若先生不仅化用宋玉名句来赞白鹭，而且贬白鹤等来嘉奖白鹭，真是"情人眼里出西施"！如何引导学生感同身受？还是语文实践活动，如朗读、感受、想象、深入文字品析，等等。当然，赵老师的点拨、讲解、追问等也不缺席，如此，阅读教学才是教师、教材、学生的对话过程。再则，赵老师让学生总结，巧妙地整体→部分→整体。]

四、布置作业

师：诗人眼中有物，心中有情。所以他在字里行间都让我们感受到对白鹭的喜爱和赞美。同学们，这么优美的语言，咱们要把它积累下来。我们来抄写吧。还记得四年级对抄写段落有具体要求吗？我们来复习一下。（课件出示：抄写的时候，要注意字的中心要在横格的中线，上不着边下不落地，标点符号和字也要保持一定的距离）提笔即是练字时。优秀的摘抄作品，也是一种美的欣赏。请拿出摘抄纸，认认真真地把你喜欢的段落摘抄下来。你可以一边背一边默写，也可以整句整句、整段整段地抄。选择你喜欢的方式，做到书写正确工整，最好能写得更美一些。（学生摘抄。赵老师也摘抄）

师：好。同学们下课的时间到了，把笔轻轻地放下。没有摘抄完的同学，我们课后接着摘抄。

[点评：赵老师设计"摘抄"为课的结束作业，既出人意料又情理之中。摘抄，是积累、是理解、是内化，还是审美。优美的语言、意味深长的语言、一时难以理解的语言，就摘抄下来，慢慢品味，慢慢消化。当然，摘抄是有方法的，方法得当效果好。——赵老师让学生重温教材要求，强调"一边背一边默写"或"整句整句、整段整段"地摘抄，这样的摘抄是学语言的"真把式"！]

【总评】

《白鹭》是郭沫若的一篇文艺性散文，语言独特、意境幽雅、寓意深远且隐晦，其"难"是显而易见的。赵老师执教的《白鹭》，化难为易，对于难文浅教有值得借鉴的三个教学策略，具体可归纳为三个"充分"：

一、充分读懂编者意图。理论上说，编者意图是课程标准的具体化、可操作化，它既体现在对文章的选择和编排，又体现在对练习的设计和编排。因此，编者意图理所当然是教学的目标所在，是教学的思路所在，也是化难为易策略的依据所在。《白鹭》的教学，采取了化难为易，"难"入"易"出的策略。宏观上，以"初步了解课文借助具体事物抒发感情的方法"为主线索，培育学生对平常"一花一鸟"的情感；微观上，紧扣课后练习制订教学目标、选择教学内容。《白鹭》的教学，在朗读课文中开启，在体会思想感情中结束，始终沉浸在文艺性散文的意境中。

二、充分调动学生经验。学生、学情，是判断难、易的关键指标。换言之，是难是易，因学生而异、因学习而异。对厦门（有"鹭岛"之美誉）的学生来说，白鹭是熟悉的。教学中，教师充分调动学生生活经验，化难为易，帮助学生理解课文重点难词难句。如在朗读课文环节，为指导读好长句子，主要采取联系上下文、结合插图、动画等方法理解"蓑毛""流线型结构""长喙""镜匣""嵌""铿锵"等词语，以"说一说白鹭给你留下怎样的印象"为重点，既理解重点词句，又增强整体感。对"增之一分则嫌长，减之一分则嫌短，素之一忽则嫌白，黛之一忽则嫌黑"，赵老师采取对比的理解策略，让学生领会到"嫌"比"太"用得更精准、更有意味，因为"嫌"带有强烈的主观色彩。引导学生有所感悟就朗读体会、默读想象，将自己的感悟转化为声音、画面和情感。这样既化难为易，又有效训练学生的想象和语言表达力。

三、充分把握课文重点。作者把白鹭比作"一首精巧的诗""一首韵在骨子里的散文诗"。一般而言，比喻是把抽象的陌生的事物比作具体的熟悉的事物，使读者更容易懂。这里作者却反其道而行之，将具体的熟悉的事物（白鹭）比作抽象的陌生的事物（诗），这对于小学生来说是不容易理解的。赵老师在教学中，选择将"白鹭是一首精巧的诗"的理解作为教学的重点，着力于"对学生来说最有价值的学习内容"，真正体现"因学定教"的理念，抵达"教以促学"的境界。

（执教：厦门市湖明小学　赵海青）

7. 秋天如画　朗读如歌　童言如诗

——新修订教材一年级《秋天》实录与评析

一、认识禾字旁，朗读课文

师：同学们，你们喜欢秋天吗？你眼中的秋天是怎样的呢？

生：我眼中的秋天是一朵美丽的花朵。

生：我眼中的秋天一片黄色的森林。

生：我看到的秋天是一片金黄的麦子。

师：今天，我们要学习一篇关于秋天的课文。"秋"是今天要认识的生字朋友，你们瞧，左边的是——（生：禾。）表示秋天的庄稼。右边的是——（生：火。）表示秋天的庄稼成熟了，金黄金黄像火一样的明亮，加起来就是——（生：秋。）你们看，"禾"做偏旁时，与"禾"有什么不同？

生：禾变成禾字旁之后，捺变成了点。

师：是呀，就像我们交朋友，一定要相互谦让。走进秋天，齐读课题——（生：秋天。）秋天，是个色彩斑斓的季节，让我们美美地读；秋天是个丰收的季节，多快乐呀！同学们再读课题。

生：秋天。

师：今天，就让我们一起去感受多姿多彩的秋天吧！请同学们翻开语文课本第60页。你们看，书本左上角告诉我们，第五单元是"阅读"单元。请同学们左手轻按课本，右手指字，听老师读课文，老师读到哪儿，小眼睛跟到哪儿。（师范读）

师：你们想读吗？请你小手指字，边听，边跟老师读课文。（师生共读）

[点评：《秋天》是新修订教材一年级上册"第五单元·阅读"的第一篇课

文。这个单元编排了4篇课文，都与大自然有关，各有侧重，《秋天》侧重"借助拼音朗读课文"和"认识自然段"，还要认识禾字旁、木字旁、口字旁等三个新偏旁和一个新笔画横撇等。因为课文题目是"秋天"，黄老师自然而然地从"孩子们眼中的秋天是怎样的"导入教学，将课文内容与学生的生活密切关联起来；同时，自然认识新偏旁——禾字旁，并在对话中了解"秋"的形义关系。这个入题很漂亮！接下来，就是朗读，琅琅书声可谓"最美课堂"。朗读，先听读（教师示范是最好的教，一年级尤其如此），再跟读，接着自由练习。在朗读时，黄老师要求学生用手指指着汉字，使字形与字音一一对应，这是一年级朗读非常重要的方法，避免学生跟风瞎读。"秋天是一朵美丽的花朵"等——真是童言如诗！可惜，黄老师没有大大点赞。]

二、认识自然段，朗读课文

师：同学们读得真认真，大大的眼睛看上来。老师在《秋天》这篇课文和《过桥》这首儿歌前面加了一条直线，你发现了什么？

生：《过桥》每一句都是直直的，但是，《秋天》前面有的有很多字，字数不一样。

师：儿歌每一行的第一个字都是一一对齐的，《秋天》这篇课文有的地方开头空了两格。这就叫作自然段。（板书：自然段）

生：自然段。

师：你们看，第61页的学习伙伴告诉我们，自然段前面有两个空格呢。小手伸出，跟着老师数一数《秋天》有几个自然段，一起数数看（学生数自然段）。去掉方框（注：幻灯片呈现的课文，每个自然段前加了两个红色的方框），还能数对吗？（学生数自然段）现在你们知道什么是自然段了吗？

生：前面有两个空格。

师：我们把课本翻到前一页，数一数《小鸟念书》有几个自然段吧。（学生数自然段）难度升级，将课本翻到第97页，数一数《乌鸦喝水》有几个自然段。

生：两个。

师：只有两个自然段吗？再翻一页。

生：三个。

师：太有意思了，后面还有一个自然段呢！翻回第60页，咱们在第一自然段前面标上1，然后继续往下标。（学生自然段前标数字）

［点评：自然段是本课的新知识，认识自然段是本课的新能力。黄老师教得非常巧妙，学生学得非常扎实。一是通过比较，引导学生发现。这是启发式教学。二是先"试错"再运用知识。关于认识自然段，教材编排为课后练习，同样采取先提问（试错）后给定义（通过学习助手提示）的方式。黄老师充分运用教材的"练习系统"和"助学系统"引导学生学习。三是即时巩固。学生刚认识了《秋天》的自然段，立即向前认识《小鸟念书》的自然段，马上向后认识《乌鸦喝水》的自然段——一则巩固了自然段；二则用"活"了教科书。］

三、朗读课文，体会秋天的美

师：自然段会数了，课文能读好吗？哪位小朋友愿意读第一自然段。（指名读）黄老师发现你这几个词读得特别好（在幻灯片上标红）。这几个词藏着什么秘密？

生：它们都是轻声。

师：拼音朋友提示我们，没有标调的轻声，要读得又轻又短，跟读轻声词。（生跟读"凉了""黄了""叶子"）借助拼音，我们就能读好轻声。

师：秋天来了，第一个变化就是什么呢？

生：天气凉了。

师：你瞧，最早的"气"是这样写的（呈现"气"的字形演变图）。谁来猜一猜，古人为什么这样写"气"呢？

生：因为这是吹出来的风。

生：因为气都是一条一条吹出来的。

师：你很会想象啊！但我们古人造这个字的时候，上面一横代表天，下面一横代表地，中间流动的就是空气。你们看，像我这样（吸气动作）就叫作——（生：吸气。）这样呢（呼气动作）——（生：呼气、吐气。）这样呢（叹气动作）——（生：叹气。）

师：你还能说什么气？

生：天气、气流。

师：夏天空调里吹出来的气是——（生：冷气。）冬天空调里吹出来的气叫——（生：热气、暖气）。

师：看来，气无处不在呢！秋天来了，谁也发生了变化？

生：树叶。

师：这是"木""又""寸"，三个好朋友抱在一起变成了——（生：树。）这是"口"和"十"抱得紧紧的，变成了——（生：叶。）

师：这两个字变成偏旁交朋友也发生了变化。你们看——

生：木字旁的捺变成了点，口变小了。

师："人"也想要交朋友，两个人加起来变成"从"。我们利用"加一加"的方法一下子就认识了这么多生字，以后你们也可以用这个方法识字。树叶此时变———（生：黄了。）

师：秋天的叶子变黄了，这是黄老师的"黄"。咱们班还有好多同学姓黄（学生找出本班姓黄的学生的名字）。你还能给"黄"交朋友吗？（学生组词：黄色、金黄、浅黄、黄叶、黄牛、黄金、黄河、黄瓜、黄豆）

师：孩子们，你们知道吗？"黄"字不仅代表颜色，还与我们熟悉的事物有关，在我们中华文化中还有特别的意义。我们的人文始祖是黄帝，我们是炎黄子孙。我们还有奔腾不息的黄河，这就是我们的"中国黄"，它展现着我们中国独特的风采。让我们自豪地读出它——

生：黄。

师："一片片叶子从树上落下来"，那能不能换成"一片叶子"从树上落下来呢？

生：不行，因为秋天的风会把很多树叶吹下来。

师：汉字太有趣了，叠加在一起就变很多了。（出示贴了许多银杏叶的银杏树）这就是"一片片"。生活中还有很多类似的词。你们说说看（老师手指或手拿实物）——（生：一张张桌子/一把把尺子/一本本书。）

师：现在我们把生字宝宝一起送回到句子中，还能读好吗？注意借助拼音，读准轻声。（小组读第1自然段）

[点评：第1自然段的学习，老师和学生一起做了三件"语文的事"，而且

都做得很漂亮。第一件，朗读第 1 自然段，巩固对自然段的认识。第二件，在读中巩固轻声词，即用课后"借助拼音朗读"、借助拼音学习普通话。第三件，在语境中识字学词，因字/词而异，如"气"（字形演变＋猜测＋组词，尤其是教师用肢体语言让学生理解"吸气""呼气""叹气"，直观形象、经济高效）、"黄"（生活识字＋讲解，黄老师的讲解如蜻蜓点水又画龙点睛，课程育人）、"一片"与"一片片"（巧妙地借助板画——黄老师在黑板上画了棵银杏树，捡了许多金黄色的银杏叶"贴"成一棵金黄色的银杏——教"一片"与"一片片"，让学生直观感受"一片片"比"一片"多；紧接着扩展到生活中，如，一张桌子与一张张桌子、一把尺子与一把把尺子、一本书与一本本书，等等），将字、词都教"活"了、学"活"了，而且就地取材——非常经济便捷。]

师：第 2 自然段中，出现了四个"一"字，谁敢挑战读好它？（指名读）

师："一"字像个魔术师，可会变、可难读了！下面请同桌合作，读好带"一"的词语。（同桌合作读、小老师带读）你们为什么能够把"一"不同读音读得这么好？

生：我借助了拼音，才读准的。

师：借助拼音，咱们就能读好"一"字的不同读音。

生：还有一个带有"一"的词。（老师让学生读课后练习中的"数一数"）

师：是的，这个自然段还藏着一个带"一"的词，而且他还是儿化音呢！你发现了什么？

生："儿"字没有拼音。

师：是呀，儿的拼音都"藏"起来了，"藏"在哪儿了呢？

生："会"上面去了。

生：我还以为标错了呢。

师：它没有标错哦。咱们读"一会儿"的"会"字时读一半就把舌头卷起来。（老师示范。学生跟读儿化音）咱们借助拼音，把儿化音读准了。拼音太能干了，除此之外，拼音还能帮助我们读好哪些难读的字音呢？

生：翘舌音、前后鼻音、平舌音。

师：拼音能量大，我们要用好它。现在请你借助拼音，把大雁的这个长句子读好。（指名读）

师：孩子们，你们看，大雁正张开翅膀往南飞呢！"飞"的撇点就像是大雁什么呀？

生：翅膀。

师：现在让我们一起张开翅膀，读好第二自然段。（学生带动作读）

师：读到这，老师有个疑问，为什么大雁要不断变化队形？

生：因为大雁飞的时候会有很多气流，排成"一"字和"人"字，就会更快到达目的地。

师：是的，你们瞧，我是排在最前面的大雁，当我扇动翅膀，有一个向上的气流，你们在我后面就可以借助这个力量滑翔，你们就可以节省体力啦。我累了，就换成你。你累了，就换成它。每一只大雁都相互帮助，共同前进。咱们也得向它们学习，团结协作。

[点评：第二自然段的学习，老师和学生一起再做了四件"语文的事"，而且也都做得很漂亮。第一件，借助拼音，朗读课文，读好"一"的变调（不仅利用教材的显性要求——课后第3题，而且利用教材的隐性资源——课后第2题"数一数"，将"一"的4个调都学习了）。第二件，巩固儿化音"一会儿"。儿化音在"和大人一起读"《小白兔和小灰兔》第一次接触（教材注释）。教学复习巩固处处在，轻轻一点见功夫。第三件，认识"飞"。将"飞"放在具体语境中，结合描写大雁的内容进行，并且"做动作"来表演朗读，既表现"大雁飞"又具有活动性、游戏性的幼小衔接特点。第四件，初略了解大雁南飞的特点，既带有科学性又隐含团结协作的思想教育——课程育人细无声。另外，孩子对儿化音的插话——"我还以为标错了呢"——再次表现"童真童趣"。]

师：孩子们，看，天空多么辽阔，大雁排成一队，欢快地向南飞去。它告诉我们——

生：啊！秋天来了！

师：（呈现动画）瞧，树林里小松鼠在忙碌地收集着松果，螃蟹一摇一摆，秋天可是它们长得最肥的时候。它们也在欢呼——

生：啊！秋天来了！

师：（呈现照片）田野里，稻谷金黄，农民伯伯的脸上洋溢着丰收的喜悦，他们的笑容告诉我们——

生：啊！秋天来了！

师：（呈现照片）大地穿上了五彩斑斓的衣服，果园里，苹果、梨子、柿子挂满枝头，它们红彤彤、金灿灿的，这一切都在告诉我们——

生：啊！秋天来了！

师：这美丽的季节，就是——（生：秋天。）

师：老师要和大家一起玩个"秋天摘松果"的游戏。（巩固认读生字）

师：在游戏中，我们体会到秋天的快乐。再让我们一起把这多姿多彩的秋天美美读一遍吧！读全篇课文的时候要注意，自然段和自然段之间要稍微停顿一下。（齐读全文。）

［点评：第三自然段的教学，则将语言运用（朗读）与审美创造紧密结合，表现出极高的教学艺术性。一是借助幻灯片渲染"秋天之美"如诗如画（幻灯片当用则用，用则有用），营造美好的氛围，使学生身心愉悦；二是反复朗读"啊！秋天来了！"将语言、情感与"美景"融为一体；三是在"摘松果"的游戏中巩固会认的生字，突出幼小衔接的游戏性特点。］

四、朗读课文，识写生字

师：孩子们，秋天这么美，快邀请爸爸妈妈一起去赏秋吧！出发前，先写好这两个生字。

师：对比"了"和"子"，你发现了什么？

生："子"加了一横。

师：汉字真有趣，相差一笔，就变成了不同的字，所以同学们在书写的时候，一定不能马虎。

生："子"的声调标错了。

师：你太细心了！"子"在词语中读轻声，但是单个字出现的时候，标原音，所以在这里标第三声。

师：今天，我们要认识一个新的笔画，叫作横撇。书写横撇要注意，起笔稍重，折时顿笔，向左拐，撇从重到轻。（老师示范且讲解。学生书空）

师：写"了"的时候要注意什么？

生：第二笔是弯钩。

师：弯钩是学过的笔画，要注意肚子稍挺，沿着竖中线。（老师示范且讲解。学生书空）

师：写"子"要注意什么呢？

生：横不是整条线压在横中线。

生：横撇变小了。

师：那弯钩有没有变化？

生：变得更长了。

师：跟着老师书空。（学生书空）请你拿出笔，写字时要注意握笔姿势。请你调整坐姿，准备描红。描红要注意，先看仔细，再描；描一个观察一下，再描一遍。（学生练习）

师：小朋友们，这节课，我们借助拼音朗读课文，练习读好了轻声、"一"字的不同声调以及儿化音。我们还能借助拼音认识这么多的生字，所以咱们得用好拼音这个工具。在朗读课文中，我们还一起感受到秋天的美丽，趁着周末，快和家人一起去我们的紫金山捡银杏叶或去天马山捡松果吧！

[点评：写字环节的教学，突出表现在：一、观察字形相似的字（"了"和"子"），渗透认真观察和汉字特点的教育；二、着力新内容的学习（如，新笔画名称横撇）和难掌握笔画的练习（如，弯钩）；三、写字练习把准标准、合乎逻辑，即目标在"规范地写正确"，顺序是"观察→示范讲解→书空→描红→书写"。特别是描红练习，黄老师强调"描红→观察（描得怎么样）→描红→再观察"，这样由慢到快逐步提高书写的质量。另外，小朋友的"插嘴""'子'的声调标错了"，再次反映孩子的可爱与可敬！这回黄老师抓住了，好好表扬了这孩子——"你太细心了！"——凸显由"关注学习内容"到"关注学习者"的理念。]

【总评】

笔者参与了黄老师的备课和第一次教学，又全程观摩了本节课的实况，深深感受到"九零后"老师的悟性和一年级小朋友的天性，真是"儿童是天生的诗人"。综合上述所见和所评，概言之，值得推介的成功经验有三：

第一，吃透用好用活教材。教材是法定的核心的教学资源。课堂教学是在引导学生阅读教材、思考并完成教材练习（将练习转化为教与学的活动）的过程中逐渐培养核心素养的。但是，教材是物化的、静态的，教学则要将"物化"转化为"人性化"，将"静态"转化为"动态"。这个过程就是"用教材教—学"的真谛。这节课表现突出，如引导学生说所认识的秋天、周末和家人去赏秋，如生字"气""飞""一片片"的教学，如认识自然段，等等。

第二，重视朗读的指导和练习，使书声琅琅成为一年级语文课最美标志。朗读（和默读）是阅读教学最重要的手段和目标。尤其是第一学段，没有琅琅的读书声是不成其为语文课的。一年级的语文课，应该也必须在朗读中学习普通话，在朗读中识字学词，在朗读中理解和感受，在朗读中积累和运用（熟读成诵就是运用语言），在朗读中熏陶和感知美，在朗读中"活动""游戏"，等等。离开了朗读，就远离了语文。如果说课文是画，朗读就是歌。

第三，注重课堂生成，倾听儿童心声。课堂是教材、教师和学生互动生成的智慧生活。互动生成的中心始终是儿童的表现（包括读书、回答、提问、组词、说话、写字，甚至于插话、"开小差"，等等）。教师始终睁大眼睛看学生，拉长耳朵听学生，俯下身子与学生对话，满怀喜悦表扬学生，等等，是注重课堂生成，倾听儿童心声的行为艺术，也是教学智慧。你听："我眼中的秋天是一朵美丽的花朵""我还以为标错了呢""'子'的声调标错了"等等，这不是诗一般的童声吗？

附：板书

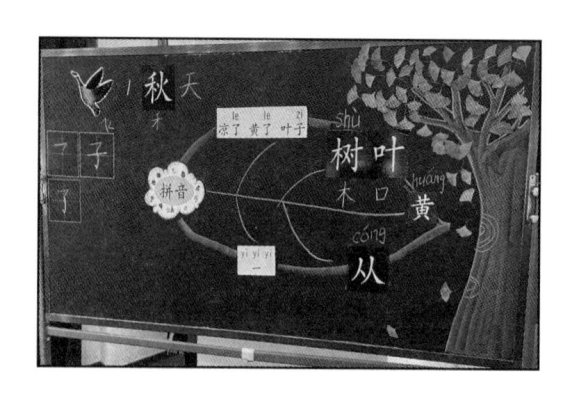

（执教：龙岩市实验小学　黄玮玲）

8. 江南风光，课堂这边独好

——新修订教材一年级《江南》实录与评析

课前交流，认识"雷"，熟悉新老师

师：一年级七班的小朋友，听到老师的声音马上就把背挺得直直的，眼睛都看着老师，太棒了！知道我是谁吗？

生：雷老师。

师：都认识呀！看雷老师写一个字，我在读笔画的时候，你们也跟着读。

师：这是——（生：雨字头。）非常棒！这是雨字头。"雷"字就是在雨字头的下面再写一个"田"字。"田"字我们已经学过了，拿出小手指，和雷老师一起写。（学生书空）读——（生：雷。）我是——（生：雷老师。）

师：咱们班级有没有姓"雷"的小朋友呢？

生：没有。

师：没有不要紧。你们今天新认识了"雷"姓，还有新朋友——（生：雷老师）。

［点评：借班上课，课前聊天很重要、也很讲究，尤其是跟一年级的小朋友。雷老师的课前聊天"先表扬夺人"——"太棒了！"——表扬孩子，博得好感。然后，认识"雷"姓，隐性识字，体现"课堂无小事，事事皆学习"的理念。］

一、开门见山，读题解题学字词

师：今天，雷老师要和小朋友们一起学习一首古诗。

生：《江南》。

师：大大的眼睛看上来！小小手指变粉笔，和我一起写课题。（板书三点水，师生一起说笔画）这是——（生：三点水。）

师：聪明。三点水旁的字和什么有关呢？

生：工。

师：你给三点水右边加上一个"工"，那我们先把它写上去。（继续板书"工"。学生书空，写成"江"）这是我们本课的生字，谁会读？

生：江。

师：你的后鼻音读得真准！你也试试。（生：江。）请你当小老师领着大家读。（生：江。）后鼻音读准了。这个字里头藏着一个新偏旁就是——三点水，你还知道哪些带有三点水的字呢？

生：泳。

师：那你肯定是知道这个三点水的字，它跟水有关。

师：瞧，这就是"水"字。（板书：水）这个"江"字你能给它找个词语朋友吗？（生：江河、长江、江南。）多厉害呀！"江南"是课题，我们继续把它写完整。（板书：南。师生一起说笔画）读课题——

生：江南。

师：后鼻音、前鼻音读出区别来哦。再读——（生：江南。）"江南"是个地名。"江南"的"江"指的是——长江。（板画：长江）长江以北的地方我们叫作江北，长江以南的地方就是——（生：江南。）

师：《江南》这首诗出自"汉乐府"。拿起手，我们一起写一写这三个字。（板书：汉乐府。师生一起说笔画）连起来读是——（生：江南，汉乐府。）

师："汉乐府"是汉代负责收集诗歌，制作成音乐的地方。后来呀，又专门指汉代的乐府诗。我们连着课题一起读——

生：江南 汉乐府。

［点评：阅读教学，"开题"很重要。"题"开得好，课就不会差到哪里去。雷老师的课，"题"就开得很好。第一，体现教学的综合性。如，新偏旁"氵"与会认字"江南"和课题"江南"融合；板书、板画与识字写字（书空）和认识事物（如江南、江北）整合；等等。第二，突出尊重学生、激励学生。笔者在新修订教材省级培训上强调"一年级的老师要笑容满面，要表扬声声，要拉长耳朵，要俯下身子，呵护孩子的三个'梦'——向往小学的

梦、崇拜老师的梦、喜欢语文的梦"，雷老师基本做到了。当孩子表现优异时，"太棒啦""聪明"激励之；当孩子表现不如意时，耐心地等待、细心地引导，如对一时回答不出"氵"与什么有关的孩子、对"跑题"的孩子，等等。相对而言，后者更重要，是"以学为主"的核心。第三，重视"题目"的完整性。准确地说，课文的题目包括标题和作者/译者（包括出处，但可以不包括课文序号）等信息。因此，老师板书课文题目时，一定要板书标题和作者/译者；师生朗读课文题目时，一定要朗读标题和作者/译者。这不仅是对作者/译者的尊重，还有助于加深理解。]

二、朗读、背诵《江南》，书声琅琅掌声阵阵

师：小朋友们轻轻地打开语文书，翻到第 62 页。先听雷老师朗读这首诗，你们拿出小手指，雷老师读到哪儿，你就指到哪儿。（范读）

师：小朋友想不想自己试着读一读这首古诗？请把书本斜竖着，试着读读古诗。（学生自由朗读。老师巡视）

师：我们来玩一个"开高铁"接龙朗读的游戏吧。请几个小朋友来分行读一读这首诗，当雷老师说"高铁、高铁开起来"，你们就说——（生：一开开到我这儿来。）

师：就请我面前的这列"高铁"开起来，其他小朋友要注意听哦，如果他读得正确，你就点头或者微笑哦。（学生分行朗读古诗）

师：看来分行读难不倒大家。那我们比赛读，男生、女生比赛读。女生先来露一手，如果你们把古诗读得准确又通顺，就会得到雷老师的掌声哦。男生注意听。（女生朗读）

师：真好听！男生轮到你们啦。请把书本摆放好。女生注意听，如果男生也能读得准确又通顺，我们一起给他们送上掌声。（男生朗读。女同学都鼓掌）

师：读得好！女生已经忍不住提前给你们鼓掌了。老师刚才还发现，好多小朋友不用看书，就已经能把这首诗背诵下来了。我们再试试背一背吧。（学生背诵古诗）

[点评：《江南》是汉乐府中的一首，简单重复，但意味无穷。朗读、背

诵，是阅读《江南》最简单也是最好的方法。雷老师就用这样的方法鼓励学生朗读，采取多种形式朗读，读着读着，就会背诵了。由于形式丰富且适合儿童，小朋友们读得兴致勃勃、有滋有味。雷老师还创造性地改编传统"接龙"游戏，开起了"高铁"——是的，我们早已经进入"高铁"时代了！我相信，"高铁、高铁开起来，一开开到我这儿来……"一定也必然会取代"火车、火车开起来，一开开到我这儿来……"成为一二年级课堂接龙游戏的主旋律！］

三、识字学词、朗读想象，感受江南采莲和鱼戏之乐

师：了不起，这么短的时间已经能把古诗背诵得这么熟练。那雷老师要考考你，这首诗都写了些什么呢？

生：莲。

生：鱼。

师：是的，这首诗主要写了莲和鱼。快拿出笔，把藏在这诗中的"莲"找出来，圈出来，数一数"莲"在诗中出现了多少次。

生：7次。

师：我们来看"莲"字。（板书草字头。师生一起说笔画。）这是——（生：草字头）在古时候草字头是这样写的——（板书：𦫳），看它像小草的模样啊；接着写"连"。（学生一起书空）这个字读——（生：莲。）（老师用手遮去草字头）这个字是——

生：读"连"。连一连的"连"，连线的"连"。

师：加上草字头还读"莲"。说到莲，你认识吗？看课文插图找一找，图上有——

生：莲花、莲叶、莲子。

师：请一个小朋友上来给大家介绍图上都有什么？指一指，说一说。（一生上台介绍）

师：（出示莲叶）这就是"莲叶"。在我们的荷塘里有非常多的莲叶，有的大、有的小。（老师边说边板贴）

师：（板贴荷花并板书）这是——（生：荷花。）荷花我们也把它叫作

——（生：莲花。）

师：刚才小朋友们都找到了莲子。莲子藏在哪里呢？

生：莲蓬里。

师：（板贴莲蓬）读轻声——莲蓬。板书"蓬"，一起读——（生：莲蓬。）

师：（出示实物莲蓬）看，这就是莲蓬。你来摸一摸，再把它打开，这里面可藏着非常多的——（生：莲子。）

师：我们刚才认识了"莲"，就积累了这么多带有草字头的字呢。那你还知道有哪些草字头的字呢？

生：蓝、草。

师：这几个字我们在前面的学习过程中都见过。带有草字头的字还有很多很多等着我们去学习。猜一猜，草字头的字和什么有关呢？

生：和草、植物有关。

师：草字头是个大家族。我们一起读一读。（学生读带草字头的字）

师：莲身上不仅有好看的莲花、莲叶，还有好吃的莲子呢。难怪诗中说"江南可采莲"——（生：莲叶何田田。）

师：采莲的小船在荷塘里划呀划，我们眼前看到的是一片莲叶？（板贴莲叶）两片？三片？（边说边板贴）那是多少？你看，莲叶绿油油的，一片挨着一片，层层叠叠，这就是——（生：莲叶何田田。）

师：是呀，莲叶这么多，这么绿，这么美，这就是——（生：莲叶何田田。）

师：谁看到了满池的莲叶了？请你读一、二两行诗。

生：江南可采莲，莲叶何田田。

师：谁还看到了更多的、更茂密的莲叶呢？

生（齐）：江南可采莲，莲叶何田田。

[点评：雷老师循着《江南》的顺序，引导学生从整体到部分，了解诗歌的内容，想象诗歌的画面。在具体语境中，学习新偏旁——草字头，根据"莲"的构字特点并结合插图、板贴、实物等，认识"莲叶""莲花""莲子""莲蓬"等。特别值得称道的是，雷老师充分运用板贴画的直观形象性帮助学

生认识"莲叶何田田",既学习语言又增强美育。]

师：刚才小朋友们说诗中不仅写到了莲，还写到了——（生：鱼。）我们可以像刚才这样拿起笔，把"鱼"也找出来，画上横线。（学生画线）

师：（呈现第4~7行诗）仔细看这几行诗，它们有什么不一样的地方吗？

生：它们的最后一个字不一样，最后一个字分别是东、西、南、北。

师：东、西、南、北，这是四个——（生：方向。）我们通常说上北、下南、左西、右东。（板书：北　南。学生书空说笔画）

师：（线条板画长江）长长的长江就是从西往东流。我们一起写"东"。第三笔这个新笔画是什么？

生：竖钩。

师：（板书亅）看着竖钩有没有觉得很熟悉？我们之前学过一个跟它很像的笔画是——（生：弯钩。）它们俩长得可像了，这个竖钩和它不一样的地方是什么？

生：写的时候把竖钩的背写直。

师：把笔画送回田字格，竖钩要写在——（生：竖中线。）

师：小朋友们拿好笔，把生字"东"送回到第63页的田字格中。（学生练写"东"）注意先描红一个，写完观察一下；再描红第二个，描完再观察；记住"东"字在田字格中的位置，最后写一遍。）

师：大大的眼睛继续看过来，接着我们要学写"西"字。（学生书空）又遇到了一个新笔画朋友。它是——（生：竖弯。）（学生练写"西"。老师再次提醒：先描红一个，写完观察；再描红第二个，描完再观察；记住"西"字在田字格中的位置，最后写一遍。）

[点评：这个环节是典型的随文识字写字教学。典型表现在：一遵循"字不离词，词不离句"的规律。通过诗句的比较，引导学生发现同中之异，自然引出要求会写的字。二体现识字与认识事物与写字相结合的特点，加强教学环节的综合性。先板画长江（渗透"江南"，隐含育人），在长江上标注方位，然后书写（在书写过程中，认识新笔画）。三写字练习科学又有效。示范—书空→描红—观察—描红→写一遍，这个练习写字的教学堪称教科书式，不仅将写字与发展思维（观察）相结合，而且养成良好的书

写习惯。这样的写字指导与练习，学生才会爱上汉字、爱上写字，增强文化自信。]

师：（出示小鱼板贴）你看小鱼来了，小鱼一会儿游到东，一会儿藏到了——（生：南。）一会儿躲到了——（生：西。）一会儿又游回了——（生：北。）快活的小鱼在荷塘里游来游去，它们一会儿在捉迷藏，一会儿又做什么呢？

生：躲在荷花底下。

生：小鱼可能飞到莲子上面。

师（将一只"小鱼"贴在莲蓬上）：多么完整的一句话。你看到了怎样的小鱼？

生：小鱼飞起来了。

师：多形象呀！小鱼一会儿游到东，一会儿游到西。这又是怎样的小鱼？

生：活泼的小鱼。

师：请你也当当活泼的小鱼，读读写小鱼的句子。

生：鱼戏莲叶间。鱼戏莲叶东，鱼戏莲叶西，鱼戏莲叶南，鱼戏莲叶北。

师：这是一只乖巧安静的小鱼，活泼可爱的小鱼在哪里？（学生再读）

师：满池塘的小鱼们，让我们一起游起来，读起来。（学生加动作，齐读诗句）

师：在这美丽的荷塘当中，小鱼自在地游来游去，让我们也来当一回采莲娃，一起划着小船，和小鱼们共同嬉戏，一起再美美地读读《江南》。（配乐朗读）

[点评：汉乐府《江南》，怎么引导一年级的小朋友"理解"？雷老师做了很好的回答——朗读。但是，仅有朗读还不够，雷老师还将诗歌的内容与学生的年龄特点密切结合，将朗读与表现紧密联系起来，读中理解、读中感受、读中体验。这样的朗读练习，活动性、趣味性、游戏性自然而然。更值得称道的是，雷老师对"小鱼可能飞到莲子上面"的肯定与补充，既张扬儿童的想象力与诗性，又让儿童认识了事物"飞鱼"。]

【总评】

汉乐府《江南》是一首脍炙人口的古诗，平白如话又意境悠远。怎么教一年级的小朋友阅读？雷老师的课给予了准确、生动的回答。概言之，依学情、用教材、养习惯。

一依学情。就是根据学生的已知来设计并展开教与学，在教与学的过程中不断地调整教学的目标、内容、方法等，持续助力学生抵达"最近发展区"。雷老师的课始终把握住学生的学习情况，适时调整、及时跟进，教得扎实、学得有效。例如，新偏旁"氵"的教学、"莲叶何田田"的理解、诗歌主要内容的概括，等等。

二用教材。教材是法定的核心的教学资源。课堂教学，就是教师将教材转化为教与学的活动，并组织学生积极参与活动，实现既定教学目标的过程。因此，课堂教学是教师、教材和学生（可能还其他物质，如多媒体、整本书等）互动互助生成的一种智慧生活。雷老师的课老老实实用教材（包括课文、插图、会认字、会写字、课后练习等）教学生朗读、背诵、识字（含新偏旁）、写字（含新笔画）、组词、说话，培养学生听说读写能力、养成良好学习习惯，同时，雷老师充分发挥自身素质，用好黑板粉笔简笔画（含贴画）等经济便捷的"物件"，把课上得活色生香、有滋有味。例如，朗读的指导与练习，理解诗歌内容的组织与活动，等等。

三养习惯。叶圣陶先生说教学无非是养成良好习惯，包括听、说、读、写、思维等良好习惯。雷老师的课，特别值得表扬的是科学地描红写字的习惯，即示范—书空→描红—观察—描红→写一遍。此习惯一旦养成，将杜绝"右手执铅笔写、左手用橡皮擦"写写擦擦、擦擦写写的不良习惯。观察→描红→观察→描红→观察→书写，即便描得不怎么吻合，也保留着，争取第二遍描/写得更规范，这个过程痕迹就是成长轨迹。先慢后快，慢即是快。

另外，接龙游戏新曲"高铁、高铁开起来，一开开到我这儿来"，但愿能从雷老师的课传遍八闽、飞向全国小语课堂，将"火车"迭代更新为"高铁"。语言的改变，就是思维的改变；语言的改变，反映时代的进步。

真是"江南风光，课堂这边独好"！

一、我评析名师的课

附：板书

（执教：宁德师范学院第二附属小学　雷晓芳）

9. 用教材教，让学习真正发生

——新修订教材一年级《雪地里的小画家》实录与评析

一、以文为境，揭题解题

师：冬天不仅给小朋友们带来了乐趣，也给小动物们带来了快乐。你们喜欢下雪的冬天吗？（播放小朋友们、小动物们在雪地快乐玩耍的视频。）

师：这单元，我们走进了四季，领略到秋天黄叶飘零、北雁南飞的景象，感受到夏天江南鱼戏莲叶的快乐。今天，我们走进冬天，一起学习——

生：《雪地里的小画家》。

师：伸出小手一起写课题（强调"的"读轻声），"家"上面部分是什么偏旁？

生：宝盖头。

师：猜一猜，宝盖头可能和什么有关？

生：房子。

师：你有一双会发现的眼睛。瞧，古人是这样写宝盖头的（板书 冂）上面像人字形的是屋顶，两侧是墙，读作 mián。这样看来，带有宝盖头的字一般和什么有关？

生：和房子有关。

师：对，"家"上面的宝盖头就表示房屋，下面是个"豕"字，指的是猪。古代人们多在屋子里养猪，所以房子里有猪就成了家的标志。后来"家"还引申为某方面很厉害的人，比如，画画得好的叫——

生：画家。

师：歌唱得好的叫——

生：歌唱家。

师：舞跳得好的叫——

生：舞蹈家。

师：同一个汉字在不同的词语里有不同的意义，真是太神奇了！这首儿歌的作者叫程宏明（板书：程宏明）。"宏"也有个宝盖头，是什么意思呢？课后可以去查一查。课题连同作者一起读——

生：《雪地里的小画家》，程宏明。

[点评：这个题开得漂亮！第一，单元整体意识强。简单回顾单元所学课文，巩固内容自然过渡——秋、夏、春、冬——四季皆美。第二，学习综合性强。板书课题，既示范书写又强调易错字音（"的"固定轻声）；既教新偏旁（而且将新偏旁的形、义、音结合——特别难得），又扩充词汇认识事物（如"家"的本义与引申义）。第三，尊重作者意识强。读课文不读作者、板书课文题目不板书作者姓名，是对作者的大不敬。尊重作者，不仅要板书作者/译者姓名（朝代、国籍）、称呼作者，还要记住作者（属文学/文化常识）了解作者，以便更深入理解作品（知人论事/文），同时隐含创作/习作不易，得倍加珍惜的教育。笔者常常听到这样的阅读教学课：老师工工整整地书写课文序号、要求学生认认真真地朗读课文序号（有时学生漏读了，老师郑重其事地"加上课文序号，第某课，等等），就是不写作者姓名、不读作者姓名。请问：是课文序号重要还是课文作者重要？！肖老师不仅恭恭敬敬板书作者姓名，而且巩固刚刚认识的宝盖头（还顺势布置了一个作业），真好！]

二、自主读文，互评正音

师：请小朋友们轻轻翻开课本第64页，听老师读，老师读到哪儿，你的小手指到哪儿，听清楚每个字的读音。（学生听读）

师：真认真！现在你们左手压书右手指字，自己读，争取把字音读准。（学生自由读）

师：咱们来"开高铁"读，一人读两行，"高铁高铁哪里开？"其他小朋友小耳朵竖起来，听一听他们把字音读准了吗。

生：我旁边的同学读得有点卡。

师：哦，你觉得他读得不够流利，是吧？他把字音读准了吗？

生：读准了。

师：刚才这位小朋友读的这句挺难读的，但他读得不错，"颜料"这个词不好读，谁来当老师带大家读？（生：颜料）

师："幅"是第二声，刚才"开高铁"的小朋友读得很准确，请她带大家读。

生：幅、一幅画。

师：把字词送回句子中去，一起读一读。

生：不用颜料不用笔，几步就成一幅画。

师：还想评一评谁的朗读？

生：我想评第一位同学，她声音很响亮，读得也很标准。

师：我也听出来了，而且她的轻声读得特别好呢！儿歌中有不少带有轻声的词，咱们也一起读一读。

生：下雪啦、来了、为什么、睡着啦。

师：和同桌小伙伴一起读，互相提醒，越读越好，还是小手指读哦。（同桌合作读。）

师：合作读书真快乐！小朋友们一起读，做到声音响亮、读音正确。（师生齐读。）

[点评：琅琅读书声，就是这样发生的——多么动听、多么美妙！听读、自由读、同桌互读、评读（生生互评，教师重点评）、"开高铁"接龙读、齐读，"读你千遍也不厌倦"！阅读教学，尤其是学书面语之初、丰富语感之初，没有琅琅读书声是不可想象的。]

三、学文识字，认写交融

师：冬天来了。下雪啦，下雪啦！你们的心情怎么样？

生：很开心。

师：开心地读一读。

生：下雪啦，下雪啦！

师：我感受到你的开心啦！谁也想读？

生：下雪啦，下雪啦！

师：好激动的心情！女生读。（女生齐读）男生读。（男生齐读）全班一起读。（齐读）

[点评：朗读不是"念字"，而是理解，是表情达意。朗读者将自己对所读内容的理解、感受、情绪、情感、疑惑等通过声音（轻重缓急、高低停连等）、表情（目光、脸色、笑容等）和体态（手势、身势等）表现出来，让听众产生如临其境之感，才是朗读真义。这功夫是要练习的——专业练习。"下雪啦，下雪啦！"激动、兴奋之情溢于言表。]

师：雪地里来了一群小画家。哪些小画家呢？

生：小狗、小鸡、小鸭、小马。

师：像这样说（呈现：雪地里的小画家有小鸡、小狗、小鸭和小马）在"小马"的前面加一个"和"字，就把句子说完整了。谁会说？

生：雪地里的小画家有小鸡、小狗、小鸭和小马。

师：看看这是什么字？（生：鸡。）

师：有什么好方法记住"鸡"字？

生："又"＋"鸟"就是"鸡"。

师：这个方法好！能给"鸡"找找朋友吗？（生：小鸡、公鸡、母鸡……）

师：联系生活也能帮助我们识字呢！再看看"马"字，我们来写一写它。大大的眼睛看上来，伸出小手一起写一写。"马"要写在田字格的中间，第一笔是横折，第二笔叫竖折折钩，第三笔横稍稍往上斜。看田字格里的"马"字，要做到写正确、写端正、少涂擦。（学生练习书写。教师引导学生写字做到"三个一"，学会从"写正确、写端正、少涂擦"三方面评价。）

[点评：《雪地里的小画家》第一次要求训练"检索信息，简单推论"的阅读能力（课后练习题）。肖老师将这个练习分散转化为教学活动，并给予指导。这里只提供一个句式让学生说话，不够灵活。另外，将写字教学分解（如"马"），既结合阅读理解又调节学习。认识"鸡"时，应该提醒思考"鸡"右边的"鸟"字与"鸡"之间的关联，而不只是"加一加"。]

师：四位小画家画了什么呢？在儿歌中把它们圈出来。

生：竹叶、梅花、枫叶、月牙。

师：谁想贴一贴这些词卡？贴在小画家的下面。（生贴词卡）

师：把这些作品的位置换一换，可以吗？

生：不行不行！因为小马蹄子的形状像月牙，它只画"月牙"，不会画别的。

生：因为小鸡有三根脚趾，细细长长的，就像竹叶，所以小鸡画"竹叶"。枫叶和小鸭的脚很像，所以小鸭画的才是"枫叶"。

师：小鸭也是三根脚趾，它为什么不像小鸡一样画竹叶呢？

生：小鸭的脚趾之间有皮连起来。

师：知道连着脚趾的皮叫什么吗？有什么作用？

生：脚蹼，小鸭有脚蹼会游泳，而且游得很快。

生：因为小狗的脚印像梅花，所以小狗画"梅花"，不能画别的。

生：我家有养小狗，它的脚掌像一个一个圆圈，很像梅花。

师：会观察、会思考，说得也好，为你们点赞！看着板书读，谁会？

生：小鸡画竹叶，小狗画梅花，小鸭画枫叶，小马画月牙。

师：读的时候，在小画家的后面停一停，别人听起来就更清楚了。跟着老师的手势读——（生：小鸡/画竹叶，小狗/画梅花，小鸭/画枫叶，小马/画月牙。）

师：不看板书能记下来吗？（学生背诵）

师：很厉害！

［点评：对于一年级的学生来说，找到显性信息并不困难，难在"说出来""说完整""说多样"；更难在"为什么'画'成这样"。肖老师的引导就在让学生动脑子——带动生活经验又发挥想象，将背后的原因说清楚、说明白，体现以语言运用为支点融入思维能力的观念。同时，隐含留心生活、做生活的有心人的教育。］

师：不知不觉就背下来了，奖励大家猜一个字谜。我画你猜（板书 ），是什么字？

生：是"竹"！

师：你是怎么猜出来的？

生：因为老师画的字很像竹叶，所以我猜是"竹"字。

师：老师把竹叶带到了课堂，瞧一瞧，和古文字"竹"像不像？

生：像，很像。

师：古文字"竹"就像两根竹茎和下垂的竹叶形状，和现在的"竹"对比着看，古文字中左边的两片竹叶就是"竹"的哪两笔？

生：撇、横。

师：右边也有两片竹叶，是——（生：撇、横。）

师：两条长长的竹茎，就是——（生：竖和竖钩。）

师：这样咱们就记住"竹"字了。我们来写写这个"竹"（示范写）：左边这片竹叶长长撇画弯弯，第二片竹叶短短横画写直，第三笔竖，右边也有两片竹叶，撇画穿插到左边横的下面，最后一笔是竖钩。

师：小鸡画的是竹叶，小马画的是月牙。见过月牙吗？

生：晚上的时候月亮在天空中，是弯弯的。

师：是呀，月亮总是在变化，当它的形状像钩子的时候就叫月牙。"月牙"的"牙"也是"牙齿"的"牙"。小朋友们的牙齿在哪里？我们也来写写"牙"（示范写）：一笔横画短短，二笔竖折，竖短横长，三笔竖钩稍稍往右靠，四笔撇画别太长。（学生练习书写。从"三个一""写正确、写端正、少涂擦"等方面自评。）

［点评：此环节，肖老师将识字写字（"竹""牙"）穿插到阅读理解中，突出三个特点：一是识字与认识事物相结合，如将竹叶带进教室，问学生有没有见过"月牙"，以及讲解"'月牙'的'牙'也是'牙齿'的'牙'"等等，轻轻一点，印象深深。二是识字与写字相结合。写字的标准定得准确，指导精细但不繁琐。三是利用板书表现象形字的形体变化，经济高效。］

四、创意仿说，感受冬趣

师：小画家们的作品真好看！他们画画的方式很特别：不用颜料不用笔——

生：几步就成一幅画。

师：看看"步"字，上面的"止"是左脚（板画），下面一个反着的"止"是右脚（板画），就像人的两只脚，一前一后在走路，"步"和行走有关。谁来给"步"找找朋友？

生：步伐、步行、散步、跑步、脚步。

师：咚咚咚，小猪迈着步子来了（板画），瞧，它的脚印像什么？

生：像剪刀。

师：学着课文说一说。

生：小猪画剪刀。

生：小猪画七星瓢虫。

生：小猪画花片。

师：松鼠也来了（板画），松鼠画什么？

生：松鼠画雨滴。

生：松鼠画胡萝卜。

生：松鼠画眼睛。

师：真有趣！现在，你们就是雪地里的小画家，把雪地画画的快乐心情美滋滋地读出来吧！（学生朗读）

师：这首儿歌读起来好听，还可以唱呢！一起跟着音乐唱出来，动起来吧！（学生唱跳）

［点评：肖老师再次发挥板画的作用，引导学生展开想象，然后学着课文说话。"小猪画剪刀，松鼠画胡萝卜。""小猪画花片，松鼠画雨滴。"……不也是"童诗"吗？同样，"步"字的教学，科学性和艺术性完美结合。］

五、课后延伸，推荐阅读

师：这么有意思的活动，青蛙为什么没参加呢？

生：他在洞里睡着啦！

生：他要冬眠！

师：真聪明！回家和大人一起查一查，青蛙为什么睡着啦。下节课我们再一起交流。

师：推荐小朋友们读一本和冬天有关的绘本故事——《雪地里的怪脚印》，很有趣哦！

［点评：一节课40分钟真的非常有限，转眼就过去。在一个40分钟里，不可能也没必要"教/学完"，这是常识。肖老师把"青蛙为什么没参加"、背诵课文和会写字"用""几"的教学放在第二课时，不是非常合适吗？更聪明的是，肖老师让学生带着问题回家、带着绘本阅读回家，这不是更好的学习吗？］

【总评】

肖老师和一年级孩子一起完成的《雪地里的小画家》（第一课时）的课堂学习，很好地体现了用好教材教，为促进学习而教，虽教得简单但学习真正发生且扎扎实实。

《雪地里的小画家》是程宏明创作的儿童诗，自1992年编入人教版教材以来，一直深受小朋友喜欢。肖老师尊重作者、尊重教材、尊重儿童，把课上得生动活泼又扎实有效。例如，板书作者姓名、朗读时读出作者姓名；变换着形式朗读、以读代讲；把握汉字构字特点，将识字与写字、识字与认识事物、识字与学词说话等结合起来；将课后练习转化为学习活动，融入阅读中；等等。

尤其是对课后练习的把握，注重想象，发展语言，删繁就简，没有在"青蛙为什么没参加？"做过多拓展。其实，《雪地里的小画家》课后练习的编排也出现过"摇摆"，如1992年人教版第一次编入，课后练习有："1. 谁在雪地上画画？它们都画了什么？青蛙为什么没参加？2. 填空。3. 朗读课文。背诵课文。"2001年人教版只编排了"朗读课文。背诵课文。读读连连"。2023年统编版将"青蛙为什么没参加"这个问题删了，其目的就是为避免拔高要求，加重负担。因此，学生只要能够说出"因为'它在洞里睡着了'"就行。是否要拓展"冬眠"等内容，的确要视学情而定。

附：板书

（执教：泉州市晋光小学　肖明英）

10. 以游戏为情境　带领孩子初探"汉字王国·会意林"

——新修订教材一年级《日月明》实录与评析

一、探秘汉字王国，初识构字特点

师（手提"国王手偶"）：小朋友们，课前先给大家介绍一位远道而来的神秘嘉宾，他就是——汉字王国的国王。快来和他打个招呼吧。一年级十班的小朋友们，你们好呀。欢迎来到神奇的汉字王国，快坐上我们的"魔法高铁"，开启今天的探险之旅吧。第一站来到汉字王国最古老的"象形山"，这里住着好多古老的汉字朋友呢！你们认出它们了吗？（出示图片）大大的眼睛找一找象形字吧。（学生找出：日　月　水　田　山）

师：都被你发现啦，真是火眼金睛。这里的汉字朋友都是我们聪慧的祖先根据事物的样子造出来的，一个字就是一幅美丽的画。这就是象形字。（板书：象形字）

师：恭喜小朋友们，成功登顶"象形山"！第二站我们要去什么地方呢？

[点评：课前游戏，情境创设得有趣味、有内涵。有趣味在于陈老师将"国王手偶"请进课堂，以"国王手偶"辅助教学，带领孩子开启"探险之旅"。这是六七岁儿童的最爱。有内涵在于将识字——象形字、会意字（本课重点）的识认融入其中，转化为"象形山""会意林"等，带领孩子攀登、探索。]

师（手提"国王手偶"）：小朋友们，我们又见面啦！刚才我们攀登了古老的"象形山"，接下来要一起勇闯"会意林"啦！有同学产生疑问了，"会意林"是什么地方呢？让我们一起走进课文去探秘吧。请看老师板书课题，伸出小手跟着书空。（学生书空）认真看老师要写"明"字。你们看，"日"字作偏旁时发生了什么变化？

生：变小了。

师：齐读课题——（生：《日月明》。）在这三个字里你发现了什么？

生："日"和"月"合在一起就是"明"字。

师：真会发现！汉字的小魔术都被你看穿了！猜猜"明"是什么意思？

生：太阳和月亮都很明亮，"日"和"月"合在一起代表特别明亮的意思。

师：是的，小朋友真聪明，你都能猜出古人的想法了！聪明的古人把"日""月"两个字手拉手造出了"明"字。（指着课题）那就是"日月明，日月放光明"。小朋友，也学着老师配上动作这样说一说。（学生配上动作朗读）

师：我们的"会意林"里有很多像"明"这样有趣的字呢。

［点评："题"开得胜。陈老师巧妙地利用课文题目做文章，体现课堂"处处是语文、时时学语文"的理念，如，板书"明"时，观察日字旁与汉字"日"的变化；猜猜"明"是什么意思；编儿歌表演朗读；等等。特别值得一提的是，陈老师全身心地沉浸到和一年级小朋友的交流互动中，就像个小姐姐一样。］

二、知汉字之"韵"，诵读复记汉字

师：请同学们翻开书本第74页，先听老师朗读课文。老师读到哪，你的手就指到哪。左手压书，右手指字。看谁的小手最听指挥哦。（老师朗读）同学们听得真认真！现在我想听听你们的声音。我们来试试"开高铁"读一读："高铁高铁哪里开？"（生：高铁高铁这里开。）一人读一行，其他同学认真听，他读对了全班就跟他读。（学生一个接一个读课文。老师相机纠正读音）这列"高铁"读得又正确，声音又响亮。接下来我们全班一起来读一读。（学生朗读）

师：同学们不但把音读准了，还读得特别整齐。这是一首儿歌，如果拍手读，会更有趣，和老师一块来拍手朗读哟。三字一句的，读到第一个字和第三个字时拍手；五字一句时读到第一、第三和第五个字时拍手。（学生练习

拍手朗读）

[点评：琅琅读书声，课堂"好声音"。《日月明》这首儿歌，非常适合"拍手打节拍"朗读。这样读起来，节奏感十足，好听也好玩，非常适合一年级小朋友。]

三、游戏激趣，巩固识字

师：拍手读好玩吗？那我们还玩个更有趣的游戏吧——汉字找朋友。请同学们拿出学具，摆放在桌面。（学生拿出："日　月　田　力　小　大　土"等字卡。）

师：游戏送给坐得最端正、思想最集中的小朋友。汉字找朋友开始啦！（师生合作玩"汉字找朋友"游戏。如老师抽取字卡"日"，学生对应抽取字卡"月"——合成"明"）

师：准备好啦，找朋友开始——"日"的朋友它是谁？（学生举起手中的字卡）

生："日"的朋友它是"月"。

师："日""月"合起来就是——（生：明。）

师："力"的朋友它是谁？（生："力"的朋友它是"田"。）好朋友，我们来拼一拼。（"田"字卡在上，"力"字卡在下）

生：田力男。

师："小"的朋友它是谁？（生："小"的朋友它是"大"。小大尖。）

师：和他一样的小朋友一起来读。我发现它有不一样的朋友，"小"的朋友它是谁？（生："小"的朋友它是"土"。）

师：你们也举起我的"土"字朋友。

生：小土尘。

师：你们都是我的好朋友。

[点评：玩游戏，是儿童的天性。一年级适应期如何落实"注重活动化、游戏化、生活化的学习设计"，是一年级教学必须面对和解决的重大问题，也是面临的巨大挑战。陈老师的设计和组织都给我们做了很好的示范，一是因材设计。不是所有学习内容都适合活动化、游戏化、生活化设计。二是教师

回到儿童，和学生一道玩游戏。]

四、探寻汉字"会意"之理趣

师：在大家的帮助下，这些字都找到了朋友，还认得它们吗？（老师在"'会意林'的大树"上贴"汉字果"。）（生：明　男　尖　尘。）

师：想一想，"会意林"这些汉字宝宝都有什么特点？

生：我发现它们都是由两个汉字组成。

师：善于观察！你发现了汉字变得合二为一的"魔术"。掌声送给他！

师："男"这个字你在哪儿见过？

生：厕所门口。

师：哦，因为你是男生。从生活中识字是个好方法。那我再考考你，为什么"男"是"田"和"力"组成的呢？（课件出示：男子在田间耕作的图片和"男"字的演变过程。）你看到了什么？

生：我看到有一个人在田里干活。

师：是的，这是一块农田。这是种田的工具，种田要用力，后来它演变成了"力"字。在古代，在田地里干活的一般都是——（生：男人。）田力男。谁能给"力"组个词？

生：力气。

师：男子力气大。男生来夸夸自己，一起读——（生：男子力气大）

生：有力。

师：男子有力量。全班一起读——（生：男子有力量。）

[点评：汉字王国的"臣民"，从"形"（主要是象形、指事，以独体为主）生长为"字"（主要是会意、形声，以合体为主），从少到多、从简到繁，足够人们表情达意、交流互鉴之用，是古代劳动人民智慧的结晶。其中的构字特点（主要指汉字形、义、音之间的关联特点和系统性）是需要学生了解、掌握、运用的。唯此，才不至于把汉字当外文字来教与学；唯此，才能减负提质；唯此，才能感受到汉字的智慧与大美，自然增强文化自信，发展思维能力，促进审美创造。而了解、掌握、运用要因文而异、因材施教，才不至于把简单的事情复杂化甚至于背离母语学习和语言运用之本质。陈老师引导

一年级学生认识"男",既让学生猜想,又提供验证资料(图片),还结合生活实际,就是恰当的适用的教与学。]

师:同学们读得真有力量。我们要来学写"力"和"男"。请仔细观察这两个字,你有什么发现?

生:都有"力"。

师:你发现了它们的相同之处。这两个"力"有什么不同?

生:"力"字作为"男"字的一部分时变扁了。

师:真是观察小能手。这是为了给"田"字让出空间,就像我们好朋友之间要谦让一样。还有什么要提醒大家的?

生:撇从竖中线起笔。

师:观察得真仔细,笔画位置要正确。请同学们伸出小手和老师一起书空:一笔横折钩,横向上,折往里,再出钩;二笔撇,小小顿,往左撇,尾巴尖。(学生书空)

师:请你在书本田字格写一写这两个字。描一遍观察一下,再描一遍观察一下,最后写一遍。注意要做到书写正确、笔画位置正确、书写整洁。正确的姿势是写好字的法宝。注意——(生:头正、肩平、背直、足安)(学生练习书写。老师巡视指导)

师:这是我们班同学的作品,给他评几颗星?我把话筒交给你。你对着同学,说说你的理由。(请两位学生面对面评价)

生:我给他三颗星,因为他的笔画位置写得很正确。

师:他给了你满星。你有什么想对他说的?

生:谢谢你。

师:我们把掌声送给这两位小朋友。同学之间就要像这样互相学习、互相帮助。

[点评:这个写字环节,突出了一年级写字练习的教学特点。一是对比观察,发现异同。这既是正确书写的必需,也是思维训练的必要。二是标准精确,一丝不苟。一年级书写,规范、正确书写是第一位的,养成良好习惯是第一位的。如此才能先慢后快。三是依标评价,互动交流。评价时,要求评价双方面对面,才能看着对方的眼睛,才不会说假话、套话、空话。如此评

价，才能以评促学，践行"评价即学习"的理念。]

师：(出示"尖"和"尘")继续看"会意林"中的这两个"汉字果"，长得是不是很像。说说你是怎么区分它们的。

生："尖"和"尘"上面都是"小"，"尖"下面是"大"；"尘"下面是"土"。

师：真有办法，你发现了它们的相同与不同。请同学们用手摆一个尖的样子。(学生用手摆出三角形的顶部)是的，一头小一头大，就是"尖"。(出示：小大尖，尖又尖。)(学生朗读)生活中还有什么是尖尖的呢？

生：草芽。

师：真了不起，你想到了《四季》，你能把"草芽"送回儿歌中读一读吗？

生：小大尖，草芽尖又尖。

师：掌声送给他！谁也能像这样编一句儿歌？

生：小大尖，铅笔尖又尖。

师：你会联系生活中的事物来说。同学们不但认识了"尖"字，还能给汉字编儿歌。

师：这个"尘"又是什么意思？

生：灰尘。

师：是的，小小的土就是灰尘。你在哪些地方看到过这样小小的土？

生：走在马路上，有灰尘。

生：沙滩会扬起沙尘。

师：像老师用粉笔写字就会有粉尘。别小看这小小的尘，如果没有管理好，会造成严重的灾害。同学们看，这是——(播放"沙尘暴"视频)

生：沙尘好可怕。

师：看来每个汉字都有自己的故事。不知不觉我们编成了一首属于我们班的"会意字"儿歌。我们一起自豪地读给"汉字国王"听一听吧。

生：日月明，日月放光明。/田力男，男子力气大。/小大尖，草芽尖又尖。/小土尘，沙尘好可怕。/

[点评：陈老师适时变化了"尖"和"尘"的教学，既保持学生的学习兴

趣，又拓宽学习的路径。如用手摆出"尖"，用视频认识沙尘暴，模仿课文编儿歌，等等。]

师：小朋友们，你们知道吗，我们的"汉字王国"也曾遭遇过"沙尘暴"，聪明的人们想到了一个好方法来治理它。你们知道是什么吗？

生：植树造林。

师：你懂得可真不少！大树的根枝牢牢地抓住土壤，就可以预防沙尘暴了。所以我们要做保护环境的小卫士，那就让我们"一起去种树"——（师生一起做游戏）

师（开启音乐）：走走走，我们一起去种树。（老师邀请一位同学）像这样两个人一前一后让你想到了哪个字——（生：从。）全班一起读——从，跟从的从。

师（音乐继续。老师邀请三位同学跟从）："走走走，我们一起去种树。"现在越来越多的人加入我们的队伍里了。这里有三个人了，又让你想到了哪个字——（生：众。）"众"字里有三个"人"。"众"的意思就是"三个人"吗？有人摇头了，其实啊古人造字可有讲究了，用一表示少，用三表示多。"众"就表示——（生：很多很多人。）

师：你们在哪里也见过很多人呢？

生：超市。

生：学校。

师：那些都是群众。观看演出的人群就叫——（生：观众。）这么多老师来听我们上课，那就是我们的——（生：听众。）所以"众"就表示——（生：很多很多人。）

师：课文里还有一个以三表多的字，它就是——（生：森。）你反应最快！"森"的意思是什么？

生：很多很多树。

师：你能给他组个词吗？

生：森林。

师：瞧，我们一起种上连成片的森林就再也不会遭遇可怕的沙尘暴啦。正如课文所说——

生：众人一条心，/黄土变成金。

师：看来"一条心"太重要了。这是"心"字的演变——古人根据心脏的样子造出来的。这"心"字里藏着一个我们今天要认识的新笔画（板画 ）——（生：卧钩。）在钩笔画家族中，我们认识的笔画可不少呢！

师：（板画 ）——（生：竖钩。）（板画 ）——（生：弯钩。）（板画 ）——（生：竖弯钩。）今天我们要学卧钩——卧钩如小船。

师：伸出手和老师一起书空：点、卧钩、点、点——（生：心。）

师：这四个字（从、众、林、森）也是"会意林"中的汉字宝宝。你又有什么发现？和刚才的四个字有什么不一样？

生：都是相同的字组成的。

师：真棒！掌声送给他。聪明的小朋友，像这样用两个及两个以上的独体汉字根据各自的意思组合成一个字，这就叫会意字。让人们一看就能领会他的意思。（板书：会意字）

［点评：此环节，陈老师带领学生在游戏里认识"从、众、林、森"四个会意字，好玩有趣。在做游戏的过程中，扩词，说话，发展语言。同时，教学新笔画——卧钩——时，对已经学过的相似笔画竖钩、弯钩、竖弯钩进行梳理，复习巩固。陈老师运用"沙尘暴"视频以及在"众人一条心，黄土变成金"中，巧妙进行思想教育，强化课程育人。］

五、小试牛刀，理解运用

师（使用"国王手偶"）：同学们太厉害了！国王也忍不住来为我们跳舞欢呼啦！恭喜小朋友，你们认识了新成员——"会意字"家族。要想闯过"会意林"，光认识这八个字还不够。考考你们能不能猜出这些"会意字"的意思。

师：第一个字，请看我写，我先写了"三点水"，又写了"目"。你猜这个字是什么意思？（板书：泪）

生：有水有目，意思是泪水从眼睛流出来。"目"就表示眼睛。

师：你是把泪字分成两个部分，先想它部件的意思，然后就猜出泪的意

思了。恭喜你成为闯关第一人。(板书:苗)

生:苗表示田间的植物。

师:恭喜你闯关成功!你看,掌握了方法,你一下就能猜出意思。(板书:歪)

生:不正就是歪。

师:说得太清楚了!看看谁坐歪啦?活泼的身子坐正来。(板书:甭)这个字,你可能不会读,但你能猜出它的意思吗?

生:不用。

师:如果我说甭管,那就是——不用管。如果我说甭做,那就是——不用做。同学们真是识字"小达人"。

师(使用"国王手偶"):恭喜小朋友们,今天不但攀登了"象形山",还闯过了"会意林"。在"会意林"里,你们认识了许多汉字朋友。像这样一类一类地学,是学习汉字的好方法。希望小朋友们在生活中继续寻找有趣的会意字。推荐大家读一读会意字绘本《桑麻旅店》。同学们今天的表现太棒啦,"汉字国王"要把这本书送给一年级十班。请你作为代表,接受来自"汉字王国"的礼物吧。

[点评:汉字博大精深,但是,如果你了解它、掌握它的构字特点,你就能无师自通。事实证明,一年级的小朋友都能做到。你看,"泪""苗""歪""甭"的意思,一年级的小朋友不都认识了吗?这个环节,陈老师继续和孩子们在游戏里探索"会意林",由此及彼,由已知到未知,最后送整本书——《桑麻旅店》——真正让学生"遨游汉字王国·会意林",培养以书为师的自学力。]

【总评】

纵观陈老师和一年级十班的识字单元《日月明》(第一课时)课堂学习生活,不难看出陈老师的专业和用心。

第一,根据一年级适应期和学习内容的特点,设计情境化的学习活动,使学习活动化、游戏化、生活化,带领孩子成功探索"汉字王国·会意林"的奥秘。

第二，致力于用足用好用活教材，引导学生认真读书，借助书本提供的资源（课文、练习、插图等），密切联系学生的生活经验（包括学生与学生之间的评价互动），以及教师这一"活"资源（朗读、板书/画、讲解、提问，一起做游戏，提供多媒体资源，等等），进行立体学习、互动学习、充分学习。

第三，把汉字当作汉字来教与学，用汉字智慧启迪学生智慧，将识字与写字、识字与发展语言/思维、识字与育人融为一体。原来"识字单元"的教与学，也可以不枯燥、不机械、不厌烦，生机勃勃、兴趣盎然。

附：板书

（执教：福州市宁化小学教育集团　陈李园）

11. "对"是想出来的 "韵"是读出来的
——想·读如"歌"

——新修订教材一年级《对韵歌》实录与评析

一、课前互动，直入课题

师：一年级三班的小朋友们好！我姓陈，你们可以叫我——（生：陈老师）真好听！陈老师也想了解一下三班的小朋友们，咱们班有没有声音特别好听的同学？你来给陈老师打个招呼好不好？（生：陈老师好！）你的声音真好听！咱们班有没有朗读小明星呢？你能为大家朗读一首古诗或者儿歌吗？

生：《咏鹅》[唐]骆宾王："鹅鹅鹅，曲项向天歌。白毛浮绿水，红掌拨清波。"

师：你朗读得特别棒！那有没有朗读好的女同学呢？你也来朗读一首。

生：《对韵歌》："云对雨，雪对风，花对树，鸟对虫，山清对水秀，柳绿对桃红。"

师：朗读得真好！咱们三班的小朋友真是又聪明，又可爱！那你们准备好上课了吗？让我看见你们端正的坐姿。好，准备上课。同学们好！

生：老师好。

[点评：课前互动，表扬第一，了解第二！好孩子是夸出来的——一年级尤其如此。]

师：请坐下，真棒！今天陈老师给大家带来了一个字，想要考考大家，你们想不想接受挑战？请同学们"金手指"抬起来，跟着老师写，横撇、点、横、竖钩、点。（学生书空）请问这是什么字呢？（生：对。）

师：老师想让你们给"对"字找个朋友、组组词，谁会？

生：答对。

师：你也答对了！

生：不对、对错……

师：小朋友们，你们的词汇量真丰富。小手再抬起来，跟着老师继续写：点、横、点、撇、横，下面一个"日"字，撇、横折钩、点、提（学生书空）请问它是什么字呢？

生：韵。

师：是的，"对韵"是一个词语。（学生读）我们继续写（书空"哥"），这个字我们之前好像有见过，是什么字呀？（生：哥。）师：你能给它组个词吗？（生：哥哥）。

师：如果我们在哥哥的"哥"旁边，加上一个"欠"字旁，请问它又读什么呢？能不能给它找个朋友？

生：唱歌。

师：唱歌，我们把"唱"的后鼻音发满一点。还有补充吗？

生：歌词、歌曲、歌谣……

师：是呀！"太阳当空照，花儿对我笑……"这是什么歌呀？

生：《上学歌》。

师：那我们今天要学习的是什么"歌"？

生：对韵歌。

[点评：不管是阅读单元的课文，还是识字单元的韵文，板书题目都很有讲究。陈老师的讲究恰到好处。一是老师示范写字，学生书空练习，使每一次书写都是识字练字时；二是将识字与学词、说话紧密联系，还与所学《上学歌》与《对韵歌》联系；三是隐性教构字特点，如分步书写"韵、歌"等。]

二、变换节奏，美读韵文

师：要学好《对韵歌》，我们就要先美美地读一读。请把书本翻到第73页。请把听话的小耳朵竖起来，听老师读一遍，做好准备了吗？（师范读）

师：小朋友们，你们听出来了吗？老师在读每一个字的时候，节奏都不一样，好像它们就像一个个小音符，有各自的旋律，你们也想来学着老师的样子读一读吗？请你们左手按书——（生：右手指字）借助拼音，自己先读一读。开始吧！（学生自由朗读）

师：三班的小朋友们真棒呀！老师刚读完，你们就可以这么有节奏地齐读了。我们来想象一下，如果你变成了一朵悠悠的白云，静静地飘浮在天空之中……请女生跟着老师一起慢慢地读。（女生放慢速度朗读）

师：虽然读得慢，但是不拖音，有节奏，你们真是朗读小明星！再来想象一下，如果现在你又变成了一只活泼可爱的小鸟，在树上唱着清脆悦耳的歌……请全班男生跟老师一起快快地读！（男生快节奏朗读）

师：我们在朗读的时候要注意，每个字都不要拖音。你们看，刚刚我们通过变换节奏和速度，可以把这首对韵歌读出不同的旋律，真好听！

[点评：不同的文体有不同的思维，需要有与之匹配的阅读方式，方能"识斯真"。朗读当然不例外。韵文，尤其是《对韵歌》，朗读时，语速不同、连停不同，都会产生不同的效果、不同的韵味。朗读如歌。陈老师还别出心裁地引导学生想象——借助老师的语言描绘——将学生带入其中，既符合《对韵歌》的特点，也符合学龄特点。美育其中。]

三、象形识字，趣解汉字

师：这首《对韵歌》中藏着一些有趣的符号，你们想来猜一猜吗？我们先来猜第一个符号，看看谁最聪明！（板书 ）你们猜它是什么字？（生：云。）

师：老师不仅要知道它是"云"，还想知道为什么，谁来说？

生：因为这个是古文字的"云"。

师：它哪里像"云"字？

生：下面的部分很像"云"的撇折。

师：他找到了两个字的关系！那这个符号，跟我们生活中的云有没有相像的地方？

生：上面的两横就像云朵。

师：那下面这卷卷曲曲的线像什么呀？没关系，我们只要举手就是一次勇敢的尝试了，非常棒！其实，天上的云多种多样，有像上面这样一层又一层、层层叠叠的云，还有像下面这样卷曲的、弯曲的云呢！好，我们继续来猜（板书 ），这个神秘的符号又是什么呢？（生：雨。）为什么说它是"雨"呀？它哪里像雨？

生：因为这个符号下面有一点一点的，很像雨水。

师：下面这些一点一点的小竖线，特别像从天空中滴落下来的小雨滴。小朋友们，这两个神秘文字到底是什么？（学生猜）

师：老师来揭晓答案，它们就是象形字。我们的祖先仿照事物的外形将它画下来，就成了古老的象形文字。现在，我们火眼金睛看一看，"云"和"雨"这两个象形字中，有一个笔画特别像，谁能找到？

生：上面都有一笔横。

师：那你们来猜一猜，这笔横代表着什么呢？

生：代表天空。

师：是呀，"云"是飘在天上的，"雨"也是从天上落下来的，所以代表天空。古老的象形文字，经过很长时间的发展，就变成今天课文中我们要学习的汉字。

师：来，现在将我们的目光聚焦到"雨"字上，这个字好复杂，老师都有点看不懂了！你们帮老师数一数，"雨"字中有几笔点呢？

生：四笔点！

师：你觉得这四笔点像什么呢？

生：像雨滴，从天空中飘落。

师：这雨滴是从同一个方向飘落的，还是从不同的方向飘落的？

生：从不同的方向飘落的。

生：从同一个方向飘落的。

师：小眼睛看向书本中的"雨"字，小手指着"雨"字中的四笔点，一起来，一笔点、二笔点、三笔点、四笔点。好，现在我们要来学一学，如何写"云"和"雨"两个字。金手指——（生：伸出来。）跟着老师一起写。我们先来写"云"字，第一笔是短短的横，第二笔是什么？（生：长横。）写在哪里呢？（生：横中线上。）第三笔是什么呀？哦，是一笔撇折，向上折，第四笔是一笔点。

师：再来写"雨"字，第一笔是横，代表头顶的天空，第二笔从横中线上方起笔，第三笔，有难度！（生：横折钩。）

师：真厉害，横折钩都被你发现了。第四笔的竖写在哪里？（生：竖中线上。）

师：对，它压在竖中线上。接下来我们要写的是四笔往同一个方向飘落的小点，手抬起来一起写，一笔点、两笔点、三笔点、四笔点。好，现在你学着老师的样子，在课文田字格里也写一写"云"和"雨"两个字，描两遍写一遍。注意哦，在写字之前请先端正好坐姿，头正、肩平、脚放直。（学生练写）

师：我们三班的小朋友习惯特别好，每一个小朋友的背都挺得直直的。小朋友们，我们要记住一句话"提笔就是练字时"。当拿起手中的笔的时候，我们就应该规范工整地写字。

师：如果你坐姿端正，老师就知道你已经写好了。

师：大部分同学都已写完了。现在老师找到了一位同学的作品，请问是哪位同学的？你可以勇敢地站起来吗？没关系，勇敢站起来。老师邀请其他所有的小朋友都当小评委，来帮助他评价一下"云"字。当你评价同学的作品时，最好的方法是转过去面对着他，真诚地给他提建议：我觉得你哪里写得很好……

生：我觉得你写的两横很好，因为它的位置都是对的，而且写得特别直。

师：那哪里还需要改进呢？

生：我找不出缺点了。

师：这位小朋友在评价别人的书写作品的时候，抓住了几个要点：第一，他注意到了里面的笔画写得好，横特别平。第二，他还注意到了笔画落在田字格中正确的位子上，这就是写好字的关键。谁还能学着这样的方式，来评一评他的"雨"字呢？

生：我觉得你写的"雨"字横也很平，还有那笔竖，很直。

师：那哪里还需要改进呢？

生：那笔横太往下了。

师：横太往下了，感觉和横折钩的横黏得有一点点紧，真会评价！大家对这位同学的字评价都很高，老师希望你也可以汲取同学们的意见，写得越来越好，好不好？

［点评："云"和"雨"是要求"会写的字"，其教学的目标和方法与要求"会认的字"是不同的。因为要求"会写的字"必须会认，了解意思或形、义、音之关系，正确书写，准确运用，而要求"会认的字"只要求任何时候任何语境中都能准确读出来（形与音对上号）就可以了。陈老师的教学精准地把握住了。除此，还可特别表扬的是：一充分利用黑板，展现"云"和"雨"的"造字"过程，隐含汉字文化和审美教育；二发展学生的思维，训练学生的语言，如让学生想象猜字、说明猜的依据；三写完之后的评价，标准把握得准（工整、规范），且将评价变成真正的交际互动过程，巩固"看着对方的眼睛"这一基本交际原则，既强化了人际交往，又避免了评价套话。难能可贵。］

师：我们继续来猜象形字。这次难度要升级了。请小朋友们明亮的眼睛看过来，猜猜这是什么字呢？（板书 ）

生：鸟！前面那个尖尖的部分是鸟的嘴巴，还有底下那部分，是它的肚子。

师：那肚子下面的是什么呀？

生：肚子下面是树，是它的小爪子正抓着树干呢。

师：你看我们的古人多厉害，仿照着小鸟的外形就创造出了"鸟"这个象形字。我们继续来猜。这又是什么呢？（板书 ）（生：虫）你为什么说它是虫？

生：头上那部分就像虫子的触角，弯弯曲曲的部分像它在扭动身子。

师：哦！小虫子正在扭动它的身体。那么勾起来的部分像什么？

生：像它甩起来的小尾巴。

师：这位同学真有想象力，象形字的关键都被她掌握了！我们来看一看书本田字格中的"虫"字，请你们用老师刚刚教给你们观察"雨"字的办法，你也来观察一下"虫"字，哪笔哪画或者哪个部分像什么？

一、我评析名师的课

生："虫"的一点有点像尾巴。

师：还有补充吗？

生：下面的部分，有点像它弯曲的尾巴。

师：谁还观察到了这个扁扁的口像什么？

生：像它吃剩的叶子。

师：小虫子最爱的食物就是叶子。你看它扭动的长长的身子，准备去吃叶子了！我们要学一学如何写"虫"字。在写之前，我们要学一个新的笔画，叫作"提"。从下到上，轻轻地往上提，请你们的金手指拿出来，跟我一起轻轻地往上提。怎么写"虫"字呢？先来写它扁扁的口，第一笔是竖，第二笔是横折，第三笔是横，第四笔是竖，这笔竖要压在哪里呀？（生：竖中线上）

师：好，第五笔是我们刚刚学过的、从下往上的"提"，第六笔是点。你们学着老师的样子，在书本田字格写一写"虫"字。请注意，先调整好坐姿，然后再按照我们刚刚的评价标准，每一笔每一画都要写正确，并且找到在田字格中的位置。

师：三班的小朋友背都挺得直直的，如果你写完了，就请你用坐姿来告诉老师。

师：大部分同学都写完了，我们刚刚学习的"云""雨""鸟""虫"，它们都属于什么字呀？（生：象形字）

[点评：此环节沿袭了"云"和"雨"的方法教学"鸟"和"虫"，但又有所不同。"鸟"能认就行，"虫"要会写，教学区别开了。最值得称道的是，陈老师引导和鼓励学生大胆想象、大方言语。"想象比知识更重要"不只是挂在嘴上，要落实到行动上。学生的想象多有创意，如，"头上那部分就像虫子的触角，弯弯曲曲的部分像它在扭动身子"，扁扁的口"像它吃剩的叶子"，这不就是"诗"吗？即便学生的想象不精准也值得鼓励，如，（鸟）"肚子下面是树，是它的小爪子正抓着树干呢"，对于一年级小朋友而言，敢想会说，是第一位的！]

师：老师记得在第一单元，也有一课接触到了很多有趣的象形字。请你们把课本翻到第13页，课文的标题叫什么呢？

生：《日月山川》。

师：请你们跟着老师一起读一读，日、月、山、川、水、火、田、禾。现在老师就要考考你们了。在《日月山川》这一课中，有两个调皮的象形字，今天也藏在我们的《对韵歌》中，你能找到吗？哇，一下就举起了手，你来说一说。

生：山，水。

[点评：此环节很妙！一则巩固所学，前后联系；二则过渡自然，旧新联系。]

四、妙用插图，发现联系

师：你们真是名侦探！这么调皮的象形字都被你们发现了。请把课本继续翻回第73页。在这一页中，不仅有像这样有趣的象形字，还有优美的插图呢！请你们欣赏课文旁边的插图，告诉老师，你从图中发现了什么。

生：柳树。

师：是怎样的柳树？

生：绿色的柳树。

师：你能用课本中的两个字告诉老师吗？

生：柳绿。

师：特别好，他发现了碧绿的柳树（板书：柳绿）。除了柳绿还有什么呢？

生：我看到了水，白白的水。

师：课本中是怎样形容水的呢？

生：山水、流水……

师：你来帮助他好吗？

生：水秀。

师：（板书：水秀）秀美的水。还有吗？你观察到了什么？

生：桃树。

师：桃树是怎样的？

生：桃红。

师：你看，你都会找出课本中的原话来概括了。特别棒！（板书：桃红）

水旁边又有什么呢？

生：大山。

师：怎样的大山？

生：山清。

师：你们真聪明，都已经学会举一反三了。（板书：山清）柳树是一种什么？

生：一种树。

师：来看看老师是怎么写"树"的。再说说你的发现。（板书：树）

生：木字的旁边多了一个对字旁。

师：有没有人有不同意见呢？

生：是一个木字旁，再加一个"刘"。

师：是的，一个木字旁，再加上我们今天刚学的《对韵歌》的"对"。那么，桃树上开的是什么呢？（生：花）"花"字，我们在拼音单元也有认识过。（板书：花）在板书中，老师遗漏了课文中的两个字，插图中也没有，你们能帮老师找到吗？

生：雪和风。

师：现在老师写雪，你们再来观察，你发现了什么？（板书：雪）

生："雪"的上面是一个"雨"。

师：那你再仔细观察一下"雪"上面的"雨"，和我们刚刚学写的"雨"，一模一样吗？

生：有一点小变化，更扁了。

师：它有一个小小的变身，变得更扁了。"雪"字上面竟然有"雨"，那你们思考一下，生活中的雪和雨，会不会也有某种关系呢？

生：它们都是从天上降下来的。

师：都属于一种自然——（生：现象。）

师：还有什么关系吗？

生：有时候，下雪的时候也会下雨。

师：是呀，冬天，下雪的时候经常也会下起冷冷的冰雨，所以雪和雨有关系。在课文中，雪对的是什么呢？（生：风。）

师：难道雪和风也有联系吗？有怎样的联系？

生：下雪的时候会很冷，风在吹。

师：你的表达太好了！下雪的时候，小雪花纷纷扬扬地飘落，我们也能时常感到一股冷风嗖嗖地往我们的衣领里面钻，刮风的时候有时会下雪，下雪的时候时常伴着刮风。那么我们继续往上看，"云"和"雨"它们排排坐了，难道它们也有某种关联吗？

生：天上的云如果很重了，就会变成雨滴。

师：怎样的云出现了，会变成雨滴呢？（生：灰色的。）灰色的云叫什么呀？

生：乌云。

师：老师总结一下你们的回答，当天空中有一团又一团乌云聚拢在一起的时候，云层之中就会下起小雨滴。当天气变冷了，冷风呼呼地一吹，小雨滴就会变成小雪花，从云中飘落下来。原来就像那位同学说的一样，云雨雪风都属于天空之中的自然现象，它们都有着某种关联。这样有关联的事物我们就可以把它们"对"在一起，组成"对子"。（板书：对）现在，请你们看一看下面的这些"对子"，你又发现了怎样的关联呢？

生：花对树。树是花的家，因为花是从树上长出来的。

师：她用了一个特别美的句子，"树是花的家"，花会盛开在树上，它们之间有关联。

生：鸟和虫，因为鸟会吃虫。

师：早起的鸟儿有虫吃，鸟是虫的天敌。它们之间也是有关系的。你也来说一说。

生：山和水。山是水的家。

师：山也是水的家。为什么这么说呀？

生：因为水从山之间流下。

师：哇，你真会观察呀！水是从高高的山上流下来的，我们经常能看见，有山的地方就会有水。当我们走到一个地方，那里会有连绵起伏的高山，山脚下还会有清澈见底的流水。这个地方风景特别优美，我们就可以用"山清水秀"来形容。那么，柳绿为什么对桃红呢？

生：因为柳绿和桃红是在一起的。

师：在课文的插图中，它们确实是在一起的，但是在生活中，它们也会经常在一起吗？来，你说它们有什么关联？

生：它们都是长在树上的。

师：它们都是一种树。你来找找还有什么对法。

生：它们都会有叶子。

师：都会有叶子，是一种植物。同学们，柳树绿了，桃花红了。我们会在怎样的季节中看到这样的美景啊？

生：春天。

师：在春天，我们会看见怎样的"柳绿桃红"的景色呢？请同学们跟着老师一起看，（板画柳树、桃树）老师现在画的是柳树的树干，树干上会抽出又细又长的柳条。春天到了，柳条上会长出碧绿的柳叶。这正是那句古诗说的，碧玉妆成一树高——

生：万条垂下绿丝绦。不知细叶谁裁出，二月春风似剪刀。

师：那么春天里的桃花又是怎样的呢？这是一棵桃树，春天天气变暖，万物复苏，百花齐放，桃花更是春天里最可爱的迎春使者。你们看，在桃树上盛开了一朵又一朵粉嫩的桃花，就好像开了一片又一片粉色的云霞。正像那句古诗说的"人面不知何处去，桃花依旧笑春风"。特别是有的时候，春风一吹，桃花的花瓣就从树上飘落下来，多美呀。这就是所谓的柳绿对——

生：桃红！

师：柳绿桃红，是春天才能见到的美景。那现在，同学们了解了"对"是什么意思了吗？两个有关联的事物，我们能够把它"对"在一起。

[点评：《对韵歌》（或《笠翁对韵》），是古代蒙学课本。其用途广泛：一是识字课本；二是写诗作对的工具书；三是可以从中认识自然、社会、人生，涵养品性；等等。不仅如此，"对"里面大有科学道理，这种科学道理对于一年级同学来说，是有难度的。怎样启蒙一年级学生思维、想一想"对"背后的道理？陈老师的教学很值得学习。一是用好板书；二是用好插图；三是用好学生资源（充分引导、启发、激励学生想象）；四是点到为止。学生的想象，再次证明学生想象如诗、言语如诗！]

师：你们之前学过《天地人》和《金木水火土》。我们把书本翻到第8页，这两篇课文中，又有哪些对子呢？请你找一找。

生：你对他。

师：为什么这么对？

生：它们都有一个单人旁。

师：从你的手势中明白了，都有单人旁，和人的称呼有关。你也来找一找。

生：日对月。

师：对得真好！

生：金对木。

师：它们都属于五行，也有关联。

生：水对火、上对下……

[点评：在学生想了对子背后的道理之后，就尝试"用一用"，在"用中学"，既是巩固又是提升。陈老师充分利用教材资源，引导得自然而经济。当学生重温《天地人》《金木水火土》时，发现有那么多的"对子"。之所以"对"的道理，是因为"它们都有一个单人旁"，多么孩子气。这种孩子气是值得肯定和表扬的，因为它充分彰显了儿童的想象、天真和浪漫气质。不仅学习语文需要，学习其他也需要，创新人才培养更需要。]

五、课堂收尾，延伸生活

师：学过的知识都被你们用上了！其实在生活中、课文中，都藏着许多有趣的对子，比如我们班有男生也有女生，我们可以说男对——（生：女。）

师：老师邀请男女生合作起来，我们一起来对读《对韵歌》。（男女生对读）

师：全班拍着手打节拍跟老师一起读。（全班拍手打节拍朗读）

师：我们打着节拍读，这首《对韵歌》就变得更加有节奏了。

师：我们变换方式，读了这么多遍《对韵歌》，能背诵了吗？（学生背诵）其实在《笠翁对韵》（出示书）这本书中，藏着更多有趣的对子。陈老师买来了这些书，送给同学们，放在你们班级的"图书角"里，可以随时借来看，也可以带回家和爸爸妈妈一起读哦。明白了吗？

生：明白了！

师：今天这节课就上到这里，谢谢三班的小朋友们。同学们再见。

[点评：如果上一个环节是"近迁移"的话，这个环节就是"远迁移"了。陈老师将学生"用语文"引向广阔的生活，在"用中学"又在"学中用"，使语文与生活结合起来，使语文变得有意义。同时，陈老师送《笠翁对韵》给孩子，布置家庭作业——课外阅读、和大人一起读，以期营造优良的语文生活，引导学生过上美好的语文生活。]

【总评】

陈老师和一年级三班共同创生的《对韵歌》，令人耳目一新。陈老师刚刚走出大学校门跨进小学课堂大门，就能如此理解学生、理解学习、理解语文，前途无量。

从"理解学生"而言，陈老师深知一年级学生的特点，给予恰到好处的激励、引导、宽容（但是，该严格要求的——如写字习惯、倾听习惯等——又不含糊），使刚刚从幼儿园到小学的孩子开心、安全地学习。从"理解学习"而言，陈老师深知学习是学生自己的事，非调动学生的积极主动性不可，非引导学生自己去读去想去说去写不可，谁也代替不了。从"理解语文"而言，陈老师明白语文是一门学习国家通用语言文字运用的综合性、实践性课程，工具性与人文性统一是其基本特点。同时，生活处处皆语文，学生的"语文生活"对于学好语文有重要意义。

同时，陈老师能将理念转化为具体的课堂行为，将语文落实到这节课的学习上，还拓展到更丰富的整本书阅读，难能可贵。陈老师还充分发挥自身朗读、板书、板画的优势，自然美育、课程育人。

相对而言，陈老师的话多了些、语速快了些。毕竟，课堂时间和空间都有限，老师占用多了，学生拥有就少了。

附：板书

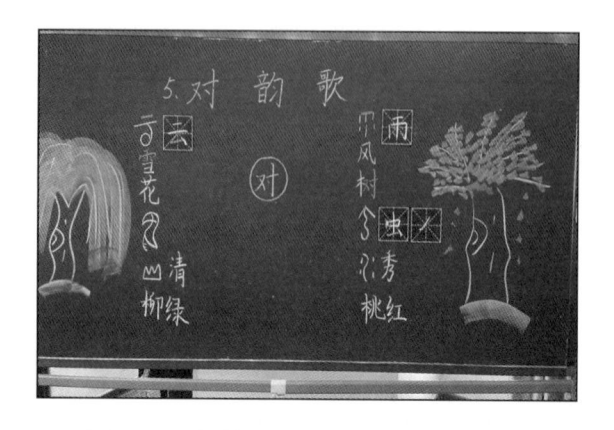

（执教：福建省厦门实验小学　陈贝迪）

12. 用足教材资源练习说话
根据教材提示进行识字

——新修订教材一年级《语文园地五·字词句运用》实录与评析

一、回顾四季之旅

1. 回顾单元内容，揭示学习目标

师：同学们，在第五单元学习中，我们开启了"四季之旅"，学了哪些课文呢？

生：《秋天》《江南》。

生：《四季》《雪地里的小画家》。

师：是的，在课文里我们一起感受了四季的美好。今天我们要走进《语文园地五》，学习"字词句运用"，跟着老师一起书空课题。（板书课题）

师：让我们一起齐读课题——

生：《语文园地五·字词句运用》。

[点评："语文园地"鲜有老师公开教学；《语文园地》的"字词句运用"栏目的公开教学更是凤毛麟角。张老师的《语文园地五·字词句运用》公开课为我们提供了一次难得的学习机会。"语文园地"属于"练习系统"，带有复习·巩固·拓展的性质，因此，张老师一上来就和同学们回顾所学课文（因为此"字词句运用"第一项练习与课文密切关联），温故而知新。]

2. 创设本课情境，开展"四季分享会"

师：在"字词句运用"的学习中，我们要开一场非常有趣的"四季分享会"，让我们先请出可爱的"四季小精灵"吧。他们是——（生：春天、夏天、秋天、冬天。）

师：让我们美美地读一读他们的名字吧。（学生读）

师：同学们读得真好听，"四季小精灵"非常高兴，他们要根据大家课堂上的表现，评选出优秀的"分享小明星"，还在课堂上进行颁奖哦，敢不敢挑战？

［点评：由于复习·巩固·拓展比较枯燥，又由于是一年级小朋友，要组织好教学，让学生始终保持学习的兴趣和专注力，绝非易事。张老师创设一个与学习内容相匹配的虚拟情境——"四季小精灵"评选"分享小明星"，使学习变得有趣味、有意义。］

二、勇闯"四季"词语大关

1. 把词语读正确

师：翻开书本第68页，看看迎接我们的是什么挑战。左手压书，右手指字，把题目读一读，看看题目给我们几个要求。

生：两个要求，先读后说。

师：（板书：读正确）我们先读一读，回到书本，左手压书，右手指字，试着把这些词语读正确吧，遇到不会的词语可以请教同桌或老师。（学生自由读）

师：（板书：认真听）同学们都读得很认真，自信地读给同桌听一听。同桌读对了，送他大拇指；读错了，帮他改一改。（同桌互读）

师：都读对了吗？我们来开"词语'高铁'"读一读吧。"高铁高铁开起来，一开开到我这儿来。"（学生接龙读词语）

师：这列"词语'高铁'"开得又快又稳。让我们回到课文中，一起美美地读一读。双手捧书，眼睛看字。（学生齐读）

［点评：一年级的孩子会读教材，不仅要会读课文，还要会读题目，读懂练习题的要求。而孩子读懂题目的过程，既是识字的过程也是理解的过程。张老师把握得精准。同时，张老师还通过板书"读正确""认真听"来强化学习要求与习惯。开起"高铁"玩词语接龙的游戏，时代感极强。］

2. 寻找词语排列的规律

师：词语都读对了，真了不起！在这些词语中，横着看一看，你有什么发现吗？

生：第一行词语是四个季节。

生：第二行里树叶、青草、莲花是植物。

师：是的，四季因为有了这些植物变得多姿多彩。

生：我有补充，第三行都是动物。

生：第三行里的雪人不是动物。

师：是的，飞鸟、小鱼、青蛙是动物。雪人是小朋友们堆出来的，冬天有了雪人，都变得快乐起来了。

生：他们都在大地上。

师：是的，大地像母亲一样，拥抱着所有的事物，这些事物在不同的季节里，不断地生长、变化，特别神奇。

[点评：教材中所列词语的排列是有讲究的，但这种讲究并不教条。张老师引导学生发现，灵活而有效。既发现大同又不放过小异，并且给予学生即时的鼓励、补充和描绘，使练习的教学充满活力。这都源于张老师有一双会倾听的耳朵——这是以学为主、尊重学生理念的具体化。]

三、分享喜欢的季节

1. 感受四季中"大地、青草"等事物的美好

（1）联系课文和生活经验，说事物的样子。

师：想一想，在学过的课文里，这些事物在不同的季节里是什么样子的？选择一个和同桌说一说吧。（同桌之间交流，然后分享）

生：秋天，天气凉了，树叶黄了，一片片叶子从树上落下来。

师：是的，你能联系《秋天》学到的内容，说出了树叶在秋天里的样子，真了不起。

生：夏天，莲花开了。

生：夏天，小鱼在水里游来游去，做游戏。

师：是呀，这两个同学说的不就是我们在《江南》里学的诗句，鱼戏——（生：鱼戏莲叶间。）是呀，有了莲花和小鱼的夏天多么美好！谁还想说？

生：夏天，青蛙在荷叶上呱呱地唱歌。

生：冬天，下雪了，青蛙躲起来冬眠了。

师：是啊，随着季节的变化，小青蛙也有不同样子呢！其他的事物呢？

生：秋天，小草黄了。

师：那春天的小草呢？

生：春天，青草长出来了，绿油油的，让大地都变绿了。

师：是的，"野花烧不尽，春风吹又生"！

[点评：从教材编排的内容看，它提出了两项要求。一是"读一读，说一说"。"读一读"是复习巩固识字学词，"说一说"是口头遣词造句，发展语言。二是像学习小伙伴（通过"泡泡"）说的例子那样说。要用上所给的词语说话，最好还要说说原因。从学生自由说的情况看，用上词语且从所学课文中汲取营养说话，掌握得好（现有发展区）。张老师的鼓励、点拨及时有效。]

（2）观看视频，感受四季的美好。

师：看来无论是动物，还是植物，在不同的季节里，都有不同的样子，让我们跟随一段视频，去看看我们生活中的四季吧。（观看视频）

师：这样的四季你们喜欢吗？（生：喜欢！）让我们把心中的喜欢说出来吧。

[点评：此时"观看视频，感受四季的美好"，可谓恰逢其时。一则通过视频集中认识四季；二则增强审美和趣味。]

2. 运用词语，分享喜欢的季节

（1）跟着书本学表达。

师：有个小姐姐也想和大家分享她喜欢的季节，让我们回到课文，自己读一读"泡泡"里的句子，和同桌说说你的发现。（学生自读后交流）

生：书中小姐姐告诉我们她最喜欢冬天，因为冬天可以堆雪人。

师：是的，她分享了自己最喜欢的季节，是因为雪人。你们瞧，"雪人"这个词不就是我们刚才读的吗？

生：小姐姐用上了课文里的词语来分享自己喜欢的季节。

师：是的，喜欢的原因只能是一个吗？（学生思考）

师：看，文中有六个小圆点，这个是省略号，表示还有很多原因。你们猜猜小姐姐喜欢冬天的原因还有什么？

生：滑冰。

生：打雪仗。

生：吃火锅……

师：看来冬天的精彩说也说不完。谁和小姐姐一样最喜欢冬天呢？请你像小姐姐这样说一说。

生：我最喜欢冬天，因为大地上一片银白，很美。

师：是呀，仿佛进入了童话的世界。你用"大地"这个词来分享，真了不起！

生：我最喜欢冬天，因为冬天到了，就要放寒假了。

师：是呀，就可以在假期里快乐地玩耍了。冬天的快乐说也说不完。

［点评：用教材将学生学习推进到"最近发展区"。跟前面的学生"自由说"比，这一个环节是"规定动作"，一要像"小姐姐"那样说；二要比"小姐姐"说得更好（理由更多）。既吃透教材编者意图，又因学施教，促进发展。］

（2）同桌交流练表达。

师：原来冬天这么有意思，你们最喜欢什么季节呢？

生：秋天。

生：夏天。

师：（板书：说完整）请大家像小姐姐一样，用上课文的词语和句式，和同桌说一说你最喜欢的季节吧。注意把句子说完整，你就能成为分享之星啦。（同桌交流分享）

［点评：同桌合作学习，是课堂教学最经常、最经济的合作式学习。张老师用得自然。］

（3）班级汇报促表达。

师：看到你高举的小手，请你来分享。

生：我最喜欢夏天，因为夏天的莲花开了，粉粉的，很美！

师：你说得真完整，我和同学们都听明白了！

133

生：我最喜欢春天，因为春天青草尖尖的，绿绿的。

师：是呀，多可爱呀，你能结合《四季》课文里学到的知识来说，真了不起！

生：我最喜欢秋天，因为树叶黄了，飞鸟飞回了南方。

师：你用上了两个词语来交流，可真了不起！

生：我最喜欢夏天，因为夏天可以吃甜甜的西瓜和冰激凌。

师：你能结合生活来分享，关注到了美味的食物，真是生活中的有心人。

生：我最喜欢冬天，因为冬天的雪人圆滚滚的，非常可爱。

师：是呀，可爱的雪人，让冬天都变得更快乐了。看来每个季节都有每个季节的精彩，只要我们留心观察生活，美好无处不在。

[点评：合作之后的分享，张老师紧扣要求"说完整"，不偏不倚；注重组织倾听（张老师自己做榜样）；及时引导学生关注生活，将课本学习与生活学习密切结合等，效果显著。]

四、举行"四季颁奖会"

1. 创设情境，引出目标

师：同学们，我们在"四季分享会"中，不仅学会了表达，还说得很好。"四季小精灵"想要认识你们每一个人，可以吗？（生：好。）

师：让我们一起读一读书本第69页的要求吧，双手捧书，眼睛看字。（学生齐读）

[点评：由"读一读，说一说"过渡到"认识同学的名字"，非常自然。张老师巧妙地将两项学习任务融入同一个情境，使学习变得有趣味、有意义。]

2. 学习情景图，梳理方法

（1）在课文情景图中学方法。

师：清楚了题目的要求，和同桌一起读一读、想一想，书本插图上的小朋友在干什么？（同桌一起读、交流）

生：他们在玩名字卡的游戏，那个小男孩手里拿了很多名字卡。

师：是呀，你还知道什么？

师：旁边的小女孩是通过"写字本"认识名字的。

[点评：再次教孩子读题目，学会读题目，是自主学习的基础，也是读书的基础。试想，如果题目都不会读、都读不懂，离开教师怎么学习？而读懂题目，一定不是靠读PPT，因为学生离开教室是没有PPT的。]

（2）在写字本中认名字。

师：哦，老师这里也有两本写字本，谁能帮我读出上面的名字？

生：傅俊尧。（傅俊尧来到讲台前）

生：傅俊尧，你好！

师：通过写字本，我认识了一位帅气的男孩。傅俊尧你好。（老师把写字本给傅俊尧）还有一本是谁的呢？

生：林耘好。

师：请你带上本子，带我一起去认识她吧。（师生一起找林耘好）

师：你好，自我介绍一下吧。

生：大家好，我是林耘好。

师：认识你真高兴，我们一起和她打招呼吧。（学生打招呼）

师：看来，在写字本上认识名字真是好办法。

[点评：张老师把看似简单的"认名字"，设计成有意义的交际活动——认名字＋自我介绍，富有创造性。]

（3）在生活中寻找其他认字的方法。

师：你还有其他认识名字的方法吗？

生：我们可以通过自我介绍来认识名字。

师：这是个好办法，可以结交到更多的朋友。

生：开学的时候，每个同学桌上都有一个姓名牌，我们可以看姓名牌来认识名字。

师：是的，从你的姓名牌里，我知道了你的名字叫卓乐凡。

生：我是去找他玩，然后就认识他了。

师：哦，你是先认识人再认识名字。还有吗？

生：我在课外书中也看到了同学的名字。

师：是呀，生活中处处可以识字。

［点评：开辟更多的认识名字的途径，培养"处处皆语文，处处可识字"的意识。］

3. 游戏闯关，运用方法

（1）认一认：小组合作，认识名字。

师：同学们掌握的方法真多，敢不敢挑战一下？具体要怎么挑战呢？"①举起姓名牌，四个人一小组，轮流说出名字牌上的名字。②同学说对了，给他大拇指。说错了，帮他改正。③比一比，谁认得多、认得快。"听明白要求的，举起名字牌开始小组挑战。（四人一小组轮流挑战）

（2）玩一玩：游戏闯关，认识名字。

师：看来小组内的名字难不倒你们，不是小组内的同学，你还认识吗？注意被叫到的同学，马上起立，高举名字牌，大声告诉大家，正确，某某就是我。听清楚要求的坐好。我请坐得最端正的你来猜——（生：郭宋源。）

郭宋源：正确，我就是郭宋源。

师：多么响亮的声音，大家和他打招呼。

生：郭宋源，你好！

师：下一个——（生：石博文。）

石博文：正确，我就是石博文。

生：石博文，你好！

师：两个这么难的名字都难不倒你，真厉害！谁也来挑战？（生：詹曜恺。）

詹曜恺：正确，我就是詹曜恺。

师：声音响亮，你一定为自己的名字感到自豪。

生：詹曜恺，你好！

师：下一个——（生：王奕晓。）

王奕晓：正确，我就是王奕晓。

生：王奕晓，你好！

师：看来，你们已经认识了很多同学的名字了。下课后，你可以用上刚才学的方法，认识更多的名字，成为班级的姓名识字大王。

［点评："游戏闯关"，一方面通过"游戏"展示学习成果；另一方面增强

学习的趣味性、活动性和游戏性,"幼小"无缝衔接。]

4. 举行颁奖,认出名字。

师:根据你们的课堂表现,"四季小精灵"已经评选出很多分享小明星了,想知道他们是谁吗?那要先认真听要求。

幻灯片呈现要求:①根据电脑提示,一起说出同学的名字。②被叫到的同学,来到讲台前,自我介绍。③其他同学,看着他的名字,夸一夸他。

师:紧张的时刻到了,是谁呢?看——(生:陈恬乐。)

陈恬乐:大家好,我就是陈恬乐。

生:陈恬乐,你真棒!(学生鼓掌)

师:恭喜你,带上你的奖状。下一位是谁呢?

生:段林萌。

段林萌:大家好,我就是段林萌。

生:段林萌,你真棒!

师:恭喜获奖的同学!同学们,这节课我们分享了四季,四季也认识了我们。今天的分享会很成功,你们都是分享小明星,"四季小精灵"要把奖状发给你们每一位同学。(鼓掌)

师:下课后,老师会选出4个姓名识字大王,帮"四季小精灵"把奖状发给大家。还可以和家人一起读绘本《四季的变化》,感受四季的美好。

[点评:"情境性"是新课标提出的语文课程实施的重要概念,是广大教师教研探索的热点。真实、趣味、有意义的、可操作的情境,不仅使学习充满乐趣、充满意义,而且更容易迁移,解决生活中的问题,形成综合素质。张老师设计的"四季分享会"契合教材内容,贴近学生实际,而且简单易行。因此,学生的学习就在"四季分享会"的过程中自然展开、渐进提升、圆满结束。最后,张老师布置家庭作业——和家人一起读绘本《四季的变化》——将学习自然延伸到整本书阅读中、延伸到生活中,引导学生过上美好的语文生活。]

【总评】

张老师和一年级小朋友共同创生的《语文园地五·字词句运用》课堂学

习，为我们提供了不可多得的一年级《语文园地　字词句运用》的"活"的学习资源。可学、可用之处集中表现在以下三个方面：

一是用好教材扎实开展学习活动。张老师一丝不苟地引导学生读教材（包括题目、内容、"泡泡"提示、情景图等）、将教材"活"化为学习活动（读书、交流、组词造句、分享等），教师指导、鼓励、点拨、补充、讲解融入其中。

二是创设贴合学生与教材的有趣味、有意义、可操作的情境——四季分享会，将教与学融入情境中，使学习充满乐趣、充满活力。

三是依据课标和教材，精准确定教学目标，并通过板书将目标——读正确、认真听、说完整——的实现贯穿教学全过程。

另外，张老师的板书简明扼要又具审美价值，让传统的黑板和粉笔焕发勃勃生机。

附：板书

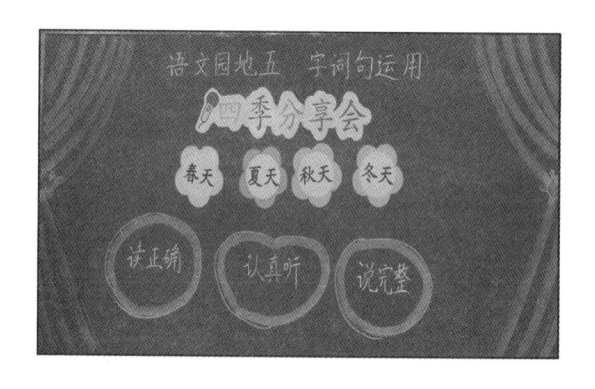

（执教：龙岩市松涛小学　张舒哲）

13. 小学生阅读分享会怎么开

——《奋斗的历程》阅读分享会实录与评析

一、明确会议目标，合理安排分工

师：同学们，上一节课大家用已学习过的阅读方法阅读了七篇课文，并完成了阅读记录单。这节课我们要开展阅读分享会。你们开过什么会？

生：班队会、辩论会。

师：联系你的经历，想想会前要做什么准备。

生：确定会议主持人。

生：确定会议主题。

师：会议的主题不一样，会议的目的也就不一样。还有——

生：参会成员。

生：会议记录员。

（师出示：会议主持人、会议成员、会议目的、会议主题、会议记录员）

师：这就是开会前要作的准备。谁适合做本次会议的主持人？

生：陈老师。

师：谢谢大家的推荐。那会议成员是谁？

生：全体同学。

师：会议主题是什么？

生：阅读分享会。

师：会议的目的是什么？

生：分享阅读方法。

生：分享印象深刻的人或事。

生：说说阅读收获和启迪。

师：请大家联系七篇"阅读材料"，说说目的还可能是什么。

生：接受革命教育，增强爱国之心。

师：是的，这七篇的文章都和革命传统有关。那本次会议的记录员，你们想推荐谁？

生：我推荐吴同学。

师：老师希望每个同学都是这次会议的倾听者和记录者。

[点评：学生不常开会，将开会上成课更不多（暂定义为"教学式开会"）。因此，明白概念——教学的起点（之一）——非常重要。教学伊始，教师以旧带新，引导学生明白开会的基本要素，为阅读分享会开展成功奠定基础。]

二、分组交流阅读篇目，完善阅读记录单

师：开会之前，我们先进行小组的阅读交流活动，老师给你们分了组，并在桌斗里放了不同的阅读篇目。请大家拿出已完成的阅读记录单，在小组内针对指定阅读篇目开展阅读交流活动，补充完善自己的阅读记录单。

（生分组阅读、交流、补充。师巡视指导）

[点评：欲开"大会"得先开"小会"，这个"小会"就是分小组交流，将各自预习中完成的阅读任务进行补充、完善，小组内达成基本共识，为在大会上交流做好准备。同时，这也是一般课堂小组合作学习的常态。]

三、分组汇报，开展阅读分享会

师：我宣布本次阅读分享会现在开始。在开会之前，请大家认真听注意事项。

（播放微课视频"会议注意事项"。出示——会议注意事项）

▲发言人发言时要做到声音洪亮，语速适中。

▲其他成员倾听时要保持安静，同时补充、完善自己阅读记录单上的内容。

▲发言人发言完毕后，同组成员可进行观点补充，其他同学可以提出疑

问或作补充。

▲记录员及时记录本次会议内容。

［点评：正式开会之前，让全体参会成员注意力集中，明白"注意事项"，是提高会议效果的重要环节。教师采取看微课视频的方式，一则丰富了教学手段，便于集中注意力；二则可能比教师现场说更清晰、精练，收到更好的效果。］

1. 分享《毛主席在花山》

主持人：让我们先请第一组代表上台分享。

黄同学：我们小组交流的篇目是《毛主席在花山》。阅读方法有——关注人物描写的关键句，了解课文的时代背景。通过阅读文章，我们组同学感受到毛主席与群众心连心，对待人民和蔼可亲。

主持人：大家有没有要补充或有疑问的？

生：请问这篇文章的时代背景是什么？

黄同学：文章记叙了毛主席1948年春夏之交住在花山村时的几件事。

主持人：谢谢第一组的阅读分享，我们可以感受到毛泽东作为领导人，在人民群众面前没有架子，是一心为民的好领袖。

［点评：小组推荐代表在会上发言。发言人按照既定内容和要求，即用什么方法、读什么内容、有什么感想或收获，并借助"阅读记录单"来讲述，参会人员认真听。讲完之后（讲述者和听众）做什么？这是"教学式开会"的关键环节。此时，主持人的作用就非常重要了。主持人询问"有没有要补充或有疑问的"——这就使个人发言变成集体学习、把面向个体变成面向全体，人人都参与到阅读建构和经验分享中。］

2. 分享《十里长街送总理》

胡同学：我们小组分享的是《十里长街送总理》，阅读方法是抓住动作、心理和神态描写。众人长街送总理，心情沉重，内心不舍，足见对周总理的尊敬与爱戴。这是我的发言，大家有疑问吗？

（生不语）

主持人：如果同学没有疑问的话，我有一个疑问。这里是抓住谁的动作、心理和神态描写的？

胡同学： 人民群众。

主持人： 所以，发言时要表达完整。谢谢胡同学的分享。每每读到这篇文章，老师总是想，一位怎样的总理才会受到这么多群众的爱戴呢？

生： 政绩光辉且一心为民的总理。

［点评：胡同学发言完主动询问"大家有疑问吗"就是"教之功"转化为"学之力"了。当学生没有疑问（冷场）时，怎么办？主持人补位——教师追问或发问。教师所问，一是需要发言者补充说明的，如关于谁的描写；二是需要强调、提升的，如一位怎样的总理；三是引导、启发其他学生思考的，目的是激发学生问。］

3. 分享《飞夺泸定桥》

蔡同学： 我们小组分享的篇目是《飞夺泸定桥》。阅读方法是关注场面描写、点面结合描写、人物描写以及查找资料。郑若琳同学认为22位英雄在恶劣环境中行军作战，冒着敌人的枪林弹雨奋勇前进，令人感动。高铭同学认为千千万万的革命志士，为了让人民过上好生活而前仆后继。其他同学有什么疑问吗？

生： 请问这篇课文描写的是什么时期的战争？

蔡同学： 红军长征北上抗日时期。

生： "点"的描写，能不能举例说明？

蔡同学： 课文第6自然段中写道，团长和政委亲自站在桥头指挥战斗以及22位英雄向敌人进攻。这是"点"的描写。

主持人： 其他同学还有没有补充或疑问？蔡同学不仅记下了自己的观点，还能把小组其他成员提出的观点清晰地记下来，这值得大家学习。你们看，题目有意思，从"飞"中，我们感受到红军战士宛若天神，无所不能。但他们是有血有肉的人，面对着饥饿和疲劳，冒着大雨和敌人搏杀的精神，令我们动容。

［点评：第三组蔡同学的发言明显汲取了前两位发言人的优点，又吸纳了教师点拨的"教点"，这便是"学习发生"。第一，蔡同学列举小组内同学的观点——发言人代表小组了，并且主动请其他同学提问。第二，其他同学也明显进步了，即主动提问且问到关键处，如要求在"点"的描写上举例说明。

第三，主持人也"当发声时就发声"，对"飞"的表达效果以及蕴含的精神稍加点拨、提升，引导学生往深处想。]

4. 分享《狱中联欢》

陈同学：我们小组分享的篇目是《狱中联欢》。阅读方法是——查资料，关注场面描写；抓住关键句，把握文章的主要观点。狱中同志的革命精神与乐观态度令人感动。共产党员即使面对死亡也无所畏惧。大家有什么疑问或者补充吗？

生：你们组使用了查资料这一阅读方法，请问你们查了什么资料？

陈同学：这是我们组许颖轩同学的阅读方法，请她来回答。

许同学：《狱中的联欢》出自《红岩》这部小说，我查了《红岩》原著以及这篇文章的创作背景。

主持人：看来，我们可以去追寻片段的出处——原著。

生：你们抓住的关键句是什么呢？

陈同学：第1自然段中有一句话——"看啊，还有什么节目比得上这种顽强而鲜明的高歌曼舞！"下文就是围绕这句话来描写的。

主持人：掌声谢谢陈同学的分享。其实每一个同学不仅是倾听者，还是记录者，大家一边听一边记，再次补充了阅读记录单，这方法特别好。《狱中联欢》这篇文章非常感人，同志们虽身处狱中，但面带微笑，载歌载舞，因为他们坚信胜利将属于那面鲜艳的红旗。

[点评：静悄悄中，学习之花绽放。第四位发言人和同学们都"站"在了发过言的同学的"肩膀"上了——发言人还请了同组同学来补充。同时，主持人借助小结的机会自然而然地教，有肯定，有提醒，有讲解，有提升。教得自然、教得有效，将教—学—评融为一体。]

（接下来依次分享《伟大的友谊》《囚歌》《春天的故事》，略）

四、会议总结

师：阅读分享会开到这里，你有什么感受？

生：我知道了有哪些阅读方法可以来阅读同类文章。

生：我明白了革命的艰难和痛苦，我们要感谢中国共产党和那些浴血奋斗的战士，是他们用鲜血、汗水换来我们现在的美好生活。

师：首先，老师感到大家在会前做的阅读记录非常充分。其次，在小组交流时都能维持好秩序，做好的倾听者和记录者。在开会的过程中，每个代表上台发言都能做到落落大方，其他同学听得很认真，做到了及时补充、提问。但我发现大家在开会时记录不够及时。以后大家还可以边听边记，继续完善阅读记录单。

〔点评：会议参与者——学生——是学习主体、发展主体，但并不排斥会议主持人——教师——引导者、促进者的引导和讲解。会议成功与否，主持人起到关键作用。比如这个环节，主持人的作用再次凸显出来。其一，反思会议，让大家回顾会议并谈感受。其二，总结经验，提出改进意见。肯定做得好的，提出不足的并要求改进。同时，从学生所谈感受看，既有知识与能力层面的，也有思想情感层面的，实现了既定目标。可以说本次会议圆满成功。当然，主持人不是教师的"专位"，随着学生的心智成长，学生可以也必须成为主持人。〕

五、会议延伸

师：今天的阅读分享会就开到这里。

（出示作业）

▲把阅读分享会的感想和收获写成一篇习作。

▲分三组搜集诗歌，分别搜集：革命领袖、革命英雄写的诗歌；歌颂中国共产党、新中国的诗歌；讴歌改革开放和新时代的诗歌。

〔点评：成功的会议，要有好的开始，更要有好的结束，而且结束即开始——会议的成果可以持续转化为新行动——继续运用阅读方法阅读更多革命文化类作品。〕

【总评】

阅读分享会怎么开得成功？本课例做了比较好的回答。具体表现为以下三方面：

一是明确目标。尽管阅读分享会是小学生开的，但"麻雀虽小，五脏俱全",丝毫不亚于成人会议。会议的目标、会议的基本要素,师生都必须清楚明白。本课例,林老师确定了两个目标:①能综合运用学过的方法阅读"阅读材料",和同学分享阅读收获;②了解百年来党的奋斗历程,体会美好生活的来之不易,树立继承光荣传统、创造美好未来的理想信念。目标精准、可操作。

二是充分准备。"凡事豫则立,不豫则废。"会议前,学生已经按照教材的要求,运用不同的阅读方法阅读了"阅读材料"——反映革命文化和社会主义先进文化的七篇作品,并借助阅读记录单做了相应记录。正式开会前,教师要求分小组各自聚焦一篇作品进行交流,互相启发、补充、修改、完善,以备会议发言。

三是科学组织。成功的会议有赖于周密的策划(教材给我们策划了)、充分的准备和科学的组织。科学组织关键在主持人的功夫。本课例,由教师担任主持人,发挥调度、提醒、点拨、提炼等作用,如,一方面引导与会者倾听、记录、发问,另一方面及时穿针引线,或肯定,或提醒,或纠偏,甚至讲解等。本节课将教与评融合,一致促进学,实现教—学—评良性互动。我们从七位主发言人以及其他参会人员的反应中,明显感受到后来居上,其原因就是后来者内化了前者的优点和教师的提点——教之功转化为学之力。教师如此引导学生成长为主动的阅读者、积极的分享者和有创意的表达者,语文课程培养的核心素养在学生身上潜移默化、汇聚奔涌。

(执教者:福州市仓山区第四中心小学 陈书旭)

14.《中国民间故事》阅读指导：不仅仅是读故事

——快乐读书吧《中国民间故事》（五年级上册）实录与评析

刘冰老师指导的《中国民间故事》"跟进课"从了解学生先备阅读开始，设计三轮"问答"活动。第一轮将故事中的人物、人物特点与故事结局连线匹配；第二轮抢答，看图猜故事，听音乐猜故事，看戏剧猜故事（老师相机点评《刘三姐》《梁山伯与祝英台》）；第三轮"答记者问"，学生四人一小组，就自己感兴趣的问题互相采访。最后展示整理分类了的学生课前提出的问题，刘老师小结"同学们有向内容提出问题、也有向写法提出问题，还有很多同学关心中国民间故事的过去，好奇民间故事的未来"。

〔点评：这个环节是检查阅读情况，刘老师突破了呆板、枯燥的检查方式，设计得别出心裁，学生表现得精彩纷呈，可谓一入课就引人入胜。第一，运用多种媒介"温故"。特别是听音乐和看戏剧猜故事，既体现出"文化自信和语言运用、思维能力、审美创造"的综合性，又具有"跨学科学习"的特质，愉悦耳目又触动心智。第二，整理学生提问、检验学生提问的"专业水平"。此"温故"为"知新"——落实教科书编者意图——作必要准备。〕

一、探讨典型问题，验证"小贴士"

师：同学们，我们选择一些问题，联系课本上的"小贴士"——"小贴士"也向同学们提出了它的观点——能不能借助"小贴士"的提醒，在书中找到证据，让我们对中国民间故事有进一步的了解？同学们四人一小组，就《田螺姑娘》这本书一起交流，找一找关于"固定的类型""重复的段落"的证据。（小组讨论，教师参与。略）

师：我发现有的小组特别棒，他们在梳理"探究单"中，用概括提炼关键字词的方式帮助自己速记。同学分享交流时，认真听，看看跟他一样吗？有补充吗？

组1：有重复的段落。《一幅壮锦》讲的是三个孩子替他们母亲去找壮锦，前面两个没坚持，到一半就放弃了。只有最后一个勒诺坚持到底把壮锦找回来了。另外一个是《鲁班学艺》，讲的也是三个孩子出门去学艺。不过前两个由于学艺的地点太远，吃不了这个苦，只有最后一个鲁班坚持到底，学到了真本事。

组2：还有《田螺姑娘》和《长发妹》，里面有重复的语句和段落。故事里面有两个"痛苦极了"。

组3：在《龙牙颗颗钉满天》中也有重复的段落，比如，绿姑娘、青姑娘撇撇嘴说的话："咦！钉补天缝缝吗？那好辛苦哇。我不下，我只想吃喝玩乐唱唱歌。"绿姑娘、青姑娘他们两个都不干，只有最后一个白姑娘才同意。

师：你对这个故事非常熟悉，能够简要地讲述故事的重复段落，太棒了！

组4：我们组有其他的发现。"组1"只是证明它有重复的段落，但是我们发现它除了有重复段落、重复的词语、重复的句子，还有重复的数字。比如说，鲁班的师傅是叫他锯树。他先锯了12个白天12个黑夜……（学生列举数字。略）

师：好溜！看来同学们寻找到的大量证据都能说明在民间故事当中有"重复的段落""重复的词句"，而且非常多。重复，加强了这种约定俗成的力量。

组5：我们翻看了目录页。目录把这些故事分成了4个板块。第一个板块主要是人物品质；第二个板块围绕历史人物；第三个板块都是人神结合的，比如说《白娘子》，还有《八仙过海各显神通》；第四个讲的是风土人情，比如说《长寿花》《九眼泉》，等等。

师：也就是说你们小组是在目录中找到了关于"固定的类型"的线索，是这个意思吗？

生：我不同意"组5"的观点！大家看，他刚才说的第一板块讲人物品质。我发现其他板块如《清不过包公》讲的也是人物品质，《米芾画月》也是人物品质，讲的是那种有骨气；而且他说第三板块是"人神结合"，可是《刘三姐》就不是人神结合，所以我觉得目录是"穿插"的，不是完全按照那个分类方法去分的。

师：第一，可以看出她非常认真倾听前一位同学的观点和理据；第二，她自己对这本书也非常熟悉，心中有数。关于"固定的类型"，歆然同学提出了质疑，正是因为有质疑才会推动我们的思考往前走。也许我们对"固定的类型"还比较模糊。我刚才巡视发现，同学们大部分是聚焦"重复的段落"找证据，这就说明我们可能要读更多的民间故事。当遇到不同的观点，又怕自己的观点站不住脚时，你们一般怎么做？

生：再找一些民间故事读。

师：说得很好。老师建议大家做三件事：第一，你们课后用工具书《现代汉语词典》等查一查什么叫作"类型"；第二，可以借助权威，如专门研究中国民间故事的专家，看看他们是怎么提出观点，怎么摆出自己的理据；第三，我们靠自己，读更多的中国民间故事，然后，在阅读的过程当中去验证专家的观点，也验证自己的观点。

组5：我们小组经过讨论，还有其他的发现，比如，在《龙牙颗颗钉满天》《刘三姐》《梁山伯与祝英台》《长发妹》，还有《解缙巧对曹尚书》，这几个故事里都有歌谣。

师：歌谣，韵文式的语言在民间故事中常见。

生：我还发现在《白娘子》《梁山伯与祝英台》《田螺姑娘》，还有课文《牛郎织女》这4个民间故事中，都有相似的结构，它们都是爱情故事，都有一个平凡朴素又善良的男子，他们都会遇上有能力的女子，有非常好的恋情，但是总会遇到一些阻挠者阻挠他们，最终他们也都有着不同的与自己的故事相应的结局。

师：太棒了！来，我们梳理一下。她说了这么长的一段话，是怎么整理自己的思维的？第一，她在这本书中找到了三个民间故事进行对比；第二，发现故事"固定的模型"。如果其他同学感兴趣，可以在课后像李诗涵同学那样找一找、归归类，看看这一类故事的背后是不是有着相似的固定故事模型。

[点评：围绕为编者提出的民间故事一般都有"固定的类型和重复的段

落"的观点,寻找证据。看似替"别人"而学习,实则是为自己而学习——学习有证据地表达观点。怎么"寻找"呢?非学生到书中去寻找、梳理不可。这就是"语文实践活动"。但如果只有学生的阅读实践,没有教师的组织引导,就不是"课堂教学"了。恰恰是,教师组织引导得越得法,学生学得越深入有效。这个教学活动就是明证。我们来看教师的组织引导:一是给出明确的目标任务。不管是"整本书阅读"学习任务群还是"快乐读书吧",都是在明确的教学目标下的整本书阅读——是"教学式"整本书阅读。二是给足学生再阅读与讨论交流的时间和空间。三是教师的教有法且得法。第一教在关节处,如寻找证据;第二教重启发点拨,如帮助学生梳理思路,为学指出多条路径;第三教而鼓励质疑问难。这样教,学就迸发出无限活力。这样教,更准确地说是"与之俱学",真正的师与生与文本三方的智慧对话。]

二、对比阅读,加深对"口耳相传"的认知

师:同学们手上不是有不同版本的书吗?哪几个故事在不同版本里面都有呢?选择一个来对比阅读一下。(小组阅读、讨论。略)

组 1:我们找到的是《八仙过海》。我们这几篇题目有点不一样,他手上这本是《八仙闹海》,我这本是《八仙过海》。虽然这些题目略微有点不同,但是里面的主要情节是一样的。

生:我还发现了他们惩治龙王的时候有点不一样。我这本里的是直接火烧东海。

生:我这本是八仙一起把龙王打趴下了;杜馨怡同学这本是八仙火烧东海,并且还把泰山给移了。

组 2:我们找的是《长发妹》那个故事。我们几个故事的标题都是一样的,但是结尾都不太一样。不过,这几个结尾都是很美好的。

师:其他小组呢?你们找的同一个故事不同版本是不是也像他们说的那样,有相似的结构,相似的情节,但可能只是一些细节或者是叙述的顺序不太一样?(学生齐答"是的")这是民间故事一个很大的特点,因为他经历了不同的时代,又在不同的地方流传。越有吸引力越有魅力的故事,版本可能越多。刘老师手上也有一个故事(呈现文言文版的),你们一眼就能看出是哪

个故事。(学生齐答"《梁山伯与祝英台》")我们拿这个版本来讲故事适不适合?

生:我觉得不适合。因为民间故事毕竟口口相传,用这种比较复杂的语言,对方可能听不懂。

生:现在用文言来讲故事,不但听不懂,也不好流传。

师:你看正是这种口耳相传的艺术,才让我们记住了非常多有趣的故事,我们才可以开口就说:"从前,有座山——"

生(齐):山里有座庙。庙里有个老和尚,老和尚对小和尚说……

师:哈哈,从前在镇江千秋桥东边,有一个非常有名的大画家、大书法家,他叫——(学生齐答"米芾")。从前有个很有钱的财主,他姓祝——(学生齐答"人们叫他祝员外")是的,正是因为这种口耳相传的艺术,才让我们有机会成为"了解时间"的人。

[点评:"口耳相传"是民间故事的基本特点。什么是"口耳相传"?这个学习活动,巧妙在不将"术语"从语境中"剥离"出来单独讲解,而在将其融入具体语境,整体感悟、认知。例如,通过多层次的比较学习,学生发现了:(一)同一个故事在不同版本中,情节略有不同,但结局基本相同(圆满结局);(二)有些版本,语言不适合口头讲;(三)适合口头讲的,语言通俗,等等。同时,以师生无缝对接讲故事的形式,增强民间故事口耳相传的感性认识,也增强"理性认识"的趣味性。]

三、进一步感受中国民间故事的独特魅力

师:同学们,中国民间故事从遥远的先秦两汉走来,到现在已经有两千多年的历史了。现在我们仍然在阅读它、在讲述它。难道仅仅只是因为一个个有趣生动的故事吗?难道没有超越故事的价值所在吗?(学生沉默)

生:我觉得中国民间故事能流传那么久,不只是故事本身的魅力,更重要的是其中蕴舍的中华民族的精神和那些中华民族特有的品质。(学生不约而同鼓掌)

师:李歆然同学给大家点燃了思维的火花。请同学们再看课本第48页,关注右边的"小贴士"。(学生默读)在书中能找到证据了吗?(学生再次沉

默）

生：我找到的是《武夷山和阿里山的传说》。主人公只是一个普普通通的人类女子，在人们印象中，女子估计都是那种在家里相夫教子的，但她凭借81天的苦练武艺，最终上山为民除害，打败了妖怪，"心地善良的穷苦人最终获得丰衣足食"。

生：《金雀和树仙》这个故事。大家都非常孝顺，孝顺他们的老母亲，最终得到了一个会吐银子的泥人。但是，另外一家是王玉峰两口子，他们百般虐待他们的老母亲，人们就给他捏了一个会吐马蜂的泥人，最后被蜇得满地打滚。

师：善有善报、恶有恶报。

生：我补充。第一个，"正义却弱小的主人公总是能够打败强人的对手"，我也找到了一个证据，就是《刘三姐》。刘三姐她是和非常有权势的莫怀仁财主去对歌，凭借着自己非常聪明的脑袋，还有她的歌声，唱得莫怀仁一伙哑口无言，最后落荒而逃。

师：除了看到正义、善良，还有吗？（学生沉默）回忆一下，猎人海力布是——

生：奉献！舍己为人！

师：同学们还能做补充吗？看看目录，说说你自己熟悉的故事。

生：还有比较常见的，比如说中国四大民间故事之一的《白蛇传》。《白蛇传》里面，一开始是白娘子有孕在身打不过法海，但是法海因为仗着自己是佛家弟子，而特别猖狂。（师：你看到的是她的什么品质？）正义。

师：正义！老师问大家，徐文长的故事呢？（学生齐答"智慧"）《巧媳妇》《三妯娌》里边讲的是什么？（学生齐答"聪明"）还有《田螺姑娘》？（学生齐答"善良""勤劳"）

师：同学们，如果你再去翻翻这些民间故事，你还会有其他的发现。正是因为这些优秀的传统美德，我们才看到了民间故事真正的魅力和灵魂。我们借助民间故事，一起传承我们伟大的中华民族的优秀传统。经过漫长的两千多年，一些故事以文字的形式记录了下来。今天的我们可以怎样继续保护和传承呢？（有学生说可以在"喜马拉雅"上面录音传播；有学生说可以在小

区里跟小朋友讲故事；有学生说可以在网上创建中国民间故事网站，等等）

生：我在"喜马拉雅"上面听故事。我发现除了中国的民间故事，还有很多是外国的民间故事。我有几个问题：第一个，中国民间故事和外国的民间故事有什么区别？第二个，中国的民间故事多，还是外国的民间故事多？第三个，中国的民间故事历史悠久，还是外国的民间故事历史悠久呢？

师：好问题！他不但关心我们中国民间故事的传承，还关心是否超越外国民间故事。就让我们带着这些问题，或任选一个问题，继续阅读、研究，或组团或独立做一篇简单研究报告吧。

[点评：我们为什么要读民间故事？这是个严肃的问题，也是《中国民间故事》整本书阅读指导需要解决的问题。但是，问题的解决既不是教师告诉学生，也不是上一节课读一本书就能完成。此学习活动，给我们启示：第一，理解教科书意图，用好用足教科书。第二，努力"让'故事'的本身去教育学生"。张志公先生在谈及文道统一之于阅读教学时，提出"让文章的本身去教育学生"。这一论断不仅对阅读教学有重要的指导意义，而且可以广泛迁移，如让故事的本身去教育学生，让人物的本身去教育学生……总之，要千方百计引导学生走进文本、领悟文本、内化文本。因为要阐明的道理要么蕴含文本中（如文学类作品）、要么直接写出来（如信息类文本）。显然，《中国民间故事》的阅读，要指导学生读故事、讲故事、悟故事、用故事——就是让故事的本身去教育学生。学生的智慧也在故事中迸发出来，给我们意外惊喜（也在意料之中）。第三，运用多种媒介传播故事，使故事焕发新时代活力。]

【总评】

教科书设有"快乐读书吧"栏目，对整本书阅读指导和训练进行系统设计，是"整本书阅读"学习任务群的"统编教科书版"。它一方面是整体规划阅读的内容——必读和推荐读的整本书书目；一方面是系统编排阅读的方法策略和知识能力点。由此可知，"快乐读书吧"的教学指导，不仅要让学生拿起书来读，还要让学生有规划有思考地读。一言以蔽之，学会阅读、丰富精神。例如，五年级上册"快乐读书吧"编排阅读民间故事——必读《中国民间故事》和推荐读外国民间故事——这是"阅读的内容";通过"小贴士"提醒——关注民间故事的"固定的类型和重复的段落"以及"寄托着人们朴素的愿望"——这是"阅读的方法策略或知识能力点"。此"快乐读书吧"的阅读指导课,既要指导学生有方法地阅读民间故事,还要关注故事蕴含的文化和智慧。

综上课例和评析,我们可以提炼出《中国民间故事》"跟进课"教学(其他整本书阅读亦可作如是观)的基本要点:

一是将新课标有关"整本书阅读"的理念要求内化为课堂教学行为。如"根据开展读书活动的实际需要,合理推荐和利用适宜的学习资源,如拓展阅读的书目、参考资料,以及相关音频、视频作品等,激发学生的阅读兴趣,丰富阅读体验,拓宽阅读视野"等,特别是让学生埋下头来、拿起笔来读书。

二是教师丰厚的阅读积累、开放的教学心态对学生阅读会产生深刻影响。整本书阅读指导课,与其说是指导学生读书,不如说是做学生读书的榜样,以教师阅读和思考的实际行动影响和引领学生,"言传"与"身教"并重。教师参与到学生学习中,成为学习之一员,可能是更智慧的引领之道。如刘老师对中外民间故事阅读有足够的广度和深度,同时对诸如"固定的类型"又留有余地,以便学生去探索。

三是"以学习活动为中心"展开阅读、研讨、分享,甚至针锋相对。"以学习活动为中心"是新方案和新课标提出的核心教改理念,对促进学习方式变革产生深远影响。此课例积极落实"做中学""用中学""创中学",尤其是"鼓励自主阅读、自由表达"。如学生对目录所呈现的"固定的类型"的不同看法,对中外民间故事阅读的"几个问题",等等,无不是以学习活动为中心而碰撞出的思维火花。这些都超越了读"故事本身"而具有普遍的教育学价值。

(执教:福建省厦门实验小学 刘 冰)

15. "文学阅读与创意表达"和 "语言文字积累与梳理"完美结合

——《枫树上的喜鹊》(第一课时)实录与评析

一、课前谈话,拉开文学阅读序幕

师:陈老师从福州来,昨天出动车站的时候,非常巧,遇到了一个来接我的小伙伴。看!(课件出示:草地上的一只小喜鹊),听!它在叫呢。对于刚刚来到莆田的我,你们觉得小喜鹊会跟我说什么?

生:你好!

生:你好,客人!

生:欢迎你来莆田!

师:你们和小喜鹊一样可爱,有礼貌。在小喜鹊们欢迎的掌声中,咱们开始上课吧!

[点评:大凡有经验的老师,借班客座上课,都会在课前谈话上作点"文章",一来互相认识、消除陌生感;二来激发热情、营造积极参与学习的"场"。陈老师的课前谈话堪称经典:通过一张照片——小喜鹊"迎接"客人老师——引导小朋友想象说话,欢迎老师来上课,巧妙创设"文学阅读与创意表达"的"场"。]

二、朗读课文,在读中"积累与梳理"语言文字

师:今天,我们要走进一个故事。故事中有一个和你们一样喜欢喜鹊的小孩。这节课,就让我们透过他的眼睛、耳朵、心灵一起走近——

生:枫树上的喜鹊。

师：和老师一起书写课题。写字的时候，不着急，一笔一画把每个字写正确、写清楚。（学生书写）想象着枫树上的喜鹊，再把课题读一遍——

生：枫树上的喜鹊。

师：课前都读过课文了吧？（学生举手表示读过了）打开书第45页，我们先来接龙朗读1~4自然段。

生：我们村的渡口旁有一棵枫树，我很喜欢它。

师：读得非常好！这个词，你能带同学们再读一下？（生：渡口。全班跟读）什么是"渡口"呢？大家观察下这个"渡"字，眼睛睁大，仔细观察。猜猜"渡口"是什么意思。谁能把"渡口"这个词送到图中的渡口处？你知道图中的渡口在哪儿吗？来，用你的小手指拖动词卡，把"渡口"送到图中的渡口处。（学生拖动课件上的词卡，把带有"渡口"的词卡送到了图中）是不是这里？（生：是。）掌声送给她！你来说说，为什么这个地方是"渡口"？

生：渡口就是有一条船放在那里。

师：停靠在那里对不对？是的，"渡口"就是靠近河岸边停船或乘船的地方。文中的"我"坐着这条小船到河对岸去了。这样的方式，我们也把它叫作——（课件出示：渡河）（生：渡河。）还可以"渡"什么？

生：还可以渡江。

师：渡江，真好！还有没有？（课件出示：渡江）

生：还有渡海。

师：是啊，江海可大了，坐这样的小船可过不去。那要坐——（生：轮船。）所以，我们可以这样说（课件出示：轮渡）——（生：轮渡。）继续读——

生：它好像一把很大又很高的绿色太阳伞，一直打开着。

师：读得好！这是一把怎样的伞？一起说——

生：一把很大又很高的绿色太阳伞。（课件出示：在插图中出现一个大大的绿色的"伞"字）

师：像不像伞？来，拿起手，和老师一起写一个"伞"字。你看，这个"伞"字，上面的撇和捺要舒展开来，就像大大的伞面；下面的两个点，就像支撑住伞面的钢架；横平竖直，有力地撑住这把伞，就像伞下边的伞柄，多形象啊!

生：它的绿荫遮蔽了村里的渡口。

师：绿荫在哪儿?用手指一指?（课件出示：在插图中出现"绿荫"词卡）一起读——（生：绿荫。）注意"荫"字前鼻音还是后鼻音?（生：前鼻音。）再读一遍。（生：绿荫。）大家注意，这个"荫"字是草字头，表示茂密的枝叶，难怪有个词叫作绿树——（生：绿树成荫。）哇，那要多少的枝叶才能遮住渡口呢?来吧，"摘来"绿荫，谁能把带有"遮蔽"一词的绿荫卡片送到图中，遮蔽住村里的渡口。（学生上台拖动卡片"遮蔽"渡口。）遮得严严实实的，一点儿都看不到渡口。"蔽"字也是草字头，也代表茂密的枝叶，把整个渡口都遮住了，这就是——（生：遮蔽。）继续读——

生：枫树上有一个喜鹊的窝，我喜欢极了。

师：有没有喜欢的感觉呢?呵呵，笑了下。如果你笑着读，就有喜欢的感觉了。再读一遍。（生再读）真好!接下去——

生：是的，我喜欢站在枫树下，抬头看喜鹊的窝。

师：好，接下去读，这可是一个长句子啊!

生：我常常觉得喜鹊会跟我说话，我像童话书里那样，在心中称呼她喜鹊阿姨。

师：这个句子很长，不好读，这位同学给我们做了很好的示范。现在，我们一起读，看看能不能读得正确流畅。（学生朗读）喜鹊阿姨在哪儿?（课件出示：插图上出现"喜鹊阿姨"词卡）谁能称呼一下她?

生：喜鹊阿姨。

师：有点腼腆。

生：喜鹊阿姨。

师：还是有点害羞。我们大家一起称呼她——（生：喜鹊阿姨。）你们看这个"姨"字，左边是——（生：女字旁。）右边这个字，你会认识吗?（生：夷。）记得我们福建有一个双世遗风景区，叫什么?（生：武夷山。）（课件出示：武夷山的图与词卡）那咱们莆田有没有非常有名的风景区?（课件出示：妈祖图）这是哪儿?（生：妈祖庙。）妈祖还可以称呼她?

生：天后娘娘。

师：对，还可以称呼她——天妃。你们观察下红色的字，你发现了什么？（课件出示：姨、妈、娘、妃）（生：都有女字旁。）都是对女性的称呼，有的还是家庭成员，就像姨、妈、娘。那小喜鹊的家里除了有姨、妈、娘这样的家庭成员外，还有哪些女性家庭成员？联系自己的家人想一想。（学生列举了奶奶、姥姥、妹妹、姐姐、姑姑等等。）

师：你们看，老师请了"七大姑八大姨"来到屏幕上，一起照一张全家福吧！（课件出示：姨、妈、娘、奶、姑、婆、婶、嫂）读——（生齐读）继续读——

生：我真是喜欢极了。

师：这个句子虽然很短，但是有没有把喜欢的感觉读出了呢？再读——（生再读）接下去，又是一个长句子。

生：上个星期天早上，我正要撑着渡船到对岸的树林里去打柴，发现喜鹊阿姨的窝里有几只小喜鹊了。

师：哇，他坚持把它读好了。我们一起来读一遍，用我们的小嘴巴灵活地把它读好，来——（学生朗读）注意这个"撑"字，伸出手，用手掌握住竹竿，用竹竿的一头去顶住河岸或河底的石块，这样一顶，船就——（生：前进了。）这就叫作（课件出示：撑船）——（生：撑船。）继续，还有一句——

生：我真是像童话书里那样，在心中称呼他们喜鹊弟弟。

师：注意，第二个"弟"可以轻读，和老师一起来称呼下他——（生：喜鹊弟弟。）小喜鹊夸咱们二年级（3）班的小朋友们书读得好，也很爱动脑筋，那字能不能也写得好呢？它们送来了两个生字（姨、弟），对比对比，观察观察，你发现了什么？

生：老师，我发现"姨"字右边上面有一横，而"弟"字上面是两点。

师：这是一个小小的发现。谁能有大大的发现？

生：我发现"姨"字女字旁的旁边中间有横折横、竖折折钩，"弟"字中间也有横折横、竖折折钩。

师：这个"横折横、竖折折钩"不要讲得这么麻烦，它其实就是一个什么字？（生：弓。）（课件：强调两个字中的"弓"）那你再比较下这两个字中的"弓",你又有什么进一步的发现呢?

生:"姨"的弓比较小,"弟"的弓比较大。因为"弟"是独体字,"姨"是左右结构的字。

师:所以,"姨"字中的弓会避让,变得小一些,把位置让给女字旁。你们看,他多会发现。看来,有发现的同学还比较少。伙伴发现了一起分享,一起思考,这样我们学习的收获就更多了。刚刚他说到了"姨"字是一个左右结构的字,所以我们在书写的时候就要注意——(课件出示:字结构框)

生:左窄右宽。

师:"姨"的这长撇要穿插到点的下面。"弟"字在书写的时候要注意——(课件出示:字结构框)

生:上面窄下面宽。

师:先跟着老师来写这两个字。(板书范写,学生书空)好的,拿出抽屉里的"小喜鹊学习单",你也来写写刚刚我们学习的三个字,先写正确了,再力求写得端正、漂亮。(学生练写,老师巡视指导)

师:文中的"我"到底喜欢什么呢?默读课文1~4自然段,画出带有"喜欢"的句子。(学生默读,画句子)继续接龙读出带有"喜欢"的句子。

生:我们村的渡口旁有一棵枫树,我很喜欢它。

生:枫树上有一个喜鹊的窝,我喜欢极了。

生:是的,我喜欢站在枫树下,抬头看喜鹊的窝。

生:我真是喜欢极了。

师:我们快问快答开始!第一句,"我"喜欢的是什么?

生:枫树。

师:第二句"我"喜欢的是什么?

生:喜鹊的窝。

师:第三句"我"喜欢的是什么?

生:喜鹊的窝。

师:最后一句,"我"喜欢的是什么呢?

生:他喜欢的是喜鹊一家。

师:好,我们一起来读读吧!(生:"很喜欢""喜欢极了""喜欢""真是喜欢极了"。) 问题来了:"我"最喜欢的是什么呢?

生:"我"最喜欢喜鹊阿姨和喜鹊弟弟。

师:为什么?

生:因为他说"我真是喜欢极了"。

师:看来"喜欢"可以有不同级别哦!那我们来玩一个"加码读"的游戏,看你们能不能读出不同级别的喜欢。准备好了?读——

生:很喜欢。

师:加码读——

生:喜欢极了。

师:再加码读——

生:真是喜欢极了。

师:联系生活想想,在生活中,你有没有喜欢的事物呢?用上其中一个短语说一句话。

生:我很喜欢乐高。

师:这么喜欢的东西,说得冷静了一些。我们喜欢一个东西时,小眼睛会亮起来。瞧,陈老师是个吃货,特别喜欢吃炸鸡腿。我说:"炸鸡腿,我喜欢极了!"你也来说说你喜欢的事物。

生:我很喜欢吃荔枝。

师:哇!口水都快流下来了。确实喜欢!

生:画画,我喜欢极了!

[点评:朗读之于阅读教学,其重要性不言而喻。陈老师在学生预习的基础上接龙朗读,并在朗读过程中指导学习,或正音,或解词,或联系生活说话,或认识事物,或读出感觉,或写字,或示范,等等。尤其是根据汉字的特点以及"认写分开"的原则,灵活运用多种媒介辅助识字解词,如照片、卡片、活动图片、短视频、讲解、描述等,识"渡口""伞""绿荫""遮蔽""阿姨""教"等等,且对"渡"和带"女"字旁的汉字进行随文、随学梳理,体现各语文学习任务群互相渗透的理念。同时,结合认识"夷"巧妙拓展了解双世遗武夷山和文化名胜妈祖庙,蕴含文化自信。]

三、角色朗读，即兴"创意表达"，获得深度审美体验

师：生活中，我们都有这么多喜欢的事物，文中的"我"喜欢的却是喜鹊，"我"真有这么喜欢喜鹊一家吗？让我们走到枫树下，去一看究竟吧。（师生合作朗读5~12自然段）我们一起走进喜鹊阿姨教小喜鹊的画面，这里有一个古老汉字，这个字就藏在这段话中，仔细观察，猜猜是哪个字。

生：老师，我知道可能是"鹊"。

师：有没有不一样的想法？

生：老师，我觉得是"教"。

师：为什么？（此生不知道，请求"谁能帮帮我？"）有人帮助你，它来了！

（课件出示："教"的构字特点介绍短片）原来是它，它是一个多音字，在这段话中，它读作——（生：jiāo。）好，伸出手，和老师一起书写"教"字：左上角是古代的占卜用具，也代表知识；左下角就是你们，代表学生；右边是拿着教鞭的老师。（板书范写，学生书空）你们看，中国的汉字多有意思，一个"教"字，里头既藏着认真学习的学生，又藏着用心教学的老师。那就让我们走进喜鹊阿姨教小喜鹊学拼音的画面吧！一起读——

生："鹊！鹊！鹊！"喜鹊阿姨教道。我知道，这便是ɑ、o、e。喜鹊弟弟也跟着学："鹊，鹊，鹊……"

师：同样是"鹊、鹊、鹊"，喜鹊阿姨与小喜鹊叫的一样吗？

生：不一样。

师：哪里不一样呢？

生：标点符号不一样。喜鹊阿姨的叫声中用了感叹号。

师：为什么喜鹊阿姨教的"鹊"字后面是三个感叹号呢？小标点有表情会说话，你觉得喜鹊阿姨会怎么样教喜鹊弟弟？

生：鹊！鹊！鹊！

师：你是要告诉我，你教得很认真，是不是？那摆出认真的样子教小喜鹊们吧！

生（双手交叉在胸前）：鹊！鹊！鹊！

师：除了认真地教，喜鹊阿姨还会怎么教？

生（双手叉腰）：我觉得喜鹊阿姨会严厉地教，鹊！鹊！鹊！

生：我觉得喜鹊阿姨生气了！（一只手叉腰，一只手指着大家）鹊！鹊！鹊！（学生笑）

师：你到底是真生气还是假生气？还在笑，难怪你的孩子们都不听你的了！来，用心地演一遍——

生（一只手叉腰，一只手指着大家）：鹊！鹊！鹊！

师：可见妈妈教我们的时候，可不能生气，不然就教不好我们呢！那小喜鹊的叫声是什么标点？这个标点你们认识吗？

生：逗号和省略号，省略号表示小喜鹊的话还没讲完。

师：也说明小喜鹊学得多认真啊！一遍又一遍地认真学。好的，下面请你们想一想，喜鹊阿姨除了教小喜鹊 a、o、e，还会教什么呢？和同桌互相说一说。（学生想象练说）

师：好了，都想说，先不急着说，拿出"小喜鹊学习单"，先把你的想法写下来。不能给别人看到哦，要写出和别人不一样的独特的想法。（学生想象练写）

师：好的，哪个喜鹊阿姨上台来教啊？

生：鹊！鹊！鹊！1！2！3！

师：非常好，这位数学老师教得清楚明白！原来，喜鹊阿姨也会给小喜鹊上数学课啊？还有不一样的吗？

生：鹊！鹊！鹊！A！B！C！

生：鹊！鹊！鹊！三角形！正方形！圆形！

师：掌声送给她，喜鹊阿姨，说说你给小喜鹊上的是什么课啊？

生：美术课，也可以是数学课。

师：哇，还跨学科学习啦！小喜鹊收获可真多！

师：再来一个，看看有没有想象的和别人不一样的？

生：鹊！鹊！鹊！绿树成荫！花开草长！开开心心！

生：鹊！鹊！鹊！do！re！mi！

师：每个人的想法都太棒了！掌声送给自己！接下来，小喜鹊又会和妈妈学些什么呢？这在课文的9～12段告诉我们了。回去以后，尝试着和爸爸妈妈用上今天课堂上一边朗读一边表演的方法。同学们，这么有趣的喜鹊，这么精彩的故事，是谁送给我们童年的礼物啊？

生：郭风爷爷。

师（板书：郭风）：是的，郭风爷爷可是我们莆田人，是我们的骄傲！他还创作了很多童话故事书、儿童诗集。陈老师今天特地带来一本送给大家，你们可以放在图书角轮流看，希望在阅读中，大家能发现更美妙的想象世界！

［点评：如果说《枫树上的喜鹊》是带有"童话"性质的散文的话，那么，1～4自然段主要是写实的散文；5～12自然段主要是童话——"我"想象喜鹊阿姨教喜鹊孩子学习的故事。因此，陈老师所采取的教学方式也有所不同，以教学生认识"教"为切入口，引导学生展开联想和想象：喜鹊阿姨怎样"教"小喜鹊——渗透性认识"！""……"且联系生活有理有据地推测"天真烂漫"，个性化地表达"鹊！鹊！鹊！"的内容等，融读说演于一体，充满童趣。教学活动与文本特质高度契合，可谓语文味、文学味、儿童味三"味"一体，语言运用、思维能力、审美创造综合一身。另外，陈老师把介绍作者安排在课快结束的时候，并且送给班级一本郭风的书，可谓匠心独具：一来作者郭风是莆田人、是莆田的骄傲；二来通过送书激发学生阅读的兴趣，将读一篇文章推进到读一本书。

【总评】

《枫树上的喜鹊》是郭风的儿童文学作品，是带有童话性质的散文，想象丰富，语言活泼，充满童趣。在《中国教师报》课改中国行公益活动上，陈瑾老师与莆田市城厢区逸夫实验小学二年级的小朋友一起完成了第一课时的教学。陈老师的课，不仅精准把握《枫树上的喜鹊》的文学性，激发小朋友的想象力，引导小朋友富有创意地表达，与作者共鸣；而且精准把握汉字汉语的规律性并运用多种媒介指导小朋友识字学词、积累语言，达成"文学阅读与创意表达"和"语言文字积累与梳理"完美结合的目标。

课堂教学，是教材、教师和学生在规定时空内围绕目标实现而共同"创作"的作品。评课者必须熟悉甚至深度参与到"创作"者中，互动对话、感动共鸣，才可能真正地理解课堂教学。

　　笔者曾参与陈老师的备课、教学设计、试教，又现场聆听本次课堂教学，可以说达到"透彻理解"的程度。的确，陈老师对教材、对学生、对学习（特别是低年级学生的阅读）的理解非常到位，课堂教学的"感觉"特别敏锐（即敏锐的课感）。因此，陈老师的课堂呈现出学生兴致勃勃、思维活跃、天真可爱的学习状态；教师化理论和用技巧都达到无痕无迹，而且训练扎实（如识字、写字、解词、造句，朗读、默读等），引导学生想象和"演讲"都驾轻就熟（学生的表现印证之）。整堂课将"文学阅读与创意表达"和"语言文字积累与梳理"学习任务群完美结合，灵动而有效。

（执教：福建省福州市中山小学　陈瑾）

16. 新课标背景下习作起步：
一步一个"新"脚印

——《我们眼中的缤纷世界》（三年级上册）
习作指导实录和评析

一、眼中的——回顾"寻美之旅"，唤醒"缤纷世界"

1. 回顾活动，理解"缤纷世界"

师（呈现幻灯片）：今天我们要一起走进——（学生齐答"我们眼中的缤纷世界"）从第一单元开始，我们就已经走进了"缤纷世界"，开启了"我愿成为——最美'发现官'"之旅。我们走进了怎样的缤纷世界呢？［幻灯版展示单元导语页以及"美篇"中"'小小黑鱼（该中队名）'爱习作"的相关截图］

生：第一单元，我们走进了校园、教室。

生：第二单元，我们走在美丽的金秋小路上，有小区的路、上学的路、郊外的路。

生：在第五单元中，我们去观察了动物和植物。

师：它们就构成了我们眼中的——（学生齐答"缤纷世界"）看，大家还把这学期日记中的"缤纷世界"都汇聚在思维导图里呢！原来我们这学期走过这么多的缤纷世界，寻找了这么多的美。

［点评：学生的成长总是循序渐进的。习作是学生语文和精神成长的见证。因此，习作是一步一个脚印积累的。阎老师一开课，就让学生回忆过去的"脚印"——写过的习作——温故知新。又运用"思维导图"等方式对以往知识进行结构化，以便迁移。同时，借助现代信息技术——"美篇"——

呈现学生的习作成果,强化学生的学习成就感,激发学生的习作热情。]

2. 阅读"要求",着眼一处"印象"

师:今天的习作是不是要把所有寻找到的"美"都一股脑儿写出来?(学生有的点头,有的摇头)请认真看看我们的习作要求。(幻灯片呈现:把我们最近观察时印象最深的一种事物或一处场景写下来)

生:写印象最深的一种事物或一处场景。世界那么大、那么缤纷,我们不可能把所有的"印象"都写在一张纸上。

[点评:现行教科书的一次次习作,是"规定"动作,有明确的要求,并不是完全的"不拘形式",因此,引导学生读教科书,读懂编者意图,也是习作指导的"规定"动作。"我们眼中的缤纷世界"何其宽泛、何其杂芜,学生何处下笔?教师的作用往往在于点到关节处:"一种事物或一处场景"是客观存在,"印象最深"是主观感受——这次习作,是主观与客观的融合。这个环节是先"点"一下,给学生一个整体("印象")轮廓,启发学生整体思考。]

3. 讨论交流,初步感受"对象"和"方法"

师:请你睁大眼睛,认真浏览这些词条,你的眼睛在哪一个词条上定住了,就分享出来。(课件出示:以教材"场景"插图,发散"缤纷世界"不同方面的思维导图,如场景、人物、植物、动物、美食……)

生:我最想分享的是美食,就是我们平时爱吃的炸鸡腿……(师:因为——)它金黄金黄的,看着都诱人。

师:颜色让你印象深刻。

生:我印象最深的是场景,花花世界里的花都开了,就像彩色的地毯,非常美丽。

师:样子让他印象最深刻。

生:我选植物,因为我看见了含羞草,碰它一下,它就会缩起来像小尾巴一样。

师:哟,你们发现了吗?他获得印象的方法与其他同学都不一样。令他印象深刻的是什么的感觉?

生:触摸的感觉。

师:我们发现了,刚才大家说的都是一种事物(板书:事物),或者花花

165

世界是一处场景（板书：场景），还有——景物（板书：景物）。同学们说到的颜色、样子以及含羞草卷起来的变化，这让我们形成了脑海中的——（生：印象。）非常好，这就是印象（板书：印象）。你是怎么形成这种印象的呢？有的同学用"看"的方法，有的同学用的是——（生：触摸的方法。）

师：你看，我们班的小朋友多厉害呀！我们用"五感观察法"走进了我们眼中的缤纷世界，发现了缤纷世界的美。（板书：五感观察　发现美）

〔点评：习作起步，从说到写，先说后写，"我笔写我口"，符合学习语言运用的规律。说，省时，以便教师及时指导，给予示范；说，省力，以便教师帮助学生打开思路（或发现类别）。但是，说只是"起步"、只是"入口"，终究不能代替写。这个对话环节，阎老师拿捏得刚刚好：一方面从学生的说中，捕捉住"教点"（也是习作训练的"生长点"），如，内容——可以写哪些方面，方法——可以用哪些方法获得习作内容（"五感观察"），目的——发现美、记录美、创造美；另一方面学生的说以及老师对说的指导，提纲挈领，为写和改留下足够的时间和空间。〕

二、笔下的——再现"寻美之旅"，表达"缤纷世界"

1. 一次习作，写出"印象"

师：如果你想把这"印象"传递给更多人看，有什么好方法？

生（齐）：把它写下来！

师：对，把它写下来。现在就请你打开你的"五感"，回忆你观察的过程，然后把你印象最深刻的事物写下来，让更多的人感受它的美。10分钟，开始吧！（学生独立习作。教师巡视，个别指导）

师：写完的同学小声地读，看看句子通不通顺，有没有写错别字。（学生朗读习作，修改习作）

〔点评：习作指导课，是基于"学生习作实践"这个前提，是在"学生习作作品"这个基础上进行的。换言之，如果没有学生的习作实践和习作作品，学生纵然出口成章也不是习作指导课，教师纵然指导得头头是道也不是习作指导课，因为学生往往提笔忘字、下笔无言。习作，是"写"出来的文字，不是"说"出来的声音。这个环节，是"一次习作"：首先，花10分钟，时间有保障；教师"个别指导"，空间有余地。其次，写完修改，学生"小声地读""看看句子通不通顺""有没有写错别字"，定"标"——新课标在第二学段"表达与交流"明确要求"学习修改习作中有明显错误的词句"——精准。〕

2. 一次评议，改好"印象"

师：老师刚才巡视一圈，发现大家都很有自己的想法，可见我们这学期的"最美之旅"真是"走"得不错。特别是我看见有位平时腼腆的小女孩，她写得真好！希月同学，能分享你的作品让大家一起学习吗？（投影展示韩希月同学作品，同学们默读静阅）

（1）赏"印象"

师：如果希月同学眼中的缤纷世界，让你产生深刻印象，请举手。（大部分学生举手）

师：说明习作很成功哦。给你的印象是——

生：这里的花很多，它们的颜色也非常美。

师：你从哪里感受到的？

生："我和妈妈走了过去，有好多种花，有菊花、玫瑰花等等"，让我们觉得这里有非常多种类的花。并且它们的颜色也有很多种，"有红的、紫的、粉的、黄的、橙的，有好多种颜色，让我数都数不清"，让我们觉得花海公园真是五彩缤纷。

师：你看，希月同学写得好，雅静同学评得也好。希月能观察到花花世界里有非常多的花，同时让读者产生了深刻的印象。阎老师把"观察放大镜"送给你！（板画：🔍）

师：同学们再读，你发现她运用"五感观察法"中的哪一"法"最突出？

生（齐）：看。

师：她看见了花的——（生：颜色非常多。）看见了花的——（生：品种非常多。）

师：看来韩希月同学还可以获得"写作智慧树"。（板画：🌲）当然，我们还要提建议哦。你想给她提什么建议，能让她把花花世界写得更好？

（2）评表达效果，用上"新鲜感"

生：我觉得韩希月可以用更多新鲜感的语句，比如，比喻、拟人，或者还可以有一些非常好的词语，例如，花的颜色很多，五彩缤纷、五颜六色等等。

师：哪里可以加一些比喻或拟人？

生：比如，我和妈妈走了进去，看到了好多种花，有菊花仙子、有玫瑰花公主。

师：是不是一下就更生动起来了？就种下一朵"新鲜感表达花"（板书：新鲜感表达🌷）

（3）评观察角度，用上"五感观察"

生：可以用"摸"的方法来写出花朵。花朵的花瓣可能是柔软的，冰冰凉凉的。

生：还可以写出花的味道有多香，或者如果是臭的话，就可以写出它有多臭。（哄堂大笑）

师：那真的叫我眼中的——缤纷世界。当然花还是香的多！我们更喜欢香喷喷的花儿。

（4）评拟题，聚焦对象的"美"

师：阎老师还有个建议，同学们请看标题——（"我眼中的缤纷世界"）有问题吗？

生：有。虽然题目是《我眼中的缤纷世界》，但我们读题却不知道你"眼中的缤纷世界"到底是什么，有什么特点。

师：对呀，我们说题目是文章的"眼睛"。谁来帮她改一改？

生：美丽的花海公园。

生：五彩缤纷的花海公园。

生：神奇的花海公园。

师：这样我们就在题目中把"美"给表达出来了。（板书：表达美）

［点评：如果上一个环节是"自改"，这个环节就是"众改"，也是"评改"。限于课堂的时间和空间，教师的"教"只能是"面向个体"示范，实现

"面向全体"提质。其效果如何,关键在于:第一,找准"个体"——有代表性;第二,组织"全体"参与评改实践,且认真倾听;第三,紧扣教学目标,一步步实现既定目标。(当然,还有最重要的"教学伦理",如人格尊重等。在此不赘。)这三个关键点,阎老师都把握得恰到好处。如,所选的是"平时腼腆"而此次写得蛮好的同学的作品,既让"腼腆"的同学展才,又让同学有话可评,此其一。其二,组织同学从四个角度评价,先整体后局部(都紧扣教学目标,如"印象""五感观察""拟题"),先"长善"(发现优点)后"救失"(提出建议)。其三,阎老师适时点拨、鼓励,通过提问、板书等推进教学,提升思维。]

3. 二次习作,写好"印象"

师:我们要进行第二次修改或继续往下写,写的过程中一定要想清楚你印象最深的是什么,多用几种观察方法,用一些新鲜感的词语。这是写好"印象"的金钥匙。(板书:习作金钥匙)(学生二次习作8分钟左右。教师巡视,个别指导)写好的同学小声朗读三遍,一查错别字,二查语句通顺,三看自己的作文是否用上"五感观察法"和新鲜感的词语表达美,让人产生深刻的印象

[点评:"只有写,才会写。""只有改,才写得好。"这是普遍的写作规律。至于小学生习作,我们必须加上一句:"只有指导得法,才写得又快又好。"这"二次习作或修改"是在阎老师得法的指导下进行的,必然"又快又好"——有后面的习作为证。]

4. 二次评议,评好"印象"

(1)同桌互评,形成方法

师:大部分同学都写好了,咱们的"习作金钥匙"现在又变成了——(学生齐答"评价金钥匙")

(师板书"评价金钥匙")同桌互评准备开始!如果他的习作让你产生深刻的印象,就在评价单上的"放大镜"旁画上一个笑脸☺;使用三种以上观察法,在"智慧树"旁画一个笑脸☺;一处新鲜感表达,就在"表达花"边加一个笑脸☺。看看谁能得到习作的三件法宝,五分钟,开始吧!

（五分钟后，老师检查评价结果，大部分同学都得到了"三法宝"）

（2）展示多角度"缤纷世界"

师（分别请写动物、植物、食物的同学展示作品）：先从谁开始朗读？

生：食物！食物！

师：好吧，民以食为天；可爱的动物；有趣的植物。同学们边听边感受。

（三位同学分别朗读《好笑的人参果》《金鸡》《小萝卜》，教师随机互动加深"印象"）

师：听了他们的分享，你感觉到我们的世界怎么样？

生：很缤纷！

（3）从"察"到"查"，加深"印象"

师：最喜欢谁的作品？

生：我最喜欢锦轩同学的《小萝卜》，它居然是三叶草的根茎，还能用来作汤喝有药用价值，非常神奇。他不但观察了，产生了想法，还去查了资料，才把"小萝卜"写得这么好。

师：是啊！我们有了发现，更要产生想法，去书籍里查一查，就真正成为"缤纷世界里"的小小生活家了。（板书：查 小小生活家）

[点评：之所以称"习作"，是因为要强调"习"——练习、学习——的过程。小学生习作，不是不要"成品"，而是更强调"过程"——写写、评评、改改、写写……在这个过程，既享受独立思考写作的乐趣，也享受同伴、老师帮助的乐趣，更享受因帮助而修改而进步的乐趣。正所谓"知之者不如好之者，好之者不如乐之者"。这个"二次评议"较"一次评议"有明显的"进阶"：一是用评价工具（也是思维工具）——"评价金钥匙"——支架，对照习作要求——评价，突出评价的目标导向；二是精选有代表性的习作，"朗读—听读"评价，既长习作者的成就感，又培养朗读力（朗读是一种修改习作的好方法）和倾听力；三是发现学生新的"观察"方法——查资料，三年级的学生能够主动查资料并引用资料，是非常了不起的，所以，老师"大张旗鼓"地表扬，并不着痕迹地将习作与生活紧密联系起来。]

三、生活的——再踏"寻美之旅"，前行"缤纷世界"更"缤纷"

师：我们三年级的"寻美之旅"——走进缤纷世界太有意义了。你看，这个世界的美是无穷无尽的（课件出示：生活中不缺少美，只是缺少发现美的眼睛。——［法］罗丹）。我们还将继续向前进（课件出示：第六、七、八单元单元导语页）我们将走进祖国各地去寻美；走进大自然去寻美；我们将用心观察和伙伴之间、和大人之间的美好的情感。缤纷之旅——

生（齐）：缤纷之旅，没有止步，一路向前！

师：同学们，刚才小伙伴给你提出了很多宝贵的建议，回去之后请好好修改，让自己的缤纷世界更加缤纷美丽。

［点评：统编教科书从三年级开始编排"习作单元"，有重点有系统地练习观察、想象，写清楚、有顺序，说明白、表现人物特点，围绕中心意思写、表达真情实感。三年级上册8次习作，基本围绕练习观察周围世界展开。阎老师在短短的收尾环节，既引导学生向后回顾——温故，又引导学生向前展望——知新，强化习作的目标意识，又增强习作的自觉性。同时，突出习作与生活的联系、习作与"审美创造"的联系，提升习作的综合价值。］

【总评】

2022年版语文新课标在"课程目标"一章规划了"学段要求"，并以"识字与写字""阅读与鉴赏""表达与交流""梳理与探究"等四大语文实践活动为主题分别描述各学段的目标要求。较之《义务教育语文课程标准（2011年版）》的"五个方面"（识字与写字、阅读、口语交际、写话/习作、综合性学习）更为整合，凸显语文课程的整体性，例如，将"口语交际"与"写话/习作"整合为"表达与交流"，将"综合性学习"归入"梳理与探究"，同时，提炼要求、减少条目。新课标还在"课程内容"一章，以"发展型"3个学习任务群（"实用性阅读与交流""文学阅读与创意表达""思辨性阅读与表达"）整合阅读鉴赏与表达交流，使"阅读与鉴赏"和"表达与交流"语文实践活动融为一体。

三年级是习作的起步年级。如何在新课标的目标要求和学业质量的指导下，用现行教科书开展习作教学，是我们必须思考和探索的重要课题。阎晶晶老师执教的《我们眼中的缤纷世界》给我们诸多有益启示。

综上课例和评析，不难发现阎老师"习作活动"设计的独具匠心处：一方面以"寻美之旅"为主题将 8 次习作贯通起来形成整体，一步一个脚印向前——每一个脚印都是新的又都踏踏实实；一方面把习作与生活打通使之密切联系，形成"生活—阅读—表达"一体化的"语文生活"。这是对新课标"表达与交流"和"发展型"3 个学习任务群指导下的"习作"教学的有益尝试和成功探索。

（执教：福建省建阳师范附属小学　阎晶晶）

17. 用多种媒体"自画像"
　　写评改与发表自信满满

——四年级习作指导《我的"自画像"》教学反思与评析

《义务教育语文课程标准（2022年版）》省级培训，我们邀请了建阳师范附属小学的特级教师阎晶晶执教《我的"自画像"》（四年级下册第七单元习作），获得好评。综合起来看，阎老师的习作指导课之所以取得实效，是因为能够牢牢把握住教材编排的习作发展系列，积极对接新课标有关"表达与交流"的目标要求，始终锚定写、评、改以及发表贯通一体的习作实践等。把握教材、对接课标、加强写评改等习作实践，是消解习作畏惧感、提高习作质量的有效途径。本文由阎老师的"教学反思"和我的"教学评析"两部分构成，以期比较全面地反映新课标指导下习作教学的风貌。

【教学反思】

《我的"自画像"》围绕"人物品质"这一主题展开，语文要素是"从人物的语言、动作等描写中感受人物的品质""从多个方面写出人物的特点"。本次习作是小学阶段的第五次写人训练，并且是首次练习"写自己"。在"备—教—写—评"的过程中，教师应渗透"为什么写自己"的意义前提，因"生"而异地指导学生选择"写自己哪些方面"的交流内容，联系以写促发展来搭建"怎么写自己"的习作支架，实现在真实交际情境中"如何推荐自己"的发表功用。

一、"自"——从"意义层"出发，选择"有特点"

《我的"自画像"》写作内容，切中一个字——"自"——指向的是写"我自己"。

1. 普遍认识中的"我自己"

教材提示"写之前想一想：你的外貌有什么特点？你的主要性格特点是什么？你最大的爱好和特长是什么？你还想介绍自己的哪些情况？"这样的提示将人物不同方面的特点具体化了。回顾之前学习的写人习作，每一次的写作要求都在引导孩子去观察人物的特点，如《猜猜他是谁》（三上）要求学生"体会习作的乐趣，用几句话或一段话介绍自己的同学"；《身边那些有特点的人》（三下）要求"用上合适的词语来形容一个人，并尝试写出他的特点"；《小小"动物园"》（四上）要求"把自己的家想象成动物园，分别用一句话写一写家里的'动物'，注意把印象最深刻的地方写出来"。这三次训练，表达要素指向的都是人物的特点：通过猜同学，去发现同学的一两处特点；围绕合适的词，尝试写出特点；再到利用儿童的想象心理，表现人物印象最深的地方。以上的练习旨在让学生逐步形成对"人物特点"的感知。而本次习作让学生明确"人物特点"包含着外貌、性格、爱好、特长等——只要关于自己的"人无我有，人有我特"的地方都可以写。因此，通过这一次习作，能从多个方面写出自己的特点。

2. "有交际目的"地写"我自己"

这多方面的特点，是否都需要容纳到这一幅"自画像"里去呢？我们都知道，表达与交流的内容要根据表达的对象而异。教材的情境创设是"假如你们班来了一位新班主任，他想尽快熟悉班里的同学。请以"我的'自画像'"为题，向班主任介绍自己，让他更好地了解你。"由此可知"自画像"是为新来的班主任而"画"——让他来了解"我"。其实，即便是"新来的班主任"，还是不太真实的情境（因为事实上并没有"新来的班主任"），但每一位老师都需要了解儿童，才能因材施教。哪怕执教者（借班上课），也需要对这个班的学生有多一些的了解，才能实现"以学生为中心"的教学追求。因此，我们就站在师生的交际立场来思考"自画像"的内容。教师需要了解"我"的哪些方面？

首先是认识"我"的样子，才能"了解"，所以写出外貌特点，让班主任认得"我"是第一要务。其次是了解"我"的性格，如"能干"的、有"爱好"的，或者"需要帮助"的，才能根据不同方面的特点，或者鼓励发扬，或者人尽其才,或者帮助支持。

3. 回到心目中的"我自己"

这篇习作不单是写给班主任看的,更重要的是我对自己的认识。我们发现不少学生在做自我介绍的时候,只愿意谈自己的优点,却羞于面对自己需要改进的不足。教材("小泡泡")对学生们做了很好的引导:"我是个做事很认真的人,但偶尔也会马虎""我喜欢一个人静静地待着……"让学生明白,不管认真还是马虎,无论好动还是好静,都是我自身存在的特点。对自己的优点我不过于自谦,能够大大方方地亮出来;对自己的缺点,也可以倾诉给能够给予"我"帮助的人听——如教材情境中"我的新班主任"以及评价提示中提到的"我的家人"。

因此,我在预习阶段布置"教前写特点":①通过不同形式来表达自己,并勾选"性格、爱好、特长、其他"中的最想让老师了解或帮助的项目;②运用之前学习的习作方法,写一写自己的"外貌特点",尝试让未曾谋面的老师认识。如此,通过"我的'自画像'"开始"关心自我",尝试"发现自我",到大胆地"悦纳自我"与"展示自我"。

二、"画"——从"工具层"出发,指导"写清楚"

《我的"自画像"》写作方式,切中一个字——"画"。用笔等绘出线条或标记叫"画",用笔等做出线条、符号或作为标记的文字也叫"画"。"画"初为会意字。西周时期的 ![字] 上部像一只手拿着笔("聿")的样子,下部是田地形的"周",两相会意,表示手持笔以规画丈量土地尺寸时的情景。通过"自画像"来展现"多方面"特点,亦是需要好好做一番"构思"的:一要统筹不同(内在、外在)特点的详略;二要帮助学生把前后学习的习作方法勾连回顾,在扩展写法中把"多方面"写清楚,同时逐渐培育"画整体"的能力。如此,才能从写清楚"单方面特点"(单点思维),到"多方面特点"(多点思维),再到"自画像"(联结思维)。

1. 外在特点,从"点状"起步

写外貌特点的主要功能是让老师能够认得"我",学生只要能把自己最突出的外貌特点写出来就成功了。另外，之前的写话和习作练习，学生已经逐步训练了外貌特点的多种写法。即从二年级写话练习《我的好朋友》，关注人物"长得什么样？"用简单句式表达"哪里长得怎么样？"四年级习作《小小"动物园"》，把妈妈的波浪卷发型与小羊羔对应起来，指导学生在想象中写人物的外形特点。因此，写"外在特点"，可以安排在"教前预写"中，再基于"前写"的学情"样本"做课前互动的引子：首先是亮明特点，引起老师的注意（如，脑门大、皮肤黑、头发长，等等）；其次，通过准确的语言，传递出对外貌的自信（如，"小黑头在我的鼻子上跳舞呢！""我的脑门很大，充满智慧，熠熠闪光！"）在关于"外在描写"的单点写作分享中，让学生感受到写外貌特点的作用与方法，以及预热"我"的存在感——只要自己认可自己，并能展现自己，就能让他人欣赏你。

2. 内在特点，向"线状"延伸

通过事例来介绍自己的内在特点，是本次习作的重点、难点。这里的"写事例"和"写特点"都是在之前习作中有所训练的——可通过"事"来表现"人"，是头一次！在教学中，教师就要巧妙地将这些"单点"，连成"一条线"，慢慢扩展，习作进一步、再进一步……

（1）写好"一个特事例"

第一，写"事例"。学生已经知道"写一件事"（四年级上册第五单元）需要把"起因、经过、结果"写清楚。教师让学生就"特点"，选择一个最能说明"特点"的事例，按照写事情（起因、经过、结果）的方法，表现"特点"。

第二，写出"变化"。在学生交流的过程中，我们发现大多数学生选择的事例能反映"特点"，却让人"印象不深"。例如，有位爱画画的孩子，通过"关键句""获奖""感想"，让大家了解到他的爱好是"画画"，却没有写清楚从"画"到"奖"的经过，显得"爱好"不足。因此，我们联结了本册第六单元"写事"的新方法——"写出事情的变化"，指导该生重新构思"获奖"提纲："应该先画完，再拿去评比，评比完才能展览，展览完才有奖状。"

第三，改"完整"。边写边改：是否有关键句？是否写出了"经过"的变化？结果能否表达感想？在评改中，巩固写"特事例"的习作支架。

（2）写好"一个事例串"

写"不同方面"，是否再用这种办法呢？当然是可以的；也可以让学生拓展一下写作思路。"特点"，往往会在多个事件中投射。同样在《我的好朋友》写话中，就引导学生用"在一起……在一起……在一起……"的句式，帮助学生发现无论什么时候都想着"在一起"，就叫作好朋友。于是"在一起"就成了"好朋友"的特质。到《我们家的男子汉》（四年级下册第六单元），作者用"盼着吃""喜欢吃""没得吃"的"事例串"，把"吃货娃"写活了。教师用好此例，引导学生发现其表达特点，唤醒学生头脑中的生活经验，并引导学生尝试按要求组织语言由说到写、由评到改，初步习得用"事例串"写出特点的新方法。

3. 内外结合，呈"网状"联结

至此，《我的"自画像"》好像教/学得差不多了。其实不然。"写生动"—"特事例"—"事例串"，是逐"点"连"线"而教，"多个方面"的"多点发散"之间缺乏成篇的"网状"联结逻辑。教师需要引导学生把"多个方面"放置回"我的自画像"中，才能实现"画"（写作）和"画"（成文）的意义。在教学中，务必组织学生开展多种形式的交流展示，互相建议：要不要增添些"联结"的语句（过渡句、中心句）或段落（过渡段、小结段），让"画"的内容和意义都完整。

三、"像"——从"交际层"出发，运用"多媒介"

《我的"自画像"》的交际价值，切中一个字"像"——指向"展示"，用文字向老师展示"这就是我"。在备课过程中，省教研室教研员黄国才老师就提醒：2022年版课标提出"尝试用表格、图像、音频等多种媒介，呈现自己的观察与探究所得"。此课要着力指导学生"用多种媒介"来写"自画像"一语中的。如教材提示，"我的'自画像'"是有明确交流对象的"自我介绍"，属于真实情境下的实用性习作。这符合2022年版课标"应紧扣'实用性'特点，结合日常生活的真实情境进行教学"的精神。

1. 真实生活中的"自我介绍"绝不仅仅靠"文字媒介"

我们正生活在多种媒介并存的信息时代，报纸、杂志、书籍、广播、电视、网络、自媒体等让信息的传播变得快捷、生动、立体（当然，也杂驳）。我们需要引导学生让"自我介绍"也亮起来、活起来、动起来，有了孩子们鲜活的笑脸，有点生活斑斓的颜色，也多一点科技的味道。因此，课堂中，我设计了相应的环节，鼓励学生尝试用"海报""照片""视频""二维码"等多种媒体，向老师推荐精彩亮丽的"自我"，让"这就是我"多一点"彩头"。

2. 也不仅仅"一篇文章一个特点"，也不仅仅"让面前的人知道"

现实中，我们总是希望师长多看到一些"我"的各方面，但有些特点往往不那么突出，或者不愿意用文字表达出来。这些方面，往往可以选择其他媒介来呈现——表现一个完整的、立体的"自我"。

因此，写作活动前期，我把此"画像"设计成"大海报"的形式，让学生自由选择媒介（思维图、照片、漫画、视频导录二维码）来海报展示，通过微信让老师"先认识"；习作完成，我指导学生把海报粘贴在黑板报和教室墙裙上，希望所有来"我"班上课的老师能看到"我"、了解"我"、知道"我"、欣赏"我"。对于远道而来的陌生教师，就一节课对孩子们的了解远远不够，因此，同学们提出："我们可以把作品都拍成照片，做成一个二维码，传递给您！您就可以随时随地看见我们、了解我们了！"

这节课的设计与实施，所呈现出的不再只是"为了写自己而写自己"，而是"用事例展现自己"的方法突出自己的特点，更为重要的是明白本次习作的意义——在准备、写作、修改与呈现的过程中"肯定自己、欣赏自己、完善自己"，让他人"看见我，了解我，喜欢我"——"用多种媒体'自画像'，写评改与发表自信满满"。

【教学评析】

一、把握习作发展系列，从"多方面"写清楚

教材是课程的载体，是教与学法定的、基本的资源。"创造性地开展语文教学，充分发挥语文学科独特的育人功能"是以用足用好统编教材为前提为基础的。不管是对"识字与写字""阅读与鉴赏"，还是对"表达与交流""梳理与探究"，都做了由浅入深、由低到高、由简单到复杂的系列学习编排。

"用足用好统编教材"就是要循着系列循序渐进地组织学与教活动,像涓涓细流汇聚成海一样逐步达成目标。

以写人习作编排为例。统编教材从《猜猜他是谁》(三上),以宽泛地"做一个'猜猜他是谁'的游戏"开启小学阶段习作、也是写人习作的征程,之后经历了《身边那些有特点的人》(三下)、《小小"动物园"》(四上)、《我的"自画像"》(四下)、《"漫画"老师》(五上)、《那一刻,我长大了》《形形色色的人》(五下)、《变形记》(六上),等等。每一次习作都有新"增长点/训练点"——就像"人"在不断成长一样。这些新"增长点/训练点"一旦把握住,教学的目标就明确、教学的效果就良好。如果教师有了这样的训练意识,就可视为具备了"习作'大单元'"意识。阎老师执教的《我的"自画像"》就是成功一例。

具体看,阎老师先组织学生阅读教材(预习作业),明确可以从"几方面"来介绍自己。这是持续紧扣教材编排的训练点做"滚雪球"的工作。例如,第一次写人习作《猜猜他是谁》就提出"选择一两点写下来",第三次《小小"动物园"》则要求"给家里的每个人都写上一段",等等。教学中,在学生明确了要"选择自己最想介绍的几方面内容写下来"之后,阎老师重点指导抓住自己的"某一方面"——"特事例"——写清楚,如,"外在(相貌)"或"内在(爱好、特长、性格)"等;接着,由"特事例"到"事例串",由此及彼地从多个方面给自己"画像",让新来的阎老师(跨校借班上课)"熟悉"班里的同学;最后,制作"美篇"组成"班级群像",还借名人传记《假如给我三天光明》(海伦·凯勒著),鼓励学生从"小画像"画到"大画像",自然习作育人。

二、对接新课标新要求,用多种媒体"自画像"

值得注意的是,阎老师在习作指导中,主动对接新版课程标准提出的新要求,不断地引导学生"感受不同媒介的表达效果",尝试学习跨媒介表达,运用海报、美篇、画册、二维码等多种媒介为自己"画像",积极探索信息技术在习作教学中的价值和功能。

例如,习作准备阶段,学生用"海报"来"自画像",有的用照片、有的用简笔画、有的用"照片＋奖状"等，一下子就让"陌生老师"看到了"丰富多彩的你们"；还有同学竟在"海报"中制作二维码，让"陌生老师"一扫就了解了。

即使是同一种媒介——纸质的，阎老师考虑多种表现形式，由"小画像"到"群画像"——班级集体画像，由"小画像"到"大画像"——阅读《名人传》（阎老师带来两本享誉世界的伟人自传，赠送给班级图书角），习作育人自在其中。

最后，阎老师不忘"秀"自己——展示阎老师制作"自画像"美篇，一则教师"下水"，使学生"亲其师"；二则暗示有条件的学生可以制作"美篇"，进行"跨学科学习"。

三、写评改与发表贯通，为真实需求而自信表达

不管是成人写作还是儿童习作，"只有写，才会写""只有改，才写得好"是不二法则。

就习作指导课而言，快速地让学生拿起笔来写、给足够的时间写（若以一节课 40 分钟来计算，学生写作时间至少占一半），是衡量习作指导课质量的关键指标。这 20 分钟的写作，视情况可能分为两个阶段：第一阶段，5 分钟左右。旨在及早发现问题、及时指导或调整。第二阶段，15 分钟左右。就是让学生静静地、快速地（不会写的字或词先空着，待写完修改时再查字典或请教）、连贯地写。学生写作、老师"下水"——和学生同时同场同题写作。如果学生没有动笔写，老师的"指导"可能都是"约束带""紧箍咒"；如果学生没有动笔写，学生的"说"或"口头编"——尽管"出口成章""头头是道"——可能都是"水中月""镜中花"，因为当他拿起笔来写时又不知如何下笔。当然，如果学生说的时候，用上信息科技产品——语音转换器——即时转换成文字并记录在电脑中，则另当别论。

待学生写出来之后，基于学生的习作（现有水平）进行指导：或学生朗读习作—自改互改；或教师抽样点评—修改。此时的"点评—修改"，可以对照教材习作要求；可以学习课文/习作例文；可以借鉴老师"下水文"；可以参考同班同学优秀习作，等等。如此指导针对性强、立竿见影。这样的指导

就不是约束带、紧箍咒，而是助推器、催化剂了。经同学帮助、老师指导、作家（以课文的形式）"点睛"，自己再修改（修改一处是一处；进步一点得一点。如此"'字'积'句'累""'段'积'篇'累"，写作能力提高如"涓流成海"）而成的习作（最近发展区）就是"此次习作'成品'"——誊清抄正。

如此，习作指导课（一般是两个课时 80 分钟）算"告一段落"，也可以说"大功告成"。

阎老师这节《我的"自画像"》指导课，基本遵循了以上"习作/习作指导逻辑"，并且与时俱进，实践新版课程标准提出的新要求，增加"美篇"发表。不仅增强了学生的表达自信心，而且使学生真切感受到习作实用价值。

正如第四届全国青年教师小学语文教学观摩研讨活动的主题"用好统编教材，落实课标理念"一样，用好教材、用教材引导学生学习，是教学的第一要务。用好了教材，就是在落实课标理念；用好教材落实课标理念，也就是遵循儿童的认知规律。"教材—课标—认知"是贯通一体的学科实践亦即学科育人的学理逻辑。阅读教学如此，习作教学如此，语文教学如此，其他学科教学亦如此。阎老师执教的《我的"自画像"》遵循学理逻辑、起到示范作用。

18. 如何赢在思维？

——群文阅读《如何赢在思维？》实录与评析

罗懿临老师执教的群文阅读《如何赢在思维？》，在"第十届儿童阅读与语文创意教学观摩研讨活动·基于统编小学语文教材的群文阅读教学探索"（重庆）中荣获特等奖。正如课题所聚焦的问题"如何赢在思维？"一样，罗老师的群文阅读教学也是"赢在思维"，赢在有效运用结构化的多个文本训练学生向故事主人公那样思考，巧妙地、与众不同地解决问题，而且解决得非常漂亮。学生在向故事主人公学习的过程中，提升了自己的思维品质，特别是思维的敏捷性、灵活性和独创性。

一、选文：赢在精选结构化的多个文本

群文阅读的"群文"当然就是多个文本，但不是数量的多、零散的多，而是共同指向解决同一个问题的有关联的多。这"多个文本"可能体裁不同、题材不同、角度不同、难度不同，但都为解决阅读聚焦的问题、得出合逻辑的结论服务。因此，这多个文本是结构化的。

罗老师从统编教材五年级下册第六单元"了解人物的思维过程，加深对课文内容的理解"找到灵感，以经典课文《田忌赛马》为"1"，积极向外拓展，在群文阅读配套读本《群文阅读语文新课程1＋x读本》中，精心挑选了《深山藏古寺》《最佳路径》《鸡蛋比西瓜大》三个文本，结合成结构化文本，解决一个"大"问题——如何赢在思维？

这四个故事的主人公凭借不一样的思维，或赢得了胜利，或获得了成功，或取得了利益，令人耳目一新。例如，《田忌赛马》，孙膑打破常规思维，只调整了赛马出场的顺序，就让田忌转败为胜。《深山藏古寺》，考生与众不同

地构思画作，以"老和尚在山脚挑水"来表现"深山藏古寺"的画题，夺得第一名。《最佳路径》，世界建筑大师格罗培斯从一位葡萄园老太太身上获得启发，依人们"自由踩出的小路"而设计路径，赢得世界最佳路径。《鸡蛋比西瓜大》，小镇农民凯乐"反常态"地设计宣传语"鸡蛋比西瓜大"，引发人们好奇，成功推出新产品小西瓜。这些思维的一个共同的典型的特点就是突破"套板反应"，表现出思维的敏捷性、灵活性和独创性，因此，"赢在思维"。

二、教学：赢在聚焦问题解决，得出合逻辑的结论

1. 创设情境，引发思考

罗老师和学生一起观看抖音短视频《锤子拔钉子》，激发学生思考，表达得到的启示。

生：锤子拔不出墙上的钉子，后来，动画人物帮他转了一下头就把钉子拔出来了。这个视频告诉我们遇到问题要善于转变思维。

师：可见思维非常重要。研究思维的人很多，关于思维的书也很多，有一本书叫作《赢在思维》，这名字取得好。如何赢在思维呢？今天我们就来探究这个问题。

〔点评：抖音小视频吸引学生，紧贴主题又轻松有趣，便于激发学生兴趣，快速聚焦问题。同时，老师举《赢在思维》一书，又暗示课外继续阅读。〕

2. 分组合作，聚焦问题解决

（1）快速浏览，找到"思维点"

老师同时呈现4个文本《田忌赛马》《深山藏古寺》《最佳路径》《鸡蛋比西瓜大》，要求学生快速浏览，找到各自"谁借助什么事物来引发思维的"。

在学生浏览圈画关键信息后，老师组织学生交流、梳理，得出：《田忌赛马》，孙膑借助马的脚力不同调整了马出场的顺序，从而赢得了比赛；《深山藏古寺》，考生借助老和尚在山脚的溪边挑水表达了"深山藏古寺"；《最佳路径》，建筑师格罗培斯从老太太的葡萄园获得启示，设计了最佳路径；《鸡蛋比西瓜大》，农民凯乐借助鸡蛋推销了袖珍西瓜。

[点评：老师的提示，使学生的注意力更加集中（40分钟毕竟有限得很）。而同时浏览4个文本，以便留下整体印象、又训练阅读速度。]

（2）分组研读，聚焦问题

老师呈现将要探讨的主要问题，并提示思维的角度。如《田忌赛马》田忌赢在哪里？从马脚力方面分析他的思维妙处。《深山藏古寺》考生赢在哪里？从老和尚的角度分析他的思维妙处。《最佳路径》建筑师赢在哪里？梳理老太太和建筑师的思维方法，分析思维的妙处。《鸡蛋比西瓜大》镇长赢在哪里？从鸡蛋的角度分析其思维的妙处。

[点评：老师紧扣"赢在"哪里，并提示分析的角度，同样是为了在有限的时间里，更有效地完成既定任务、达成既定目标。这既是40分钟课堂教学的基本特征，也是任何人完成任务的一般式。]

（3）聚焦问题解决"细读"文本，引导学生各抒己见

①以《田忌赛马》为"示范"，探讨孙膑给出赛马排序的奥妙。学生默读课文，思考"田忌是怎么赢的？"

生：孙膑用田忌的下等马对齐威王的上等马，用中等马对齐威王的下等马，用上等马对他的中等马，最终三局两胜。

师：资源配得好，冠军跑不了啊。孙膑为什么能想出这一妙招呢？

生：他发现马脚力相差不多，并且分为上中下三等。

师：他发现了"马脚力"这个关键点。如果当时我们也在现场，通常情况下，我们关注的会是什么？

生：谁的马跑得比较快。

生：哪匹马跑得最快。

师：而孙膑看到了决定胜负的关键，这就是他与众不同的观察点啊。

师：看看这些对阵图，你觉得孙膑取胜的原因是什么？

生：孙膑懂得调整马出场的顺序，最后反败为胜。

师：从中我们有什么启示？

生：我们也要像孙膑一样善于观察，去认真分析。

[点评：思维的敏捷也好、灵活也好、独创也好，都离不开细致观察、缜密分析。之所以孙膑能"赢在"思维，首先源于对赛马"脚力"的观察。如

果齐威王的马都比田忌的快很多，再调换顺序也没有用。这一点，必须让学生真切感受。]

②分组阅读另外三个文本，迁移探讨主人公思维的妙处

分组阅读《深山藏古寺》《最佳路径》《鸡蛋比西瓜大》，运用从《田忌赛马》探讨孙膑思维路径的方法，琢磨考生、格罗培斯和农民凯乐是"如何赢在思维"的。

生：《深山藏古寺》，考生没有画寺庙，却画老和尚挑水来点明山中有寺庙。

师：不见寺庙只见僧，看来这个寺庙藏得严严实实的。

生：他画的是老和尚，不是小和尚，说明这个寺庙是座古寺。

师：你有一双慧眼。看来这个考生的思维是经过推敲比较的呀。那为什么只画"一位"老和尚？为什么画"山脚"？为什么画他在溪边"挑水"？

生："一位"说明寺庙很冷清，可能是座古寺。

生："山脚"说明这是一座深山。

生："挑水"这个活儿一般情况下由小和尚来做，画老和尚亲自"挑水"，亲自做这个重活儿，说明这可能是座古寺。

师：你们走进"考生"的思维里了。老和尚这个视角实在太独特太有创意了，让我们产生了丰富的联想。

[点评：正因为有了不一样的思维的激荡，学生的潜能被激活了，对"一位""山脚""挑水"的联想超乎寻常！]

师：《最佳路径》，谁来说说？

生：格罗培斯设计的这条路径被评为"世界最佳设计"。老太太要求顾客投入五法郎，就可以摘一篮葡萄上路。建筑师受到启发，他要求撒上草种，提前开放。正是因为他们都给了人们自由，所以才获得了这么好的结果。

师：你不仅梳理了老太太、建筑师的思维过程，而且还说出了自己的感受。我听到了你说的一个关键词——

生（大声）：自由。

师：你们怎么理解文中的"自由"？

生：游客可以自由地选择走哪一条路，他们想走哪一条就走哪一条。

185

生：顾客可以自己选择自己喜欢的葡萄，想要怎样的葡萄就摘怎样的葡萄。

师：游客觉得好，才是真正的好。老太太和建筑师把自由还给他们，把尊重给了他们，也把信任给了他们，因为他们知道"信赖往往可以创造出美好的境界"。通过分析，我们又悟出了一种思维的妙处，它妙在哪儿？

生：妙在给人自由。

师：所以，有时候我们也可以像建筑师一样，迁移别人成功的经验，打破常规，逆向思维，可以让我们事半功倍。

［点评：建筑师设计路径的思维妙在哪里？妙在"借"别人智慧——游客自由地踩出的路，就是我们要为游客设计的路（相当于游客为你作设计，或你"照搬"游客的设计）。因为，建筑师设计路径是为方便游客，你的设计"暗合"游客的，就是"最佳的"。］

师：这个"西瓜"可了不得，谁来说一说？

生：镇长成功地把袖珍西瓜推向了全世界。一般情况下鸡蛋都是比西瓜小的，而他却说鸡蛋比西瓜大，正因为抓住了人们的好奇心，所以才成功地推销了西瓜。

师：好奇心是一股热情，是人们对未知世界永不停息的热情，抓住了好奇心就抓住了这股令人着迷的热情。所以，有时候我们打破常规，抓住好奇心可以达到妙不可言的效果。

［点评：镇长的宣传"反常识"（"鸡蛋比西瓜小"是常识）引发顾客的"好奇"。好奇心驱使顾客一探究竟。镇长的目的达到了——妙。］

③比较归纳，总结提升

师：不管是军事家还是画家，不管是建筑师还是农民，各行各业都让我们看到了与众不同的思维路径。通过学习，我们明白了如何才能"赢在思维"。

生：要打破常规，转变思维方式。

生：要想别人想不到的，要创新，要与众不同地解决问题。

师：是啊，要赢在思维就应该——（生：寻找最佳的思维路径。）当我们找到最佳思维路径，也就是"赢在思维"。

［点评：这个对比归纳的环节，引导学生将"零散的"知识进行归整，使之结构化。换言之，整个教学经历从整体到部分再到整体，从一篇到多篇再到"一篇"（一个上位的概念——"打破常规""转变思路""与众不同"等）。］

3. 拓展延伸，由书本引向生活

师：这几天，老师品尝了我们重庆最出名的饮食——重庆火锅。可是，老师来自福建，饮食清淡，吃不了全红汤麻辣火锅，怎么办呢？

生：老师您可以吃清汤火锅。

师：可是还有重庆的朋友呢，他们爱吃辣。

生：可以吃鸳鸯火锅。

师：鸳鸯火锅，合二为一，满足了两种人的胃口。我们重庆火锅之所以能得到全世界的青睐，它还体现了哪些巧妙思维呢？

生：火锅的菜品很多，想吃什么就烫什么。

师：也是给人自由，任其选择啊。

生：九宫格火锅，在哪个格子里烫的菜都能很容易找到，而且可以根据不同的火候烫不同的菜。

师：正如一位重庆火锅企业者说：没有独步天下的火锅技术，只有不被淘汰的思维。老师的家乡也有一种饮食非常出名，它就是——沙县小吃。有句话叫"有中国人的地方就有沙县小吃"。老师搜索了一下，发现我们上课的附近就有150家呢！这样一个小吃，它到底是以怎样的经营思维走遍全中国乃至全世界的呢？同学们在课后可以去探寻一下这个答案。

［点评：书本知识源于生活也为了生活。我们向书本学习增长知识，终究是为了生活、为了更好地生活。因此，罗老师自然而然地将学生引向现实生活，用学生身边的、熟悉的、活的例子来验证书本知识。同时也渗透教育学生要留心生活、观察生活，向生活学习。］

【总评】

罗老师的群文阅读《如何赢在思维？》，体现了群文阅读的基本追求和典型程序。概言之，一是引导学生围绕问题解决而阅读结构化的多个文本；二是以一个文本为例获得基本的解决问题（逻辑推论）的路径，然后迁移到其他文本中，去实践、去验证、去丰富，逐步形成解决问题的"一般式"；三是建立由"一篇"到"群文"到整本书到整本"群书"到生活的循环往复，最终实现核心素养的整体提升，成为专业的阅读者（学习者、研究者等）。

（执教：福建省龙岩市松涛小学　罗懿临）

19. 文学阅读：引导学生探索"有创意地表达"

——以统编教材四年级《我们家的男子汉》教学为例

"有创意地表达"是"文学阅读与创意表达"学习任务群的核心概念和价值追求。"文学阅读"一方面要感受、理解、鉴赏文学作品的创意表达；一方面要汲取作品的创意表达经验，在自己的语言运用中尝试，使自己的语言表达有创意。什么是"有创意地表达"？统编版小学语文四年级下册第六单元"写作"，先给"有创意地表达"下定义，即"有创意地表达，是指表达时有新意，有个性，不落俗套"。接着，第四学段进一步阐明基本要求，即"写作时，要做到有创意地表达，除立意新颖外，还要注意选材要新颖；角度要新颖；语言表达要新颖；表现形式也要新颖"等。

2022年版课标在"文学阅读与创意表达"学习任务群的"学习内容"中，对四个学段的目标要求作清晰规划，体现有序进阶。如第一学段要求"初步体验文学阅读的乐趣"——文学作品的创意性能给予学生浓厚的阅读乐趣。第二学段则进一步要求"结合自己的生活体验，尝试用文学语言表达自己热爱自然、珍爱生命的情感"，能"欣赏富有童趣的语言与形象，感受纯真美好的童心，学习用口头或者图文结合的方式创编儿童诗和有趣的故事，发展想象力"——已然可以看到文学阅读"有创意地表达"的雏形。第三学段再进一步，要求"学习品味作品语言、欣赏艺术形象，……学习联想和想象，尝试富有创意地表达"以及"学习运用细节描写等文学表现手法，描述自己成长中的故事"——文学阅读的"有创意地表达"基本成形。

在"文学阅读与创意表达"学习任务群的语文实践中，怎样以课文为例子，找准切口，引导学生品味作品语言、欣赏艺术形象、汲取创意营养、尝试有创意地表达呢？福建省厦门实验小学刘冰老师执教的《我们家的男子汉》

一课，给予我们诸多有益的启示。

《我们家的男子汉》是当代著名女作家王安忆的散文作品，作品中富有童趣的语言和形象，让我们触摸到一颗纯真美好的童心。作者笔下的"男子汉"，无疑是我国文学史上不可多得的零到四岁男孩的艺术形象的代表。经改动后，统编教材把《我们家的男子汉》作为略读课文编排在四年级下册第六单元。这个单元还编排了《文言文二则》(《囊萤夜读》《铁杵成针》)《小英雄雨来（节选）》《芦花鞋》等课文，都属于文学作品。不管是古代"囊萤夜读"的车胤和感动于磨铁杵的老媪而"还卒业"的李太白，还是"虚构"的小英雄雨来和勤劳又善良的青铜，都是儿童形象。毫无疑问，这个单元属于"文学阅读与创意表达"学习任务群。

刘老师的课，紧扣略读课文的一般要求和编者意图，关注第二学段"文学阅读与创意表达"学习任务群要求"对重要段落和语句的理解，以及对作品的语言和形象的具体感受"的重点，着力引导学生欣赏王安忆有创意的表达并进行思维训练，通过引发提问、聚焦形象、关注形式和朗读表现等语文实践活动，与学生一起经历"有创意地表达"的探索过程，体现新课标六个语文学习任务群之间既独立又交融的特征。

一、引发提问，发现文学表达的"新颖"之处

阅读最困难的部分不是去读，而是去思考。思考需要问题带动，因此，统编教科书在四年级上册第二单元专门编排"提问策略"的学习，训练学生"从不同角度提出问题，让自己的思考更加全面和深入"，从而逐步实现深度阅读。富有创意的文学阅读更需要问题导向，引领学生主动发现、积极探索，进而获得更丰富的文学体验。

课文《我们家的男子汉》富有创意，主要表现为选材新颖、结构新颖和语言新颖。这些"新颖"之处，如何让四年级的学生感受、理解并有所启发？是直接告诉还是引导发现？刘老师采取引导发现的方式，让学生自己发现问题、提出问题、解决问题。

上课伊始，刘老师让学生抓住课题中的"男子汉"与文中的"零到四岁的小男孩"之间的联系，引导学生提出问题。学生自然发问："男子汉一般是

指成年人。但是，这个小孩只有零到四岁，怎么能称之为'男子汉'呢？"同时，带入生活体验和阅读经验，感受一般男子汉的"成年男性，高大魁梧""顶梁柱""承担家庭负担责任的人"等特点，再对照"我们家的男子汉"只有"零到四岁"产生的巨大反差，进而感受"作者在选材的角度上非常特别"。

接着，刘老师问"这篇文章的结构也非常特别，有发现吗？"学生陈述发现："文章分为三个部分，每一个部分都有一个小标题，还有独立的开篇语，独立的结尾。"并主动提出"为什么要这样分节""这些小标题之间有什么关联""这些小标题与'男子汉'有什么关系"等问题。这些问题既揭示文章结构的特别（即形式新颖。开头和结尾独立，中间部分分节且有小标题。这样的文章结构形式，是四年级学生第一次接触的，也是小学阶段唯一的一篇），又直指阅读理解的重点。由于问题是学生发现并提出的，所以思考起来积极且有效。例如，学生有的说，在生活中，一般男子汉都是很独立的，所以小标题中写的是"对独立的要求"；有的说，"沉着"也是男子汉的基本要求；更有学生质疑："第一个小标题并不能看出他是个'男子汉'，因为第一部分写了他只会吃。"刘老师抓住这一"意外生成"跟进追问："你对小标题产生怀疑，认为'对食物的兴趣'怎么会是'男子汉'的表现？是不是王安忆没有写清楚？那么，第一个标题所统领的内容能不能删去呢？"

正如尼尔·布朗在《学会提问》中所言，"通往合理结论的道路往往从问题开始，并且一路都有问题相伴"。刘老师正是以引发学生提问来开启《我们家的男子汉》的"文学阅读与创意表达"探索过程的。

二、聚焦形象，练习有证据地表达观点

形象是构成文学作品核心要素之一。聚焦形象，是文学阅读的主要学习任务。文学阅读要"通过整体感知、联想想象，感受文学语言和形象的独特魅力，获得个性化的审美体验"。学生的"感受""获得"需要表达出来，表达要基于证据，教师要引导学生练习有证据地表达对形象的感受或获得的个性化审美体验。

课文《我们家的男子汉》塑造的"零到四岁"男子汉的形象是什么样的？

具有怎样的独特魅力？进而怎样有理有据地表达出来？这是教学要解决的重点问题。刘老师带领学生阅读文本、寻找信息、整合信息，逐步形成有证据支撑的观点。既训练形象思维，也训练逻辑思维。这种语文实践活动，体现六个学习任务群"既相对独立，相互之间也保持着多种多样的联系……是清晰与模糊的统一"的特点。

具体而言，刘老师引导学生经历三个互相关联的学习活动。首先，概括事例。学生分小组完成教师设计的"学习任务单"：围绕三个小标题，写了哪些事例。例如，学生概括，第一节内容包括"吃饭爽气""为活吃菜""为吃等待""为梦想而牺牲"；第二节内容包括"自己买山楂片""自己买橘子水""不让人牵他的手"；第三节内容包括"上托儿所""离开外婆"。其次，引发思考。教师和学生一起梳理出以上事例后，提出问题："作者围绕他们家的男子汉写了这么多件事，这与我们学过的写人写事的文章很不一样。作者是怎样把这么多的事'装'进一篇文章里的？"通过讨论，学生逐步明白"文章标题—小标题—具体事例"之间的关联，渗透篇章结构意识。例如，有学生说，"根据标题写事例"；有学生说，"第一个小标题'他对独立的要求'，内容与'独立'有关联。第二个小标题'他面对生活挑战的沉着'，其中的事情肯定也是跟'沉着'有关联的"。这些结论都是学生自己探索出来的，弥足珍贵。第三，得出观点。这些事例都可以表现这个"零到四岁"的小男孩像个"男子汉"。

学生经历以上这三个互相关联的学习活动，逐步形成有证据且合逻辑的观点——这"零到四岁"的小男孩是个"男子汉"，进而完成一项逻辑思维训练任务。

三、关注形式，尝试有创意地表达

表现形式新颖，是有创意表达的基本要素，是文学阅读关注的重点。相对而言，内容一般比较容易懂，形式非得琢磨或经教师指点不可。文学阅读教学，在内容的理解（特别是"言外之意"）上要指导，在形式的欣赏（这样写到底好在哪里）上更要多下一番工夫，方能得其法。

课文《我们家的男子汉》是写一位小男孩的一些日常事件，对四年级的学生来说，理解上不会有太大的障碍。而其结构形式的新颖、独特，如小标题的运用，是需要讨论与点拨的。学生在前一篇课文《小英雄雨来（节选）》中，练习过概括小标题，那么这篇课文的教学该怎么"进一步"呢？刘老师在学生完成揣摩"课文标题—小标题—具体内容"之间关系的基础上，设计"挑战"作者的语言运用情境——尝试替换作者的小标题。这不仅是概括能力（逻辑思维）的训练，也是创造思维的训练，直接培养思维的灵活性、独创性和批判性等品质。尤其是批判性，在这里表现的主要是避免"唯一答案"、避免"盲从作者"，是"有创意地表达"的题中之义。

从学生的实际表现来看，他们不仅有能力替换作者的标题，而且大有超越作者的态势。例如，把"他对独立的要求"替换成"他渴望独立的生活"，并阐明思考过程，"先调换（词语的）位置，改变（句子的）结构，但是'独立'这个中心词要保留，然后把'要求'换成'渴望'。这是替换近义词的方法"。把"他面对生活挑战的沉着"替换成"接受现实"，因为"文中写的两件事情，其实都是他在面对、接受现实"。把"他对食物的兴趣"替换成"对食物的爱好与牺牲"，"我们概括的方法也是先给'兴趣'替换近义词。接着，我们发现当'少林寺风靡全国'时，为了梦想，他能在吃上做出牺牲。这样概括更完整"。

如果"小标题"尚有可替换的空间，那么文章的顺序安排就刚性许多。刘老师出其不意再"翻新"，设计两个"文学体验"情境，让学生完成探索性学习任务：一是本文的三节内容能否调换顺序；二是补充《我们家的男子汉》原文中一个小节的内容，要求学生先概括小标题，然后思考插在课文什么位置比较合适。这两个学习活动主要是揣摩文章顺序的内在逻辑。不论是普通表达，还是创意表达，都必须遵循行文的内在逻辑（即或事情、或情节、或情感的发展顺序等）。这篇课文写人记事的"事情"发展顺序似乎不是很明朗，需要深入文字背后。相对而言，后一个学习任务更具挑战性。经过独立思考、小组讨论以及教师点拨后，有小组代表发言："不能调换顺序，因为'他对独立的要求'是建立在'对食物的兴趣'之上的。山楂片是食物，他有对山楂片的兴趣，才会想去自己买。之后，'他面对生活挑战的沉着'是建立在'独立'之上的。"表达有理有据。有小组代表补充："我们是从文章结构上思考。因为文章是递进的，调换顺序以后就不一定有递进关系了。"理性成分增加，学生发现文章结构的"递进"关系。这个"递进"是学生自己的发现吗？是怎样的"递进"法？刘老师不满足于学生的思考结果，顺势追问："你说的'递进'指的是什么？"以期揭示思维过程。学生补充："我们说的'递进'，是指作者围绕男子汉写了多个事例，把他慢慢地写得越来越像男子汉。"第三组代表的发言更深入、更细致："我们小组也讨论出与前一个小组类似的结论。他们说是'递进'关系，第一个递进是内容上的递进。小男孩这个男子汉的特征，如文章最后所说，'他手掌上的细纹，他的身体，他的力气，他的智慧，他的性格，还有他的性别，那样神秘地一点儿一点儿鲜明……'作者层层递进地写出他男子汉的特征。第二个递进是作者对小男孩情感上的递进。情感一步步加深，特征也会一步步凸显出来。所以我们认为不能调换顺序。"

刘老师在肯定和提炼学生们思考之法——"既关注结构、内容，又关注作者情感"和学习之要——"善于倾听"后，补充原文中的一小节内容，呈现在学习任务单上，让学生"替"作者概括小标题，并琢磨应该插入课文的什么位置。这既是一个有挑战的学习任务，也是一个有创意的学习任务，引发学生针锋相对的思维碰撞。

> 他不喜欢女孩子，不喜欢一切缠绵悱恻。……他爱和男性玩，无论是同他一样大的孩子，还是成年人。实在无人可玩的时候，女性，他也接纳了。和女孩子在一起，他的胸怀忽然地宽大起来。最先进的武器让她用，最优良的地形让她站，自己则赤手空拳，他绝不发起进攻。而她只要轻轻一碰他，他便仰面倒下。那倒下的姿态很帅，牺牲得漂亮。幼儿园里有个女孩子叫燕子，长得挺漂亮，黄黄的头发在脑后束起一大把，却很骄横。有一次，竟然把他从台阶上推了下去，磕破了膝盖，而他却没有回一下手，他说："我看她是女的，算了。"他总说："我最恨燕子了！"可是有一次，他早晨醒来告诉我，他做了一个梦，梦到了燕子。"你想她了？"我问他。"我才不想她呢！我梦见我和她在吵架。"

生$_1$：我想放在最后一节的前面。我认为"他对女性的宽容"，也算是一种"生活挑战"。他可以谦让，但这并不是非常具有挑战性，因为任何人都可以对女性谦让和宽容。

生₂：我不同意他的观点。因为我认为"他对独立的要求"和"他面对生活挑战的沉着"应该是连在一起的，中间插一节不合适。我认为应该放在最后一段，即"他面对生活挑战的沉着"的后面。

师：两种观点，各有理由。还有补充吗？

生₃：我想支持生₂的观点。根据故事情节，这里说"把他送进托儿所"，但是这些事，不像在托儿所里面发生的事情。

师：你是从生活环境上考虑的。同学们，不经意中，我们又回到了作者谋篇布局的深度思考中。想知道作者把这一节放在哪个位置吗？

生（齐）：想！

师：老师也不知道。如果你感兴趣，就去阅读《王安忆散文》吧。

刘老师设计这一学习任务，目的不在于确定这个情节所放位置的准确性，而在于学生思维的过程，这个过程既能加深对课文的理解，又能加深对文学表达的理解。更重要的是，刘老师并不告诉正确答案，而将"在于激励、唤醒和鼓舞"的教育艺术发挥得淋漓尽致。课后，学生争相阅读《王安忆散文》，由一篇课文延伸到整本书阅读，就成了自然而然的文学体验活动。

四、朗读表现，抒发个性化的情感

文学，也是情感学。作者常常将自己的情感隐藏在字里行间。文学阅读要感受、体味作者的情感，通过朗读和想象等表现作者的情感，进而受到情感的熏陶感染，达到丰富精神世界的目的。因此，新课标"阅读与鉴赏"各学段要求的第一条都是用"普通话正确、流利、有感情地朗读"。对于文学阅读而言，"有感情地朗读"是理解的外化、审美的外化，更是情感的外化。

在引导学生"感受、体味"作者的情感方面，刘老师着重在字里行间寻觅、求索、玩味——有证据、有创意地表达；同时，注重朗读——形象地外化作者情感，体现"文学阅读与创意表达"的独特育人价值和功能。当学生对课文的语言、结构、人物形象和情感等有一定的理性思考后，刘老师即安排朗读，特别是对结尾那段新颖的语言与浓厚的情感融合得"化不开"的内容进行朗读表现，将学生所理解和体会的情感通过朗读抒发出来，既加深文学理解，又涵养审美情趣。

最后，刘老师总结道："作者对小男孩的情感一直延续，并一直关注着他的成长。多年后，她还写了一篇文章，叫作《男子汉成人》。文章开头说，'多年前，曾写过一篇《我们家的男子汉》，现在，文章中的男子汉已经是一名青年'。他成为一名怎样的青年呢？如果你们感兴趣，就去读《王安忆散文》。"课堂教学结束，新的文学阅读探索之旅又开启了。

纵观整个课例，教师以"文学阅读与创意表达"学习任务群的"教学提示"为依据，紧扣统编教材"语文要素"和编者意图，设计文学体验情境，带领学生在情境中完成品味作品语言、欣赏艺术形象、汲取创意营养、尝试有创意地表达等一系列文学阅读任务。教师因势利导，不着痕迹地教与评，激疑启思，促使学生想得深入、学得精彩。

二、名师评析我的课

20. 循朱熹读书之法　行"读思达"教学之道

——《〈古人谈读书〉之朱熹读书之法》教学赏析

黄国才老师莅临龙岩市实验学校，参加构建素养导向的"备—教—学—评"互动一体的教研活动。下午第一节课，黄老师提出也上一节课，和老师们交流。他临时抽取五年级（2）班，和同学们一起经历《〈古人谈读书〉之朱熹读书之法》的阅读与思考。这节没有借助任何电化媒体的真实、朴实、扎实的语文课，给当下似乎离开"一体机""PPT"就无法上课的老师以诸多启示。现对黄老师的课堂教学进行赏析，以期引发更深广的思考。

实录1：走近朱熹识其名

师：（板书：⺮）是什么偏旁？（生：竹字头。）由竹字头构成的字，大都跟什么有关？（生：竹子。）哪位同学愿意上黑板来画一棵竹子。（一男生上台画）

师：（板书：笕）这个字读什么？

生：览。

师：你有什么理由？

生：我在一本书里见过这个字。

师：（板书：见）这个字读什么？

生：读"见"。

师：所以"笕"的读音更可能是——（生：jiàn。）"笕"就是由竹子做的，用来引水的工具（边讲解边在学生画的竹子上"画"出笕）。回去查字典验证一下。

师：（板书：熹）这个字读什么、与什么有关？

生：读"xī"，这个字和火有关，因为下面是四点底。

生："熹"会带来光明。

师：（板书：朱熹）朱熹你们知道吗？朱熹又称朱子。对于朱熹，你们有什么想问的吗？

生：朱熹是什么？

生：朱熹为什么又名朱子？

师：你姓什么？

生：我姓范。

师：那你可以称为"范子"吗？

生：不可以。

师：为什么？

生：就像孔子原名孔丘。孔子是后人对他的尊称。

师：是的，你姓范，但是不能被称为范子，除非你非常非常有成就，后人可能会尊称你为范子。你现在可以被称为"范氏之子"。你对朱熹了解多少？

生：朱熹是南宋的哲学家、文学家。

师：说到了朝代和身份。

[点评：介绍作者，很多老师往往用一段文字介绍其生平、荣誉、成就，等等，学生听来枯燥乏味。黄老师从朱熹的名字入手，了解字音、字义、称号。因为名字的字音、字形、字义是人对其认知的第一印象，尤其是汉字这种表意文字，一个字代表一种意思。中国人起名字讲究字的音、义、形，力求音美、义美、形美兼得，品起来含义深刻、寓意丰富。在这一环节中，通过挖掘名字字义的审美内涵，同学们深切地感受到看起来简单的名字，却意蕴深厚，进而领略到中华优秀传统文化的魅力。]

实录2：再识朱熹解"心到"

师：我们在《古人谈读书》中学习到了朱熹的读书方法，我们一起读——（生：齐读）在《古人谈读书》中朱子说读书有哪"三到"？

生：心到、眼到、口到。

师：（板书：心到、眼到、口到）"心到最急"什么意思？

生：心到最重要。

师：你们同意这个观点吗——（生：同意。）理由呢？

生：我同意这个说法。因为……没想好。

师：如果心没有到，虽然眼睛和嘴巴到了，那也只是"和尚念经——有口无心"。你有没有相似的经历？

生：比如说我们在诵读时，心没有到，嘴巴和眼睛到了也没有用，记不住。

师：还有没有其他例子？

生：我在背《四季之美》的时候，心没有到，就很难背诵。心到和眼到、口到了就很快背下来了。

师：很好！在表达和论证自己的观点的时候，最好举自己的例子，不只是听别人的答案。

[点评："心到最急"什么意思？这个问题提得特别好，提到点子上。朱熹说："虚灵自是心之本体。"（《朱子全书》第14册，第221页）朱熹说的心是认识主体，所谓的虚乃空虚、无成见意。朱熹认识到，"心"如要摆脱私欲的影响，就必须时刻检讨其有没有被"私欲"占据，如发现其被"私欲"占据，则务必立即清除。"朱子读书法"六条，即循序渐进、熟读精思、虚心涵泳、切己体察、着紧用力、居敬持志。虚心涵泳中的"虚心"，是指读书时要反复咀嚼，细心玩味。这一环节，黄老师一则引导学生联系自己的体验，理解朱熹的"心到"内涵；二则引导学生利用自己的例子，有理有据地表达观点。]

实录3：对话朱熹抒己见

师：同学们对这个观点有没有疑问呢？

生：为什么心到了，眼和口就会到？

生：为什么一定是心到、眼到、口到，才能读好书？

师：好问题！同学们拿出笔记本来，把这句话抄在笔记本上。写好之后好好检查，再想想理由。同桌之间交流一下。（学生抄写）

师：读书，"心到、眼到、口到"就够了吗？如果是你，你还会什么"到"？完成练习（板书：心到、眼到、口到、____到……）。（学生练习，老师巡视）

师：我注意到，很多同学都写了"耳到"，但是，有一位同学写"精到"，

201

还有一位同学写"精神到"。你说的"精神到"是什么意思？

生：我说的"精神到"是精神。如果精神没有很好的话，书就背不出来。

师：还有补充吗？

生：精神还包括心思。如果没精神，心思不能集中。

师：很好，对于"精神到"还有没有补充？

生：我觉得还包括自信。如果没有自信，上课就不敢举手。

生：我觉得还包括精力要充沛。如果你有精神你坐姿会很端正，手能叠着放，不然会昏昏欲睡。

师：你认为精神还包括坐姿。我倒觉得坐姿不一定要那么规矩，放松一点儿好。还有补充吗？

生：我觉得精神还指活力。有精神就会去运动。

师：很好！有精神就有活力。活力来了，精神来了，学习效率就高了。

生：我觉得这个精神还包括态度。写作业态度要认真。

生：还有状态。如果没精神，读书没有精力。

师：状态？还有——

生：还有神态。上课时特别认真，会有痴迷的表情。

师：状态、神态、精神，通过这些表现出来。

生：我觉得还有决心。上课思考问题的力量。

师：还有决心。现在我们不仅有朱熹先生的"三到"，还有五（2）班同学的若干"到"！我们要记在心里并实践它。

[点评：朱熹的"三到"延伸到学生"读书还有什么到"，非常巧妙。学生写了手到、脚到、耳到，等等。黄老师敏锐抓住"生成"，用好"生成"，精彩纷呈。即利用一位学生读书要"精神到"，引导深思，发表观点。学生各抒己见，认为"精神到"就是心思集中、精力充沛、充满活力、态度认真、要有自信、效率、决心，等等，居然与朱子的读书法不谋而合！朱子的"切己体察"，强调读书必须精神抖擞，勇猛奋发，反对松松垮垮；"居敬持志"中的"居敬"，强调读书必须精神专注，注意力高度集中，"持志"，就是要树立远大志向，并以顽强的毅力长期坚守。这一环节学生沉浸阅读，与圣人"对话"，将读书有所领悟时的精神愉悦、活泼自在的内心感觉化作可以感触

的具体形象并加以描绘,内涵丰富、耐人寻味。]

实录 4:探问朱熹明学理

师:除了"三到",朱熹还提出非常多的读书方法,看——(板书:循序渐进,熟读精思)。读——(生:循序渐进,熟读精思)把这八个字抄在笔记本上——(学生抄写。老师巡视,悄悄提醒个别学生的坐姿等)

师:朱熹的"循序渐进,熟读精思"读书法,还有故事,同学们想听吗?认真听——

> 朱熹的门生——也就是朱熹的——(生:学生)来问朱熹读书的方法。朱熹讲了一个故事。他说:以前,有人把惠山泉装到京师去喝,结果臭了,于是,洗水。将沙石放在筧里,将惠山泉从上面倒下去,从筧里流出。如此十多次,臭水变成天下第二的惠山泉了。水如此,人也如此,不管圣人愚人,用心坚持,不断消除不好的气禀,就能变化气质,浑然天理。停了片刻,朱子又接着说:"读书之法,在循序渐进,熟读而精思。"

——《大儒世泽 朱子传》福建省政协文史和学习委员会等 编著,福建人民出版社,2016 年版,第 239—240 页

师:大家有什么想问的吗?

生:这个门生是谁?

生:这个门生的前途怎么样?

师:你关心门生和他的前途。

师:你有什么问题?

生:为什么是第二的泉水,不是第一?

师:第一的泉水洗了变成第二了。你有什么问题?

生:为什么竹子里的水倒出来会变成干净的水?

生:为什么朱熹要跟门生讲这个故事,而不直接说呢?

师:很好,为什么七绕八绕讲故事给他听?写作文咱们也可以讲个故事哦。

生:为什么沙石洗了第一遍不用换一下?不会变脏吗?

师:故事没有说得那么明白。老师有个问题,"洗水"和"循序渐进,熟读

203

精思"到底有什么关系？同桌之间交流一下，用刚才老师讲的故事作为证据。

生：水，一遍一遍地洗会变得干净，书，也是一遍一遍读会变得透彻。

师：还有呢？

生：循序渐进，沙石一遍一遍地洗，就会慢慢变得很干净。沙石是我们每天的积累。

师：你和刚刚那个同学不一样，你增加了沙石。沙石你认为沙石相磨，沙石是我们每天的积累。非常好！你们自己的"沙石"相当于什么？

生：沙石相当于每天的积累。相当于不断地改正。

生：惠山泉水相当于遇到的困难（"沙石"），泉水流出来，就像解决了这些困难。

师：很好，应该说克服了困难。第一第二位也提到了书，但你说得更具体，沙石还相当于什么？

生：沙石相当于"心到、眼到、口到"。原本臭的泉水变成了干净的泉水，记住书的内容就能变得更好。

［点评："循序渐进、熟读精思"的学理作为一种思想，我们很难通过深奥的语言进行解释，利用人物故事来突破，将他的思想通过具体的故事来进行讲解，使学生更加深刻认识朱熹的理学思想。同时，引导学生将"洗水"与读书之法联系起来并"对接"学生的经验，个性化地解读"沙石"，巧妙地将客观知识转化为主观认知，实现知识建构。］

实录5：回归朱熹观书有感

师：朱熹不仅读书心到、眼到、口到，而且熟读精思、循序渐进。在他日积月累的读书之下，他成为了大儒（板书：大儒），也就是你们所说的大思想家、教育家、文学家。说到文学家，我们这学期一起学了他的两首古诗，我们一起背。［学生背诵《观书有感》（其一）（其二）］

师：在三年级时还学过他的《春日》，我们一起背诵。

生：胜日寻芳泗水滨，无边光景一时新。等闲识得春风面，万紫千红总是春。

师：真好！我们读书，一定要像朱熹那样循序渐进，熟读精思。请大家回去以后，再读一读朱熹的诗。

［点评：从认识朱熹开始，到朗朗的《观书有感》《春日》结束，可谓匠心独具、意味深长。］

【总评】

统观整节课，细品课中细节，笔者认为黄老师和龙岩市实验学校五（2）班同学共同完成的课，以"读思达"教学法为基本方法，传承朱子的读书思想，凸显核心素养理念，促进学生有深度地发展。

1. 传承朱子读书思想

黄国才老师是土生土长的南平人，出生地毗邻武夷山，少年时代受朱子思想的影响，是在朱子文化滋养中成长的优秀教研员，其语文教育理论和实践带着朱子文化的特色。他读了不少朱熹的著作，平时上课、讲座，特别推崇朱熹的教育思想和实践经验。其教学主张延续了朱熹"循序渐进、熟读精思、虚心涵泳"等思想。这节课，黄老师引导学生领悟朱熹"三到（心到、眼到、口到）、循序渐进、熟读精思"读书方法。学生了解了"循序渐进、熟读精思"读书之法：一是读书应该按照一定次序，前后不要颠倒；二是不可囫囵吞枣，急于求成；三是读书既要熟读成诵，又要精于思考。这样，使学生明白朱熹正是凭着努力做到"正心诚意"，通过读书涵养自己，才成为理学集大成者。如此对学生进行中华优秀传统文化浸润。

2. 凸显核心素养理念

语文课程培养的核心素养，包括文化、语言、思维、审美等要素。本课通过严谨、活泼的教学形式，将审美欣赏和文化浸润有机渗透到学习的全过程。主要体现三方面文化：一是名字里的文化。学生了解了名字里的"熹"字取的就是"光明"的意思。二是故事中的文化。黄老师对古人"洗水"故事的叙事话语简练、质朴、生动，故事中有哲理、有文化、有味道，极大地吸引学生的注意力、兴趣点，故事展现出文化的魅力。三是哲理中的文化。让学生循序渐进地品味中华优秀传统文化的韵味。这节课还为学生继续阅读朱子的诗歌、书法、茶文化等开了一小扇"窗"。

3. 实施"读思达"教学法

"读思达"教学法是余文森教授创立和倡导的一种普遍适用于各学科各学

段的教学法，一种基于且通过阅读、思考、表达，旨在提升学生的阅读力、思考力、表达力的教学法。"读思达"是学习中心课堂的典型体现，是实现由知识教学走向素养教学的根本保障。黄老师的课践行"读思达"教学法，从语文学科培养学生的核心素养着眼，制订适切的教学目标，遵循"读"为主线、"思"为抓手、"达"为导引的学习策略，积累语言、训练思维、培育审美和浸润文化，促进学生主动发展。

从课堂统计分析表（表1）中，可以看出阅读活动涵盖读、思、达全过程。"读"有47次，通过读书、听故事让学生接收到阅读文本的知识信息；"思"有39次，通过引导学生发现并提出问题，重点思考"是什么""为什么"的问题，理解和建构知识；"达"有32次，包括提问、讨论、背诵、说明、论述、摘抄等语文实践活动，表达"读""思"的成效。

表1 课堂教学主要项目与频次统计分析表

项目	读		思		达			
	读书	听/读故事	是什么	为什么	说/讨论/交流	补充说明	摘抄	背诵
频次	40	7	29	10	15	4	4	9

黄老师认为，构建"教—学—评"互动一体的阅读教学生态的基本路径，需要从"评"出发，以终为始来设计、实施阅读指导。"评"包括智力三层级——"有没有读过/读""有没有读懂/思""有没有表达/达"和非智力——"有没有兴趣"。这样"评"，学生就这样"学"；学生这样"学"，教师就这样"教"。

值得一提的是，黄老师的课还体现了朱熹"格物致知"思想。教学过程中包含着归纳、类推、思辨等思维训练，用心培养学生怀疑、创新的学习精神，如从已获得的"三到"推衍到自己读书的"四到"，进而"创新"知识，努力抵达"所知无不尽也"的境界。

［赏析：胡和春（特级教师　正高级教师）］

21. 引导发现与提出问题：开启"整本书读思达"大门的金钥匙

——《星星之火——红色故事之创意美术》教学赏析

习近平总书记强调，要用好红色资源，传承好红色基因，把红色江山世世代代传下去。"赓续红色血脉，一起向未来"，就是要做到"一颗红心心向党，革命理想高于天"。

《星星之火——红色故事之创意美术（第一册）》（梁水永主编，福建美术出版社，2022年版），将红色文化与孩子们喜欢的美术进行了融合，分为"红旗飘飘、继承发扬、红军用品、红军情怀"四个部分，内容丰富多彩，立体形象。同学们通过阅读故事，画国旗、军旗以及手工制作火箭、军帽等实践活动，学习红色文化，了解中国红色历史，知道幸福生活来之不易，从中汲取奋发向上的力量。这是一本植根红色基因，传承优秀传统文化的好教材。阅读这本书能进一步激发、坚定孩子们的理想信念。

如何帮助三年级的学生阅读这部红色作品？福建省普教室教研员黄国才老师在宁德师院二附小执教此书阅读"启动课"，践行余文森教授的"整本书读思达"教学法，为我们提供了一个很好的课例。本课充分体现了"整本书读思达"启动课的特点，能立足学生本位，创设宽松自由、平等对话的氛围；注重启发学生发现问题与提出问题，在学生自读、同伴互助和教师支持的相互作用下，有效激发学生的阅读兴趣，提高学生的阅读能力，使"整本书读思达"在课堂上真实发生。

实录1—1：整本书"读思达"——关注书名

师：这节课，黄老师要和咱们三（2）班的同学一起读一本书，大家愿意吗？（生：愿意。）这本书已经放在大家的桌子上了，书名叫——

生：《星星之火》。

师：（板书：星星之火）读——（生：星星之火。）书名读完了吗？大家把书捧起来看看——（生：没有。）再往下读——（生：红色故事之创意美术。）

师：好，看黑板。（板书：红色故事之创意美术）再读——

生：星星之火——红色故事之创意美术。

师：再读一遍——（生：星星之火——红色故事之创意美术。）这个书名读得懂吗？有没有同学有问题？

生："红色故事"和"创意美术"有什么相同的吗？它为什么会连在一起呢？

师：太棒了，多么好的问题！"红色故事"跟"创意美术"怎么会连在一起，它们之间有什么关系呢？

生："红色故事"的意思是什么？

生："星星之火"又是什么东西呢？

生："红色故事之创意美术"的前面为什么有个符号？

师：那个"——"叫什么符号，知道吗？不知道就要问出来，好！

生：为什么"星星之火"是"星星"之火？"红色故事"，为什么是"红色"故事呢？

师：是的，为什么是"星星"之火？这个故事为什么是"红色"，不是"绿色"、不是"黑色"？多好的问题。还有问题，你刚才说没有问题，现在有问题了，是不是？

生："创意美术"画的是什么？

师：终于有一个好问题，"创意美术"画的是什么？

生："创意美术"是画"红色故事"吗？

师：多有意思！"创意美术"画的是"红色故事"吗？"红色故事"怎么"画"出来呢？读书有问题就好。你还有对不对？真有吗？好，其他同学注意听。

生：为什么标题的4个大字是"星星之火"呢？

师：对标题也感兴趣，为什么是"星星之火"？为什么不是"星星之火，可以燎原"呢？总而言之，这个题目——这本书的名字有点意思、有好多问题。同学们再读——

生：星星之火——红色故事之创意美术。

[点评：书名是一本书的核心内容，凝聚作者的心血。党建书籍也不例外。黄老师在教学伊始，抓住该书名与三年级的学生之间存在"陌生化"特征，引导学生进行主动性提问。既彰显了整本书阅读的方法引领，从书名入手，与作者对话，又撬动了学生的思维。提问是重要的思维工具，是深度阅读的逻辑起点，引导学生自主发现并提出问题，进而在书中寻找问题答案，是主动性学习的体现。黄老师通过不断追问"有什么问题吗？""还有吗？"敦促学生深入地思考，唤醒了学生的问题意识。随后积极跟进评价与引导，通过"太棒了，多么好的问题！""不知道就要问出来，好！""多好的问题""多有意思！""读书有问题就好"等正面反馈，让学生乐于提问、敢于提问、善于提问，确保了学生的思考在有意义、有价值的方向上进行，从而促使学生进一步阅读和思考。这是"整本书读思达"的重要特质。]

实录1—2：整本书"读思达"——关注作者/主编

师：这本书是谁写的？能不能看到作者？（生：梁水永。）

师：（板书：梁水永）这个字（梁）你们都认得。好，现在读出来。你有没有什么问题？

生：他的名字为什么叫"梁水永"？

师：你叫什么名字？（生：王建豪。）你的名字为什么叫"王建豪"？

生：支持我的家族。

师：你爸爸姓"王"对吧？你的名字是你爸爸给你取的，还是你妈妈给你取的？

生：我妈妈。

师：很好，你坐下，对这个人感兴趣。

生：为什么是"主编"？是不是很多作者一起写的？

师：（板书：主编）你的意思我知道。你平时看到的可能是某某某"著"（板书：著），这里却是某某某"主编"。

生：什么是"主编"？

生：为什么梁水永要写这本《星星之火》呢？

师：不叫写，应该叫什么？

生：画？（教师摇头）主编？为什么要主编这本书呢？

师：好！他为什么要主编这本书？

生：因为他可能是想知道以前"星星之火"的故事。

师：你回答了。我觉得你这个问题问得很好，回答得也不错。

生：有主编，有没有副主编？

师：问得多好，有主编，那有没有副主编？好的，同学们对作者梁水永尤其是对"主编"感兴趣。梁水永，刚才这个同学问他为什么叫梁水永，他姓梁，名水永，是我们福建厦门人。好的，同学们再把书封面捧起来。大家认真观察一下这个封面。你有什么发现或者觉得这本书有没有什么非常特别的地方？

［点评：与书名对话完，与作者、主编等进行对话，也是开启整本书阅读的钥匙之一。在这一环节的教学中，黄老师的教学智慧体现在：第一，引导学生运用对比阅读发现作者（主编）的差异。第二，提醒学生该主编是"我们福建厦门人"，富有亲切感的表达，消解了距离感。第三，尊重学生的提问，如"他的名字为什么叫梁水永？"或许对于这个节课来说，这不是一个好的问题，但它是学生的疑惑、是学生的发现。黄老师引导学生比较自己名字的寓意，从而提出了更值得探究的角度——对人感兴趣。这是探究的姿态，是高层次的尊重。］

实录1—3：整本书"读思达"——关注出版社和LOGO

生：封面最后有一行字"海峡出版发行集团 福建美术出版社"是什么意思？

师：这行标注的字，告诉我们什么？这一行字很重要，告诉我们出版单位。同学们一起把这行字读出来——（生：海峡出版发行集团，福建美术出版社）读一本书，我们一定要关注它的出版单位，这是你的发现。

生："海峡出版发行集团"这几个字前面有个图案，是什么？

师：前面那个图案叫什么？有没有谁知道？

生：Logo，它就是出版的单位标志。

二、名师评析我的课

师：太棒了！你学校有没有Logo，是什么样的？

生：有一个像"一"一样的东西，上面有一个点，下面有几条波浪线，外面有一个圆圈，上面有字母。

师（指向主屏幕上呈现的学校Logo）：你知道这些都是什么意思吗？你知道谁最知道学校Logo的意思吗？

生：校长。

师：来，请坐下。大家用掌声欢迎林校长上台介绍一下。（林娜校长上台介绍学校Logo的含义。略）

师：刚才林校长给大家介绍了学校的Logo也就是标志的寓意。我现在请这位同学来说说寓意。看你能够说出几点来，大家注意听——

生：底下像波浪一样的东西是一本打开的书，也表示海浪。中间紫色的"一"像老师把手张开，把我们像鸟儿一样捧向蓝天。上面黄色的球表示学生的脑袋，也表示挂在天上的太阳。旁边有5条线加上"一"，一共有6条线，也就代表着6个年级，还像一座山一样。

师：你非常会听！好，你请坐，还有补充吗？

生：标志大多数颜色都是紫色的，因为"紫气东来"。

生："一"还代表着我们学校以前叫"东桥一小"。

师：这叫继往开来。"东桥一小"到现在的宁德师院二附小，对吧？真好！还有补充吗？

生：上边的半圆指的是包容。

生："一"字下面"2016"说明我们学校是2016年建的。

师：很好，学校的建校时间就像我们出生一样，不能被忘记。你还有补充？

生：我看到了那书（图案），还以为那三本书是语文书、数学书、英语书。

师：结果它是什么？

生：结果它是家庭、学校、社会。

师：真好！"三"可以代表很多，万事万物，你想的语文、数学、英语，非常好，它也包括《道德与法治》等所有的学科，对不对？真好，还有没有

211

需要补充？

生：还有天上飞的那些鸟寓意着展翅高飞。

师：现在记住了自己学校的标志寓意了吧！但老师还有一个问题，你们林老师好像也没有介绍，我留给你们看看那个半圆里面是不是还有很多文字，那是英文对不对？英文到底是什么意思呢？你知道？

生：宁师二附小。

师：表示宁师二附小是吧？你把它翻译成中文，真好。好的，同学们，大家看到了封面这个标志没有？回去之后也可以想象一下海峡出版发行集团，它为什么用这样的图形做Logo。如果同学们猜得出来，写一篇文章，我保证推荐发表。

［点评：叶澜教授认为，课堂教学，不去认真预设，那是不负责任；不善实时生成，那是不够优秀。这个环节是极精彩的"生成"。优秀的黄老师把学生在课堂中生成的问题，变成了优质教学资源。黄老师没有选择直接解答学生的问题，而是借助学生对Logo的兴趣，链接学校的Logo，创设了真实而富有意义的学习情境——请林校长上台介绍并请学生转述——极具教育智慧。学生了解到简单的图形中包含智慧与期许，化抽象为具象；再对接封面出版社标志，引发学生自主思考，课后积极表达，从而让学习——整本书读思达——真正发生，凸显语文学习的实践性。另外，看似与整本书阅读没有关系，实际上，恰恰结合了书籍的特点：红色文化之创意美术，点燃学生积极的思维火花为思维蓄力，进而学习思考论证。这是深度阅读的关键能力，也与接下来解读封面插图形成课堂的逻辑关联。］

实录1—4：整本书"读思达"——关注主插图

师：好的，再看这本书的封面，你觉得还有什么非常重要的特点？

生：有一把大镰刀，代表中国共产党党旗的镰刀。

师：你有没有补充？

生：还有锤子。

师：有没有其他同学需要补充？

生：封面上还画着几名"八路军"。

师：等一下。刚才黄老师问什么？刚才介绍的镰刀和锤子构成的图形，你需要补充吗?

生:是国旗的标志。

师:同学们,这本书当中有对这一标志的详细介绍。我们暂时不懂得的,没关系,去读书就会了解它,明白没有?现在把书打开找到这个内容,看看谁找得最快,到底代表什么?(学生翻开书到相应的内容)

师:这位同学找到了。好,同学们翻到第4页,认真读,笔可以拿出来,就读第4页。读完的同学再读第二遍。题目为什么不读?再读。(学生自由默读)下一页再读。(学生自由默读)好,现在听老师读,书拿起来认真听——

中国共产党党徽、党旗,党徽是代表一个政党的徽号,中国共产党党徽为镰刀和锤头组成的图案,是中国共产党的象征和标志。中国共产党党旗为旗面缀有金黄色党徽图案的红旗,图案由镰刀和锤头组成。

师:现在,同学们还回到封面。你来给大家介绍一下你刚才说的插图。

生:这个标志是由一把镰刀和一个锤头组成的,是中国共产党党徽。

师:真好,同学们一起说。(学生齐声说)(板书:徽)这个"徽"字很难写,也很容易写错,特别注意这下面部分(板书:糸)读"mì"。读——(生:徽)再读一遍。(学生读)

师:"徽"下面部分是什么?很好,记住"徽"下面是读"mì",它跟什么有关,知道吗?同学们看部首(板书:纟)认识吗?(生:绞丝旁。)这个字(板书:丝)认识吗?(生:丝。)是的,回家去查查字典,看看这个字,这个偏旁到底跟什么有关,记住没有?(生:记住了。)好,我们再回到封面,这封面还有一个很重要的图案。

生:上面有几个"共产党"。

师:有几个?(生:有5个。)好,你把这句话说清楚。(生:封面上有5个共产党党员。)把"个"改为"位"。(生:图上有5位共产党党员。)

师:很好,请坐。谁有不同发现?

生:他们穿的都是草鞋。

师:你关注他们的鞋子。

生:其中有三位举着党徽。

生:这上面画的是五位"八路军"。

213

师：他说是共产党党员，你说是八路军，为什么？

生：因为他的帽子上有一个红色的五角星。

师：有没有不同意见？

生：他们的身上都背着一把枪。

师：一个说是八路军，一个说是共产党。你觉得呢？

生：我也觉得是八路军，因为他们的身上都背着一把枪。

师：你有不同意见，对吧？你来。

生：头上有一颗星，为什么一定就是八路军呢？

师：还有可能是——

生：还有可能是其他的呀！一定就是八路军吗？

师：很好的！同学们，这图上画的5位到底代表什么？这本书当中也有详细的介绍。同学们注意这本书，你看封面封底主要颜色是什么？（生：红色）同学们再读标题——

生：星星之火——红色故事之创意美术。

［点评：封面插图也是阅读书籍的重要"窗口"。在整本书阅读中，当黄老师发现学生不懂封面插图的内涵与意义时，他激励学生用"比赛找"的方式，带领学生走进书中，尝试从书中找到答案。找到答案后，又从字理的角度，解析"徽"字。在一遍遍阅读中，真正了解党徽。同时，他又引导学生关注封面封底的主色调与标题的呼应性。学生在阅读中，进一步掌握"整本书读思达"的方法。另外，针对封面上的另一个图案——五位战士，黄老师请学生抓住细节猜测，并带着问题进入读目录环节，环环相扣。不同的问题不同的解决方法，授生以"渔"，在"整本书读思达"中至关重要。］

实录2—1：整本书"读思达"——关注"目录—整体"

师：同学们打开书，你们自由地读。（学生自由默读）我发现一些同学翻着读，有的同学在读目录，有的同学开声读，有的同学默读。（学生自由默读）

师：同学们停下来。老师建议大家拿到一本书的时候，读完了封面，产生了问题，打开书之后，应该先读一读它的目录。

师：来，翻到目录页。你读一读目录，就会对这本书的内容有一个整体

的了解。默读目录，有的同学还用手指，可以不用手指，不要再用手指着读了。（学生默读目录页）

师：目录页读完的同学在脑子里面回想一下这本书有几章，有多少篇小故事。再对照一下你拿到书的那一刻产生了那么多的问题，目录当中有没有涉及你的问题？书都会告诉你，再读一读。（学生自由默读）

［点评：在学生自主阅读时，教师对学生的"导航"不可忽视。在巡视中，黄老师发现学生的阅读习惯各不相同，有的翻页读，有的读目录，有的开声读，有的默读，便相机予以指导，引导学生带着读封面/插图时产生的问题"读目录"，探寻问题答案。］

实录2—2：整本书"读思达"——关注"目录—内容"

师：现在大家把书盖起来，我要考考大家的记忆力。下面为抢答环节，我看谁第一个举手，就是谁抢答成功。注意力集中。这本书从目录上看，一共有几章？

生：4章。

师：记忆力真好，提高难度了。第一章的标题是——

生：飘扬的国旗。

生：红旗飘飘。

师：声音大一点，大家一起说——（生：红旗飘飘。）真好，看上来（板书：红旗飘飘），读——（生：红旗飘飘。）再读——（生：红旗飘飘。）

师：第二章的标题叫——（生：继承发扬。）（板书：继承发扬）一起读——（生：继承发扬。）同学们看"继承发扬"的"承"不好写，看上来（板书：承）。刚才黄老师还有包括林校长也说，你们的那个"一"就是继承你学校原来的校名叫——（生：东桥一小。）实际上也是——（生：继承发扬。）

师：第三章，你来——

生：红军用品。

师：声音大一点——（生：红军用品。）（板书：红军用品）读——（生：红军用品。）

师：最后一章——

生：红军情怀。

师：（板书：红军情怀）一起说——（生：红军情怀。）再来，翻开书看着读——（生：红军情怀。）再读——（生：红军情怀。）

[点评：解决问题的过程，是过程性评价的重要载体。教师的"层级评价"伴随教学目标，实现"教—学—评"的一致性，是课堂的追求。本教学环节涉及整本书阅读评价的第一层——"有没有读过"。黄老师设置了抢答环节，通过学生的口头表达，检验学生的记忆力，帮助学生整体感知本书的大概内容，有意识地建立"目录—内容"之间的联系。]

实录2-3：整本书"读思达"——关注"目录—封面"

师：这本书的标题是——（生：星星之火——红色故事之创意美术。）

师：第一章是——（生：红旗飘飘。）

师：第二章是——（生：继承发扬。）

师：第三、四章是——（生：红军用品、红军情怀。）

师：现在，同学们再看封面。封面的雕塑有5位战士，前面一个同学说是共产党员，一个同学说是八路军，你们现在认为是谁？

生：红军。

师：谁？

生：红军！

师：你们猜红军，是有道理的。到底是不是红军？要不要去读故事？读故事，这本书读完之后你就知道了。

[点评：本教学环节为"层级评价"的第二层——"有没有读懂"，即检验学生能够理解多少、懂得多少。目录往往是故事内容的浓缩，读懂目录，读懂目录与内容之间的关系，也就建构起了整本书的框架。有些问题可以直接在目录中找到，如目录第三章和第四章提炼出的"红军用品"和"红军情怀"，直指封面人物的身份。而有些问题，如"星星之火"中"星星"的含义、什么是"创意美术"等等，则需要在正文阅读中继续探寻。如此，整本书阅读的兴趣和期待都被激发出来，无须说教。]

实录3：整本书"读思达"——沉浸于整本书中

师：现在老师布置作业，听清楚了：今天是星期二，这个星期把这本书读完。当然你也可以跟你的父母亲一起读。这是第一个作业。明白没有？

（生：明白）第二个作业，这本书有不少活动，叫你来做小制作，那就是——

生：创意美术。

师：你们感兴趣吗？（学生点头）你也可以先读书，再跟爸爸妈妈一起来做小制作，好不好？

生：好。

师：这本书读完之后，我叫你们班的原任老师开一个故事会，再做一个创意美术的作品展，行不行？

生：行。

师：声音这么大，我相信同学们能做得到。这节课我们就先到这里，现在把书带回家。

［点评：黄老师设计了适切的表达性任务（"达"）：让原任老师开一个故事会，再办一个"创意美术"的作品展。这样的展示性任务符合这本书的特点，也体现了"跨学科"的学习特征。在实践活动中，明确最终需要呈现的作品，有助于学生在沉浸阅读中，不断内化为创意性表达。而以展示性创意表达为任务驱动，可以激发学生的阅读动力，让学生保持高涨的阅读热情，助推学生在课后进行有目的、有方法的深度阅读，思维与语言协同发展。同时，跟着书中的提示制作"创意美术"，相当于"具身阅读"。］

【总评】

这节"启动课"，黄老师心中装着学生、眼睛看着学生、耳朵倾听学生、专业又热情地引导和激励学生，使学生读书的兴趣、思考的潜能、表达的欲望被充分激活、充分表现"整本书读思达"启动课原来可以这样精彩。

1. 以问促思，启动思维

余文森教授在《新时代中国课堂教学改革与创新》中写道："思考是教学过程中最核心的环节。思考是与问题对话，思考起源于问题，能否发现和提出问题是思考的关键。""我思故我在"，没有思考，学习就会变成"我不在场"的学习，这样的学习可能会失去"自我"。问题是学生思维的引擎，没有问题就难以诱发和激起学生的探究欲望。为引导学生发现和提出问题，黄老师将引导的着力点放在促进学生自主发现和提出问题上。通过这样开放性的问题，来启发学生发现问题和提出问题，进而产生阅读期待。这样的阅读指导，以问题和思考为起点和中心，以问题和思考带动阅读和表达，不失为启动整本书阅读的"金钥匙"。

2. 以读释疑，尝试表达

教师及时让学生通过阅读释疑解惑。这样阅读的兴趣才会不断被点燃，学生也会真正沉浸于读书之中。阅读，不仅包括读书，还包括读图、读物、读人、做"事"等等，可感、可闻、可视、可展。黄老师的阅读指导课，保证了学生在课堂上有时间阅读，既关注用眼阅读，也重视用耳听读。当学生在阅读封面的插图遇到问题时，教师引导学生自己到书中去寻找答案。检索到相关信息后，反复读（包括反复朗读、听老师读），读后反馈交流，了解学生的阅读所得。如此，及时解决了学生的困惑，也渗透了联结阅读的方法。

3. 以达促读，深度阅读

表达不仅包括传统意义的口头和书面表达，还包括读、思产生的一切变化和表现，或显性或隐性，或内在或外在，或当下或长远。这堂阅读指导课上，我们看到黄老师创设了宽松自由、平等对话的氛围，让每个学生在课堂上都能身心放松、不加掩饰地提出自己的问题，表达自己的观点。教师以开放的态度面对学生的发言，真诚坦率、温情鼓励，师生心灵融通、情感共振，课堂彰显探究活力，焕发着生命光彩。这样的氛围中，学生怀着问题意识，带着求解的心态和兴趣，将阅读引向深入，在深度阅读中获取了新的阅读体验。

这样的阅读指导课，既关注学生的阅读需求，引导学生直面文字，又尝试表达——表达是一种认知的输出——它以阅读和思考为基础，同时也是对阅读和思考的检验。"达"是"整本书读思达"输出端，也贯通"读"与"思"，使之成为有机整体。

［赏析：陈朝蔚（特级教师　正高级教师）］

22. 共情求真助学习　激疑促思叩诗门

——综合性学习《轻叩诗歌大门》教学赏析

一、整体把握综合性学习单元，比较阅读有凭有据

师：现在考考大家的眼力和记忆力，把课本第35—46页一页一页地翻看。速度要快，翻完后想一想在你的记忆中留下了什么内容。（生翻看）再翻看一次，你两次翻看这几页，有什么印象？这个单元与之前的单元相比最大不同是什么？

生：课文都是现代诗。

师：（板书：现代诗）对于这个词，同学们了解吗？

生：现代诗就是一种用现代话写的简短的诗。

师：这个现代话就是白话。

生：用白话文写的短诗。

师：有什么不同意见吗？

生：现代人写的诗就叫现代诗。

师：现代人写的古诗呢？叫"现代古诗"吗？（全班笑）

生：诗分现代诗和古体诗，现代诗是近现代人用白话写的，它虽然比较通俗，但是它还是有古体诗的形式，比如说分行。

师：现代诗和古体诗是相对的。这个单元给你带来的最大的挑战是什么？

生：诗歌的内涵。

生：我认为是了解诗歌的特点，而且要在读诗歌的时候体会诗歌的情感。

生：写诗歌。

师：创作现代诗比读懂现代诗难。你创作过吗？

生：创作过。

师：真好。同学们有没有发现这个单元有个崭新的任务？

生：（齐）合作编小诗集。

师：要合作编小诗集，那就要写诗，要收集诗，还要给小诗集起名。这个单元是我们经历的第二次综合性学习《轻叩诗歌大门》。对于现代诗，（板书：轻叩）要用什么叩？要跪着（卩）用嘴巴（口）轻轻地"叩"开现代诗的大门。

［点评：两次翻看课本，两次思维的碰撞，在整体把握综合性单元的教学策略上，呈现出新的思路、新的拓展、新的任务。学习由自觉的思考而起，落到有引导的实践，最后回归实践的收获——合作编小诗集。这个环节，旨在增强单元整体意识，使得学生了解现代诗的特点。］

二、分段品读课文《短诗三首》，爱如繁星有情有思

师：这一节课，我们从学习《繁星》开始。书写"繁"字要注意，上面"敏"的"每"的第三笔竖折和第四笔横折都不出头。下面的部件是"糸"，（板书：系、糸）"系"去了上面那一撇是"糸"，读 mì。看看这个字，猜一猜与什么有关？

生：丝。

师：跟"丝"有关，由它转化为现在的部首"纟"。"繁"跟丝织品有关，就是很多很多的丝线缠绕在一起。

1. 学习《繁星》（七一）

（生齐读）

师：同学们读这首诗，有没有发现什么问题？

生："月明的园中""藤萝的叶下""母亲的膝上"，下一行为什么要空格？

师：你是说每一行像楼梯一样，是吧？你发现了诗歌的格式，分行之后还要空格。

生：为什么"这些事"后要用破折号？

师：你在关注标点符号。

生："这些事"具体指的是哪些事呢？

师：刚才这些问题，你们觉得哪些问题最值得思考？

生：我觉得有两个问题值得思考。一是格式，为什么要空格；二是标点符号的问题。

师：你认为是格式和标点符号最值得思考。

生："这些事"具体指什么事最值得思考。

师：我比较赞同你的观点。关于格式，大家去读一读《繁星》会发现当中格式有很多种，待会儿再跟同学们说说。刚才几位同学提出来，"这些事""永不漫灭的回忆"，具体是哪些事呢？1919年冰心正好19岁，她到底想到了哪些事让她觉得"永不漫灭"，这些事寄托了她什么情感？

生：思念母亲的那些事。

师：思念母亲的哪些事？

生：思念家乡。

师：在她的家乡"月明的园中"，在她的家乡"藤萝的叶下"，在她的家乡"母亲的膝上"，到底是什么事呢？

生：她的童年。

生：这时候，可能回忆妈妈在给她讲故事，在她家的花园里，藤萝的叶下，在母亲的膝上，等她长大了，这些事都不复存在了。

生：诗里说"明月"，可能是中秋节的时候，在夜里，坐在母亲的膝上，她在回忆这些事。

师：回忆哪些事呢？比如——

生：小时候和母亲一起聊天、一起赏月的情景。

师：聊些什么呢？比如——

生：她小时候如何调皮啊。

师：是的，冰心小时候是真调皮。10岁之前，她父母亲基本把她当男孩子养，她经常穿男装，跟她父亲、海军将士们在军舰上聊天。

生：可能在聊理想，比如，以后要当个作家啊。

师：这些事情肯定会在她的聊天范围之内。还有呢？

生：还可能聊她为什么会像男孩子那样玩。

师：是的，也可能会聊喜欢穿男装之类的。同学们好好回忆一下，你有

221

烦心事的时候，你的母亲怎样对你呢？这些事是永不漫灭的。"月明的园中/藤萝的叶下/母亲的膝上。"当你在读它的时候，脑海中有没有一幅幅画面？作者有没有将这些事写在诗中。没有，这就是现代诗一个很重要的特点，叫"省略"，或者说"留白"，也有人说"跳跃"。

（板书：省略。生齐读诗）

师：看到"省略"，我们可以联系前面很多同学都在关注的分节、空行、空格及标点符号。在这首诗中，你们有没有读到冰心深挚的情感？是什么样的情感？

生：可能是在思念儿时。

生：对母亲的思念。

师：你把这种感情带进诗歌，读给大家听。我读诗题、作者，你读诗。（师生合作读）这些情感，聚集了冰心诗歌中一个非常重要的主题——母爱（板书：母爱）这个主题在她的诗歌中非常明晰，同学们能不能在这首诗中找到一个最能代表"母爱"意象的或者形象的词？

生（齐）：膝上。

师：（板书：膝）"膝"右下部是"水"的变形，还有一个字也有一部分是"水"的变形，是"藤"。去掉草头，这个字读为"滕"。马儿在草原上奔驰，叫"奔腾"，就是把"水"换为"马"。这个"膝上"是一个重要的表达母爱的意象，比如，冰心在另外一首诗写道："母亲啊/我的头发披在你的膝上/这是你付与我的万缕柔丝。"

［点评：如此柔美的意境，似乎与单调的标点格格不入，教师却在循序渐进的引导中，让冰冷的标点赋予了母爱深情。在这样的深情里，又回到原始的造字法中，让学生在更深入的想象里，感受意象中的母爱，在感性与理性的互换中，完成对诗歌深层次情感的理解。］

2. 学习《繁星》（一三一）

师：这首诗你读懂了吗？什么内容最值得你琢磨？

生："波涛的清响"是什么意思？

师：你把这句诗连起来读一读。（生读）这句很值得琢磨。哪个同学对这句诗理解了？

生：前面两句意思是，每一颗星星都有光，每一朵花都有香。而"思潮"正好对着"波涛"，我认为冰心的每一次思念里都有母亲。

师：有不同意见吗？

生：我认为她在想念亲人，但不是母亲。

师：而是——？

师：你把这首诗的首句"大海啊"带进这句诗里，再读一读。（生读）

生：我觉得"你"是指大海。

师：你认为这个"你"指的就是大海，这首诗表达的就是对大海的思念。有没有联系前面老师介绍冰心10岁之前喜欢玩的事情？

生：她幼年时，父亲是位海军军官。她幼年很长时间在靠海的山东烟台度过，她是在思念童年时代的大海。

生：我觉得这首诗应该指的是怀念她和爸爸之间发生的一些故事，因为她和爸爸的故事基本是发生在大海上的。大海也应该可以包含她童年里和爸爸的一些故事。

师：好！这就是我们在读现代诗或是古诗，都要想办法读出它的言外之意。（板书：言外之意）看起来，她写的是大海，实际上她写的是谁？

生：（齐）父亲。

师：是的，从冰心的《繁星》里可以找到很多证据——"父亲啊/坐在月明里/我要听你说你的海。""父亲啊/我怎样地爱你，/也怎样爱你的海。"说明，在这里作者写大海，其实在写父亲。她的每一次思潮里都有谁的身影？（生：父亲）都有谁的"清响"？（生：父亲）这也是冰心文学作品另一个非常重要的主题。（板书：父爱）母爱也好，父爱也好，都融入到大自然中，比如第一首诗、第二首诗里，有没有大自然的景物？

[点评：从词语的意思，延伸到诗歌的背景，在字面意思里自由想象，在背景故事里感受真情，从而自然而然地由母爱过渡到对父爱的理解。在文字中寻找答案，又不拘泥于答案，在这样的发散思维中，实践在文字中寻找答案的读书法。更为重要的是，教师始终不告诉答案，而是或追问，或引导，或提醒，这便是启发。]

3. 学习《繁星》（一五九）

（生齐读）

师：读第一首诗时，老师说到她在歌颂母亲时出现一个重要意象是什么？这首诗又出现一个重要的意象是什么？

生：（齐）怀里。

师：母亲的膝上，母亲的怀里，勾起了你哪些回忆？哪些诗情画意？"怀里"在冰心的诗歌中出现了许多次，比如，"母亲啊/撇开你的忧愁/容我沉酣在你的怀里/只有你是我灵魂的安顿"。这些诗歌都表现了作者对母亲、对父亲、对大自然深深的爱。这些诗歌都有共同的特点，（板书：情感、爱）情到深处诗自发。把这三首诗连起来轻声背一背。

（生背诵）

［点评：把对关键词语的理解，巧妙地放入重要的意象中去理解，从而引导学生在自己的回忆里感同身受，在自己的回忆里找到那些诗情画意的瞬间，升华了爱，升华了诗的主题——对母亲、对父亲、对大自然深深的爱。］

4. 尝试创作诗歌、抄写诗歌

师：这些诗是不是也勾起了你对人、对事的回忆和隐藏在你内心的情感。同学们拿起笔，试着写一首诗，当然，你也可以抄一首诗，抄写的时候注意诗歌的格式。

（生创作或抄写诗歌。师创作诗歌并板书）

这节课——
　　是永不磨灭的回忆：
那琅琅的书声；
　　那沙沙的走笔；
　　那深深的思绪。

师：当你没有思绪的时候，我们可以啥也不做，就发发呆也好。如果摘抄诗歌，请你在下方注明摘自统编版教材四年级下册第36页或第37页。有些同学灵感来了，诗歌写得真好！自己创作的请举手。（生举手）把埋藏在你心里的思绪表达出来。摘抄诗歌的请举手。（生举手）当我们没有自己思潮的时候，也可以借用作家的思潮来表达我们的情感，只要你的情感真挚，分行不分行都没有关系。冰心奶奶发表第一篇诗作的时候,《晨报》的编辑作按语的时候写下这句话——"分写连写,本来无甚关系。是诗不是诗,须看文字的内容"。

［点评：黄老师的即兴写作诗歌,成为这节课堂的完美收尾,也成为学生记忆里最走心的瞬间,相信这样美好的课堂将永远留存学生的心间。此时此刻,无论学生在抄诗,还是在写诗,在模仿创作的同时,内心升腾起的一定是和《繁星》一样温暖的气息。］

【总评】

冰心的诗作,饱含对母爱与童真的歌颂,对大自然的赞颂,对人生的思悟。她的《短诗三首》,以童心观照一切体现爱,爱在纯真,爱在朦胧,爱在含蓄。课堂上,黄老师亦带着学生轻叩现代诗的大门,在共情中求真,在激疑中促思,助力学生深层次的语文学习。

1. 共情助学习,创设诗境

课前轻松愉悦的交流,激发了学生学习诗歌的兴趣,打开了学生想象的大门。课的结尾,黄老师通过诗歌的共情,唤起学生心中对人、对事的回忆和隐藏在内心的情感。对于尝试创作诗歌的学生,黄老师让他们把埋藏在自己心里的思绪迸发出来;对于抄写诗歌的学生,则是让他们借助作家的思潮来表达情感。这样的共情,恰恰体现了分层次教学,也尊重了学生的个性化差异。而黄老师自己示范写作,更是濡染了每个学生的心性,让共情达到高潮。

2. 求真助学习,形成诗韵

黄老师注重单元整体意识的渗透,让学生浏览整个单元的内容,并适时地提出了问题:这个单元给你带来的最大的挑战是什么?这样求真的学习节点,为后面学生自主创作诗歌、合作编小诗集埋下伏笔。对于现代诗,黄老师提出,要跪着（⻏）用嘴巴（口）轻轻地"叩"开现代诗的大门,识"诗"而教,由"扶"到"放",带着学生走进诗歌,建立由生活走进文本的桥梁。

对于生字的学习,也与阅读浑然一体,教学"繁"时,把汉字的形、音、义紧密结合在一起,让学生高效掌握生字。而在引导从"膝上""怀里"等意象中，理解作者对母亲、对父亲、对大自然深深的爱时，让学生在现实的基础上进行想象，得出这些诗的共同特点——情到深处诗自发，从而让学生徜徉于意象灵动的诗韵。

3. 激疑叩诗门，蕴出诗意

当黄老师让学生自主发现本单元与之前的单元最大的不同，在五花八门的回答中理解现代诗的含义时，激疑的层次便逐渐升级，学生通过比较，初步了解了现代诗。教学中渗透了文体意识，却又不止于文体意识，反而延伸出一片诗意来，这便是激疑的完美体现。黄老师让学生读诗，自行提问，发现问题，解决问题，刚开始学生的关注点都在格式和标点符号上，黄老师则是巧妙地抓住个别学生的回答，让学生迅速关注到诗中所写的"永不漫灭"的事，这样的激疑是轻叩诗歌大门的有效路径。

学习第二首诗伊始，黄老师提出问题："什么内容最值得你琢磨？"当学生认为"冰心的每一次思念里都有母亲"时，他又让学生通过联系冰心小时候的经历，层层深入进行剖析，让学生明白这是冰心在思念她和爸爸之间发生的一些故事。而后，一起得出结论："我们读诗，都要想办法读出它的言外之意。"接着是"母爱也好、父爱也好，都融入大自然中"，这时，诗意油然而生。

4. 促思叩诗门，拓宽诗路

黄老师从学生的提问中提炼出问题，层层推进地让学生结合冰心的生平经历来思考，尽情发挥想象，由此引出现代诗一个很重要的特点——"留白"，带领学生继续思索，读出这首诗中的怀念之情，拓宽诗路。这样引导思路的过程，教学共生，"思""情"同在，如雨入水，相融无痕。

总之，这是一节共情求真的课，也是一节激疑促思的课。教师注重单元整体意识的渗透，在不断的提问中激发学生的求知欲、想象，让学生走进诗文、走近作者，也让学生从想象中生情，感受诗歌中的亲情，体验"繁星"下的美好。黄老师带领着学生，和作家冰心来了一次深刻的心灵碰撞，助力他们的学习，让他们读出现代诗的美好，读懂诗歌的"言外之意"，从而叩开诗歌的大门，照亮他们诗歌创作之路。

［赏析：张春霞（高级教师）］

23. "教—学—评"一致　形简而意丰

——文言文《精卫填海》教学赏析

观摩黄国才老师执教的《精卫填海》一课，发现黄老师在文言文阅读教学上呈现出"'教—学—评'一致，形简意丰"的课堂形态。对黄老师的课进行分析，有助于一线教师更好地理解《义务教育语文课程标准（2022年版）》的相关理念。

一、教学目标精准、明确

"教—学—评"一致，首先考验的是教学目标的研制。黄老师对于本课的教学目标是这样设定的：

1. 能正确、流利地朗读课文；熟练地背诵课文，进一步丰富文言文语感。

2. 能通过关注标题、根据注释、联系阅读和生活等了解故事内容，并讲述故事。

3. 能感受精卫的不屈不挠、坚持不懈的鲜明形象，进一步感受神话的特点。

这三条目标具体、明确。首先是从学生的角度给出学习目标；其次是提供一定的学习方法，帮助学生达成目标；最后是精准体现文言文学习的特有价值和单元学习重点。前两者教师容易理解，也能做到，但真正关注小学文言文学习的特有价值，一般教师难以自觉把握。本课的教学目标精准、明确，黄老师始终紧扣目标展开教学，使得整堂课教学有目标，评价有依据，"教—学—评"浑然一体。

227

二、教学过程清晰、分明

1. 课前复习奠定基调

师：《司马光》的主人公是谁？他做了一件什么事？

生：司马光，司马光砸"缸"。

师：（板书：缸）司马光砸的是"缸"吗？

生：课文说他砸的是"瓮"。

师：（板书：瓮）"缸"和"瓮"一样吗？

生："瓮"旁边是滑的，"缸"不滑，所以小孩掉下去爬不出来。

生：一个口子大，一个口子小，"瓮"口小，人掉下去爬不出来。

师：第一位学生凭生活知识解释，第二位学生凭书上看到的知识解释，大家回去再查一查，看哪个解释有道理。

师：我们还学了《守株待兔》，故事的主人公是谁？他是做什么的？故事中讲他做了什么？宋国人为什么笑话他？

黄老师把这两则文言文当故事，引导学生关注其中的人和他们所做的事，一下子就拉近了文言文与学生的距离，很容易让学生借助故事情境明白文中主旨。同时也借着讲述文中的关键字眼，让学生感受到文言文与白话文的不同。

2. 关注课题，以故事开启学习

师：课题是"精卫填海"。"精卫"长什么样子？

生（读注释）：精卫，神话中鸟的名字，形状像乌鸦，头上有花纹，白色的嘴，红色的脚。

黄老师请另一位学生用自己的话说一说，然后再请全班学生一边读注释一边圈画出其中的关键信息并与同桌交流。接着出示介绍精卫外形特点的文言文句段和出处，并示范朗读。

学生尝试朗读后，黄老师简要教学"喙"字，请学生再用白话文介绍精卫的外形特点，并讲给同桌听。

关于精卫的具体外形，文中已经通过注释进行了补充说明，黄老师又加了文言文句段，并不厌其烦地引导学生在白话—文言—白话之间不断地来回朗读、讲述，就是为了增强学生的文言文语感。一般教师因小学阶段的文言文简短，常在课堂上再增加一则，那样的增加不如黄老师这样自然合理，且此处强化精卫外形特点有助于后面理解精卫填海的精神。

师：精卫填海，用什么填？文中哪个字也是"填"的意思？

生：堙。

师：猜一猜"堙"是什么读音，为什么？

生：yīn，形声字，"土"是形旁，"垔"应是声旁。

师：答案正确吗？回去利用工具书验证一下。

师：课文讲的是什么故事？（一生复述）谁能说得简单一点？（另一生说）如果只用四个字来概括，应该是什么？

生：（恍然大悟）精卫填海。（生在课堂作业纸上书写课题）

黄老师通过两个简单的问题，同样以故事开启学生的文言文学习之旅。学生凭借故事中的两个关键要素，已经能基本讲述故事内容。黄老师还在其中穿插生字教学，引发古今不同用字的思考，如白话文中常用"填"，少用"堙"，以及识记"堙"的办法，开启学生对古文字的探究之门。果然，在课将结束之时，有学生提问：为什么用了"填"，还要用"堙"？二者有何区别？黄老师并没有给出答案，而是表扬学生提出了"好问题"，并让学生把它带回家自行探究。

3. 文白转换，背默中加深文言语感

在前一环节中，学生已基本熟悉全文内容。一般教学至此，教师就会转入逐句翻译，重点强化文言文难理解的字词或停顿，如"少女"的古今意义不同，"游于东海""堙于东海"的"于"，"故为精卫"的"故"，"常衔西山之木石，以堙于东海"的停顿等。黄老师没有这样琐碎地教，而是让学生在朗读、讲述练习中自己学会。

本片段中黄老师要求学生先自读课文，再个别展示朗读，然后全体学生结合注释再自读，并把故事讲给同桌听，最后请两位学生上台讲述故事（一人讲，一人结合注释评价讲述者是否正确，讲完后调换角色再讲）。至此，学生能在"文""白"间自由切换了。紧接着，黄老师要求学生背诵全文，还提出要一边背诵一边思考文中的每一个字是怎样写的。背诵完，就让学生完成课中作业（填空式默写，填空处即是要求会写的生字），速度快的学生可以在空格中再全文抄写一遍。

如此，把简短的文言文刻进了学生的脑海里。观察发现，此时学生对本文的熟悉程度比常规教学好得多。这样的"刻印"让学生的文言文语感不知不觉中得到了增强。

4. 继续梳理文字，再显文言文特色

黄老师板书"曰、日"，引导学生认真观察、对比，却故意悬而不决，布置学生回家查字典了解这两个字的相同与不同。

又板书"衔"，问：你们说"衔"的意思是"叼"，"叼"有口字旁，为什么"衔"没有？接着板书"街、衍、衙"，问：这些字与"衔"的构字相近，能帮助理解"衔"吗？

本课要求写的"曰""衔"二字，一般教师不会费这么多力气来教学，学生书写中也常把"曰"写成"日"；学生也不明白"衔"的字义为何看起来与字形没有关联，文中为何不用"叼"而用"衔"，等等。这些貌似与理解文本没有太大关系的问题，却将学生带入了探究文言文以及汉字的有趣王国中。

5. 提问互动，自主挖掘文本主旨

师：请看黑板（课文内容），再默读课文，有什么问题可以提出来。

生：前面一大段都没写填海，是不是多余了？

生：也要讲精卫是怎么来的，要有起因呀。

师：是的，故事一般都有起因，经过和结果，这样才完整。

师：海那么大，精卫呢？西山在哪里？精卫用什么填海？读到这里，有问题蹦出来吗？

此时黄老师并不期待学生回答，这一连串的问题在前面已有答案了。他期待的是后面引发学生深入思考的大问题。

生：精卫为什么要到那么远的西山去衔木石，而不是在东海附近找木石呢？

生：东海那么大，这样怎么能填平呢？

生：既然填不平，为什么还要一直填呢？

师：好问题！你从精卫身上获得什么启发？

生：像精卫一样做事要坚持。

生：做事不能半途而废。

师：如果做的是不好的事，要坚持吗？

生：相对于浩瀚的大海，精卫虽然明知目标难以完成，却坚持去做，他的精神值得学习。

师：你同意他的观点吗？

生：同意。精卫还很勇敢，不怕自己弱小。

在理解文本主旨方面，黄老师并不打算和盘托出。他充分激发学生的提问欲望，即使学生提问了也不急着组织解答，让学生边提问边思考，鼓励独到的思考和见解，时时处处激发求知欲、好奇心。

三、"教—学—评"融于一体

黄老师执教本课时，将"教—学—评"自然融于一体。

在"关注课题，以故事开启学习""文白转换，背默中加深文言语感"部分，所有学生都参与了正确朗读、背诵课文、讲述故事的任务。在"继续梳理文字，再显文言文特色"部分又补充完成了生字教学。在"提问互动，自主挖掘文本主旨"部分完成了对精卫形象的认识。在学生自己练习或同桌练习的时候，黄老师不停地巡视指导，确保关注到每位学生的学习情况。

临下课时，黄老师还留了一个问题：《山海经》还记载了"盘古开天地""女娲补天""愚公移山"等大家熟知的故事。这么古老的故事，我们为什么还要读、还要思考呢？估计此时听课老师也会有点愕然，然后主动去思考。最后布置了两道课后作业题。一是必做题，背诵《精卫填海》并讲故事给家长听，录制视频或音频发到班级学习群分享；还有课堂上不能解决的字词句回家查字典。二是选做题，读一读《山海经·北山经·精卫》，并写一写阅读日记。

这样的作业既夯实了基础，又拓展了文言文课外阅读，让学生进一步感受中华优秀传统文化，同时促进学生文言文语感的提升。

［赏析：邵巧治（正高级教师）］

24. 读书　说书　议书　用书

——《我的"长生果"》教学赏析

一、读书，积累语言，凸显审美旨趣，渗透育人

师：同学们，我们今天来"开高铁"。一位同学读，其他同学边听边跟着默默地读（幻灯片呈现句子或词语）。

生（读）：书，被人们称为人类文明的"长生果"。这个比喻，我觉得特别亲切。

生（读）：家喻户晓、不言而喻、愉悦之情、心情愉快。

师：能试着把这四个词里面的感觉读出来吗？其他同学注意听。（学生再读）很好！我感受到你读到后面两个词语时心情特别愉快。

生（读）：在记忆中，少年时代的读书生活恰似一幅流光溢彩的画页，也似一阕跳跃着欢快音符的乐章。

师：这句话不太好读，先听老师读再齐读。（师读，生齐读）

生（读）：小时候受过的一次委屈，平常积累的那些描写苦恼心境的词语，像酵母似的发挥了作用。

师：和上一句对比，你发现了什么？

生：出现了多音字，要读清楚，"恰似""也似"读 sì，"似的"读 shì。

师：大家一起读这两句。（生齐读）读得准确、流利多了。同学们预习时也可以像这样找出课文中含有多音字的句子对比着多读几遍。下一组也是多音字，你读第一句。

生（读）：遇到大人让孩子买烟，这美差往往被男孩抢了去，我们女孩只落了个眼羡的份儿。

师："落了个眼羡的份儿"，这里读 luò，是"得到"的意思，写出了女孩对男孩的万分羡慕。请全班女生一起读这句话。（女生齐读）

生（读）：开始我看得津津有味，天长日久，就感到不过瘾了。

师：好的，同学们看到这个"瘾"字吗？发现是什么偏旁？（生：病字旁。）对，病字旁，"瘾"就是一种病，千万不要染上这种病，但读书可以例外。（生齐读）

生：请勿触碰电子游戏，一旦接触就会上瘾！

师：全班同学大声认真读。（生齐读）记住呀，同学们。

生（读）：一位爱好美术的小学教师，他有几套连环画，我看得如醉如痴：《七色花》引得我浮想联翩，《血泪仇》又叫我泪落如珠。

师：好，同学们听老师读。（师范读）大家齐读。（生齐读）

师：看过《七色花》的同学举手一下，不错。有没有看过《血泪仇》的？老师也没看过。好在这间教室是最美的一间教室，隔壁就是我们的——（生齐答"图书室"）知道老师要说什么了吧。好，再读这句话。（生齐读）多美的读书景象。

生（读）：我每天一放下书包就直奔那里。

师：读得真好！"直奔（bèn）那里"的"那里"指哪里？

生：小镇的文化站。

师：是的。"连环画一类的小书已不能使我满足了，我又发现了一块'绿洲'——小镇的文化站有几百册图书！"

生（读）：几个月的工夫，这个小图书馆所有的文艺书籍，我差不多都借阅了。我读得很快，囫囵吞枣，大有"不求甚解"的味道。

师：这句话不好读，同学们注意听。（师范读）大家齐读这两句。（生齐读）

师：好，请大家再一起读读这两句。大家有没有什么问题要提的？没有是吧？那我们继续往下读。

生（读）：对像我这样如饥似渴阅读的少年来说，它的功用更是不言而喻。醉心阅读使我得到了报偿。

师：你读书有如饥似渴的感觉吗？有一点是吧？好，你带着这种感觉，好好把这句话读一读。其他同学注意听,看看能不能够带动你读书的经历。(生再读)同学们,你们是否有这样"如饥似渴"读书的经历呢?请把这种感觉读出来。(生齐读)

师:是的,这样"如饥似渴"的阅读使我得到了报偿。

生(读):我把秋天比作一个穿着金色衣裙的仙女,她那轻飘的衣袖拂去了太阳的焦热,将明亮和清爽撒给大地;她用宽大的衣衫挡着风寒,却捧起沉甸甸的果实奉献人间。

师:真美。这句话很长,不好读,同学们认真听老师读。(师范读)一起读。(生齐读)

生(读):这小小的光荣,使我悟得一点道理:作文,首先构思要别出心裁,落笔也要有点儿与众不同的"鲜味"才好。这些领悟自然是课外读物的馈赠。

师:这个词读馈赠(kuì zèng),这里的"馈赠"指的是什么?

生:我读课外读物的收获:作文,首先构思要别出心裁,落笔也要有点儿与众不同的"鲜味"才好。

师:是的,也就是"我"悟出的道理。一起读。(生齐读)

生(读):后来,我又不满足于只看一般的故事书了,学校图书馆那丰富的图书又像磁石一样吸引着我。

生(读):我从一个清冷的黄昏开始写,以月亮的美丽皎洁和周围人的嬉笑,来反衬一个受委屈的小女孩的孤独和寂寞。

生(读):于是,我又悟出了一点道理:作文,要写真情实感;作文练习,开始离不开借鉴和模仿,但是真正打动人心的东西,应该是自己呕心沥血的创造。

师:非常流畅。但哪个词应该重读呢?(生齐答:呕心沥血。)是的,我们要把这个词语的意思读出来。听我读。(师范读,生齐读)

[点评:读书,读书,得先读得正确,读得流利。上课伊始,黄老师即设计了"开高铁"游戏,引导学生读好书,特别是读好经典的语言材料。这一教学环节饱含了黄老师的很多教学巧思。第一,诵读是文学阅读独特的学习方法,学生于诵读中积累经典、品味经典,凸显审美旨趣。第二,教师示范

了语言文字"梳理"的路径：遵循课文表达顺序，结合"会认字"（多音字、难认字等），暗含"课后练习"（本课指课前导读）线索，课内为主，兼顾课外，对照梳理、分组呈现相应的文本材料。第三，梳理、积累相结合，实现"语言文字积累与梳理"教学任务，勾连"文学阅读与创意表达"学习任务群。第四，学习语言文字的过程也是学生文化积淀与发展的过程，诵读着作者的这些"读书"经历，学生自然浸润于"读书"之中。学生若能真正"读好书"，其得到的益处还远不止这些。］

二、小题大做，说"主要内容"

师：多美的经验啊，这些句子都来自一篇课文，叫——（生齐答：《我的"长生果"》。）同学们看老师板书。（生再次齐读课题）再读，想一想，应该强调哪一个词语。

生（齐声）：长生果。

师：同学们已经预习了，"长生果"到底指什么？

生：是指"书"。

师：为什么把书称作"长生果"？

生：多读书，这样子可以写好作文，所以把书称作"长生果"。

师：是的，书就是"我的'长生果'"。由书、读书到写作，这篇课文不仅写了"读书"，还写了"读书"和"作文"的关系。这里的"我"是谁？作者是谁？

生（齐声）：叶文玲。

师：你们对叶文玲有了解吗？（请生分享对叶文玲的了解，师相机推荐阅读书籍《我的"长生果"：叶文玲作品集》）

师：这里的"我"就是指作者。在有的文章当中，"我"不一定就是作者哟，大家有没有遇到过？但是我们一到五年级读的课文，大多数课文中的"我"就是作者。比如《落花生》中的"我"是谁？（生齐答：许地山。）《桂花雨》中的"我"是谁？（生齐答：琦君。）《珍珠鸟》中的"我"是谁？（生齐答：冯骥才。）"余尝谓读书有三到……"中的"余"，就是那个"我"指谁？（生齐答：朱熹。）"吾尝终日不食，终夜不寝，以思，无益，不如学也"

中的"吾"指谁?

生(齐声):孔子。

师:还有什么可能?

生(齐声):孔子的弟子。

师:很好,孔子或孔子的弟子,对吧?这句话选自——(生齐答:《论语》。)好的,同学们现在好好想一想:这篇课文到底写了什么?用简练的语言说给同桌听。(生交流讨论)

生:从看书到学会写作。

师:你漏了一个最重要的因素。谁?

生:叶文玲,作者。

师:把话说完整。

生:作者从看书到写好作文。

师:请坐,谁能够比他更简练一点?

生:作者读书写作的经历和悟出的道理。

师:很好。还有没有更简练一点的?

生:这篇文章讲的是作者从读书中获得的收获。

师:好,把前面"这篇文章讲的是"拿掉。

生:作者从读书中获得的收获。

师:简练多了。还有没有更简练的?

生:读书对作者的帮助。

师:还有?

生:作者读书和写作的故事。

师:很好。

生:作者读书的经历。

师:请坐。这位同学说得最简练了。听到了没有?他说作者读书的经历,对吧?经历就包括收获和感受。好,同学们把笔拿来,把这两行(板书内容)工工整整地抄下来。

[点评:是否真的"读好书"的重要标准是能够"说书"。首先要能够用自己的话说出课文的主要内容。题,额也,题目是文章的眼睛。黄老师抓住

课题大做文章。首先就题眼"长生果"对学生"步步紧逼",层层理答,学生最终能够联系课文内容初步"说书"。更为难得的是其目中有"我",牵引学生走近学过的课文中的"我",感受作者和文中"我"的交叠,启发学生保持读书时的"自我";单元统整教学,"余""吾"皆是"我",从而勾连古今读书论,呈现出中国读书文化的博大精深。]

三、借助流程图,说"内容要点"

师:作者他是怎么读书的呢?打开书,带着问题默读课文,叶文玲少年时代读了哪些书、怎样读书、读书有哪些收获……把关键的信息圈出来。(生默读)好的,有没有哪位同学愿意把你的想法跟大家分享?

生:她读了连环画这一类书,还读了著名作家巴金写的《家》这本书。作者的收获是:作文要写真情实感,与众不同,这样作文才能写得好。

师:请坐。请同桌帮忙补充。

生:她还读了"香烟人"小画片,还领悟到:作文不仅要模仿和借鉴,还要自己呕心沥血的创造。

师:请坐。来,你能不能再补充?

生:还有一类书是古今中外的大部头小说。

师:你把作者读的书的种类都说出来。

生:一是小画片,二是连环画,三是古今中外的大部头小说。

师:好。看来需要老师一些帮助。如果用这个流程图或者大家想的思维导图之类的来梳理,是不是更清晰一些?(幻灯片呈现。见下图)你能不能把空填出来,然后按照这一张图给大家介绍一下作者读书的种类和经历以及她的收获。

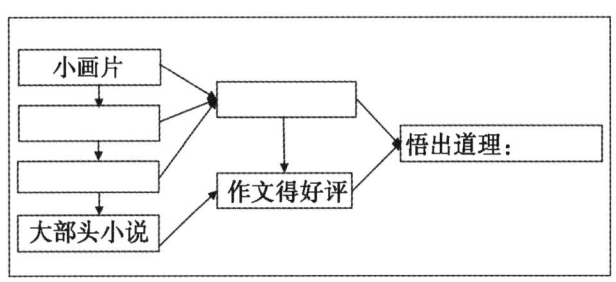

生：她最早读的是被叫作"香烟人"的小画片，后来又读了连环画，然后又在小镇上发现了许多的文艺书籍，这使她的想象力得到了提高。后来她学会了做笔记和借鉴，使作文得到了好评。她悟出了道理：只有自己呕心沥血的创造才是真正打动人心的东西。

师：同学们读书先得把书读熟。把书记在你的心里，不然就不叫"读书"。同桌能不能试着补充，说得更完整一点？

生：她最早读的是被叫作"香烟人"的小画片，后来又读了连环画。慢慢长大，读了小镇上几百册的文艺书籍，想象力得到了提高。那个时候她写作文就特别有自己的想法，她写的《秋天来了》得到了"甲优"，这使她悟得一点道理：作文，首先构思要别出心裁，落笔也要有点儿与众不同的"鲜味"才好。再长大一些，她到了学校，进了学校的图书馆，读了大部头小说，还学会了记笔记。记笔记既增长了她的记忆力，又增长了她的理解力。她的作文《一件不愉快的往事》又得到了好评。于是，她又悟出了一点道理：作文，要写真情实感；作文练习，开始离不开借鉴和模仿，但是真正打动人心的东西，应该是自己呕心沥血的创造。

[点评："说书"不易，说"主要内容"也不易，要将课文的内容要点说清楚就更不容易了。为落实本单元"根据要求梳理信息，把握内容要点"的语文要素，黄老师别出心裁地提供了学习支架——流程图。经过前几课的学习，学生已经掌握了"圈画关键词句、借助结构图或表格"等梳理信息的方法且能在本课的学习中尝试运用。流程图与传统梳理信息方法最大的不同在于其强调"过程"，关注"动态的变化与发展"。就本课而言，"我"读的书目类型在发展变化（由小时候读的小画片到涵盖古今中外的大部头小说），"我"的作文在进步，"我"悟出的道理也愈发深刻，"我"的读书生活会如"长生果"般经久不衰。黄老师能够随文（依据课文特点）适时（依据学情）提供"流程图"帮助学生阅读和表达。]

四、议书，关注"我"的感受，启发"整本书阅读"

师：同学们把书捧起来，朗读第一次悟出的道理。

生（齐声）：作文，首先构思要别出心裁，落笔也要有点儿与众不同的

"鲜味"才好。

师：于是，我又悟得了一点道理，读——

生(齐声)：作文，要写真情实感；作文练习，开始离不开借鉴和模仿，但是真正打动人心的东西，应该是自己呕心沥血的创造。

师：同学们，你们有没有这样的经历？

生：我以前就是很爱读书，特别是跟动物有关的，或者一些科幻小说。后来我就自己触发联想，写了一本《小恐龙洛博》，里面有些东西是我借鉴以前看的一些书。但我现在觉得写得不是很好，现在又开始创作一个新的。我边创作边读书，创作的过程中又悟出了很多道理，作品中还用了很多修辞手法。

师：太棒了！你把书读进去了。(其他生齐鼓掌)大家不仅是手拍拍掌，而是你的心要动，更重要的是你的行要动。同学们看一看叶文玲小时候读书的经历(幻灯片呈现叶文玲读书经历的介绍)，你有什么感受？

生：我认为叶文玲非常热爱读书，自己创作了很多书籍，还留下了很多读书的经验。

师：你自己有没有什么想法？

生：我认为我们可以根据叶文玲的经验，更好地学习读书。

生：我猜这个叶文玲小时候一定也看过许多书，所以她才能写出这么多好书。

师：这句话可以表达得更简练一些。

生：就是要多读书才可以写好书。

师：后面这句话表达很清楚了，多读书才有可能写出更多的书，是吧？好，叶文玲小时候读书的经历非常之美好。大家一起读一读课文的第2自然段。

生(齐声)：像蜂蝶飞过花丛，像泉水流经山谷，我每忆及少年时代，就禁不住涌起愉悦之情。在记忆中，少年时代的读书生活恰似一幅流光溢彩的画页，也似一阕跳跃着欢快音符的乐章。

师：叶文玲是浙江绍兴人，她曾为家乡的辛亥革命女英雄秋瑾写了传记《秋瑾》，同学们有兴趣可以进行阅读。

[点评：议书，就是看学生对作者的观点、经历等有没有自己的感受和感触，能不能将书和自己联系起来，有没有自己的价值判断等，即评价的能力。《我的"长生果"》是叶文玲记录下的"我"的读书经历和感受，本课的议书就是启发学生学习叶文玲关注读书时"我"的感受，且能够尝试大胆表达。无论读书，抑或说书、议书，最终目的都是为了用书。陶行知把只懂得一味读书不懂用书的人称为"蛀书虫"。书要能为我所用。第一，要会写作业，扎扎实实掌握相关的语文知识和技能。第二，要能用书指导自己的行为，做中学，用中学，创中学，用书促进自己的成长。第三，腹有诗书气自华，读书之用本就是"无用之用"，让读书成为生活的一部分，让书自然融入身体，避免成为贾宝玉口中用读书博取功名利禄的"禄蠹"。同时，读书，读整本书才是阅读的常态。课即将结束黄老师推荐叶文玲的《秋瑾》，启动整本书阅读。]

　　综上课例和点评，"读书、说书、议书、用书"，充分完成本课的"语文要素"学习任务，同时，黄老师指导学生透彻领会经典作品。学生品读经典，融入作者的"读书"之境，自然受到熏陶，关注读书时"我"的感受和审美体验。最后，由"一篇"出发，主动拥抱"一本"，回到整本书阅读的常态语文生活，促进学生的核心素养提升。

[赏析：冯洁珏（省普教室教研员）]

25. 以文言之"简"探教学之"实"

——《王戎不取道旁李》教学赏析

一、初读文本，摸清学情

师（课件出示竖排无标点的《王戎不取道旁李》）：这堂课老师和四（2）班的同学一起读一篇文言文。看完了没有？

生：看完了。

师：有哪位同学上来给大家读一读？

生：王戎七岁，尝与诸小儿游。看道边李树多子折枝，诸儿竞走取之，唯戎不动。人问之，答曰："树在道边而多子，此必苦李。"取之，信然。（该生句断位置基本准确）

师：你太厉害了！神童！还有哪位同学愿意试试？

生：王戎七岁，尝与诸小儿游。看道边李树多子折枝（此处师纠正"折枝"读音）诸儿竞走取之，唯戎不动。人问之，答曰："树在道边而多子，此必苦李。"取之，信然。（该生句断位置也基本准确）

师：你是一个神女，好厉害，老师到师范毕业的时候，也就是20岁的时候，比你们长十岁还读不清楚呢。太厉害了吧！

［点评：初识阶段，通过让学生就无句读文本进行阅读，检验学生文言学习的基础；同时想验证自己的想法——文言文，学生自己也能读懂的。］

二、初步了解意思，检验理解能力

师：两位同学读的这段内容讲了什么故事呢？谁懂得？

生₁：王戎七岁的时候，与一群小孩一起游玩。看到道路旁的李树，长着很多李子，已经压弯了枝条。王戎就与小伙伴们一起走过去，一起摘李子。只有王戎不动。人问王戎，为什么不摘李子呢？王戎回答，长在路边的李树，而且还长这么多李子，肯定是苦李子。人们摘下来一尝，果然如此。

师：你太厉害了，大致意思都讲出来了。但同学们听的时候，有没有听出他刚才说的内容有一个明显的矛盾？

生：他说得结结巴巴。

师：这不是矛盾的地方。

生：先说摘李子，后来说摘杏。

师：这不是矛盾，这是口误。

生：他说王戎和小伙伴们一起过去摘李子，可是后面又说王戎不动。

师：那你说，他矛盾在哪里？

生：他原本说王戎和孩子一起摘李子，后来又说只有他不动。

师：你听得最认真。

师（提醒生₁）：你听清楚了吗？你再说一遍，前面应该怎么说？（学生再说，纠正过来了。略。）你可以做四（2）班的老师，也可以做老师的老师。

［点评：在学生能初步独立读出句断的基础上，继续检测学生对文本内容的理解能力。］

三、"走进"故事，进一步理解文言大意

1. 出示有标点的《王戎不取道旁李》，加强文言认知

师：现在你说他还结巴吗？（生：不结巴了。）大家听懂了这段故事的意思了吗？（生：知道了）再读一读课文（提醒自己读自己的）。

师：不好读是吧，不好读不怪同学们，同学们能读成这样已经很了不起了，大家再读一读这个版本。（师出示有标点文本，生自读，明显读出有序停顿）

师：现在是不是更好读了？

生：因为有了标点符号。

2. 老师范读，提醒学生边听边记忆

师：现在同学们听老师读。认真听，看看大家听完老师的范读后，你能

记住多少内容。

师(范读结束)：好，请同学们再读。

3. 揣摩情节，感受人物形象

师：我看大家面无表情地读，大家琢磨一下，能不能找到一种阅读的感觉？要读出感觉就要注意到内容里面的人和故事(生不自觉地轻声读，尝试理解内容)。

师：在心里默默地读，很好。

师：这故事里的主要人物是谁啊？(生：王戎。)大家喜不喜欢他，喜欢就要带点感觉哦。谁来试着读一读？

师：老师跟你一起读，好吧。我们来看一看这位小王戎，大家听一听。(学生朗读，略)不错，前面一个"诸"读成 zhù，后面读对了，但还是缺少了点感觉。你喜欢王戎吗？喜欢就读出对他的喜欢。(学生朗读，略)

师：读得不错，但也没有感觉。大家想想，要把对王戎的喜欢读出来，应该在什么地方读得好呢？

[点评：在学生初步认知文本内容的基础上，引导学生体会人物的智慧，同时读出自己的感受。]

4. 关注人物语言，体会人物智慧

生₁：王戎说的话。

师：人们问他为什么不去摘，他是怎么回答的？

生：树在道边而多子，此必苦李。

师：嗯，他的回答很重要的，大家在心里默默说这句话。假设自己就是王戎，你先说给自己听。想一想，王戎当时怎么说，对谁说？(引导学生揣摩王戎语言和内心)

师：现在你们有点感觉了，自己再读一读。(生反复揣摩读)

师：我没有听到王戎在说话。你有听到王戎在说话吗？同学们找一找王戎说话的感觉。嗯，我看到有的同学有感觉啦！

师(对生₁)：人问之，答曰——

生₁：树在道边而多子，此必苦李。

师：嗯，有点感觉了，说得很认真的样子。

师（对生₂）：人问之，答曰——

生₂：树在道边而多子，此必苦李。

师：嗯嗯，有点"自信"的感觉。再找个女同学来读。

师（对生₃）：人问之，答曰——

生₃：树在道边而多子，此必苦李（天真，认真样）。

师：嗯，天真、认真——听到王戎说话了没有？

生：嗯，听到了。

师：谁再来读一读，说一说王戎说的话（重复引导多位学生单独发言）。王戎说什么话，赶快对自己说。

生：树在道边而多子，此必苦李。（老师读至"答曰"）树在道边而多子，此必苦李。

[点评：在反复揣摩中，引导学生潜入文本——读好人物语言，走近王戎，既感受人物的智慧和可爱，又能加深文本认知，巩固记忆。]

四、检验记忆，发现"留白"

1. 出示空白课件，鼓励背诵

师：谁能把这篇文言文背下来。如果有突然忘记的地方就翻翻书。（同时暗示鼓励）我看谁不用翻书。（生默背）

师：现在看看谁能把课文背下来。（学生不自信，不敢举手）（老师再次出现课件，生齐读，鼓励尝试背诵）

师（退出课件）：现在我们一起来背背。（师生同背诵）

2. 质疑激趣，发现文言文的特点

师：大家有没有发现故事中有一句话非常重要，但被省略了？大家想想是哪一句话？跟你的同桌说一说，讨论一下，哪一句话被省略了。（学生陆续发现问题，教师鼓励发言）

生："人问之"却没说出问的内容，应该补充写"人们问王戎为什么不去摘道边李树上的李子呢？"

师：我现在就是王戎，你来问问我好不好？

生：你为什么不摘李子呢？

师：我看树长在道边，却还长着这么多李子，肯定是苦李子。你信不信？

生：不信。

师：那你去摘来尝尝呗。

生（仿佛在想象）：是苦的。信了。

生："树在道边"这里省略了一句，王戎应该继续解释人每天从这里经过，如果是甜的，早就被人摘光了。

师：你说的是不是真的？（取之，信然）大家"取之，信然"，会不会有点反应啊？

生：应该有。

师：那作者为什么省略大家的反应啊？按道理，大家应该夸一夸王戎的。作者为什么不写？（学生一时想不到）

师：谁愿意把自己的想法说给同学听一听？大家想想，作者为什么把诸小儿的反应省略不写？

生：我觉得作者是王戎，他想把自己写得谦虚一点。

师：大家看这篇的作者是谁？是不是王戎？大家打开课本就知道了——文章选自哪里、作者是谁？

生：《世说新语·雅量》，但书上没说作者是谁。

师：我也曾以为是王戎写的，但不是，相传是南朝刘义庆写的。还有什么可能呢？

生：后来的人不知道晋朝时期发生了什么事，不知道别人是怎么夸王戎的，也不知道他们有没有夸王戎。

师：哦，作者不清楚当时的事，不敢乱写，有道理。还有没有其他理由？

生：我感觉这篇文章主要为了讲这件事，再写其他的话就多了。

师（追问）：主要写哪件事？

生：写王戎不取道旁李的事。

师：作者主要写王戎不取道旁李这件事，诸小儿夸不夸他重不重要？（生：不重要）王戎不取道旁李这件事说完了没有？（生：说完了）你感觉王戎怎么样？

生（齐）：聪明。

师：你为什么觉得王戎聪明？

生：我觉得王戎会推理，通过树上的李子很多，知道李子是苦李子。

师：你的回答真棒！那作者把王戎的聪明写出来了没有？

生：写出来啦！

师：写出来，就够啦。（板书：够了）

[点评：引导学生在思考中发现文言文只写出主要人物和事件的简练特点。]

五、默写课文，指导书写

1. 师生共同默写，巩固记忆。

师：好，同学们，我们再来读读这篇课文，背下来。（学生集体背诵）

师：很好，大家都差不多能背诵了，现在请大家打开作业本，拿出笔。如果你还不能背诵，那么你就抄写；如果你能背诵，就默写下来。大家准备好了没有，坐好，我看谁敢于默写。（师生集体默写，学生默写在作业纸上，老师默写在黑板上）

2. 检验记忆效果，相机指导识字写字。

生$_1$：老师，你写错了一个字。你把"道边"写成"道旁"了。

生$_2$：老师，你还写错了一个字。你把另一个"道边"写成"道旁"了。

师：是啊，课文题目是"王戎不取道旁李"，课文内容却两次都用"道边"。"道边"就是——

生："道旁"的意思。

师：老师的默写，比同学们的多了什么？

生：题目下面多了一行"选自《世说新语·雅量》"。

师：对！记得抄写或默写，一定要把作者或出处也写下来。现在请同学们补写在标题下面或文章结尾处。

师：这篇课文，同学们还要特别注意两个字，一个是"戎"，第二笔是短横，本义是古代的兵器。同时大家要注意这个"道"字的书写，要先写里面的"首"，再写走之儿。

师：《世说新语》这本书，还有很多像《王戎不取道旁李》这样有意思的文言文小故事。同学们可以去读哦。

［点评：在检验、巩固学生本节课学习效果的同时，指导识字写字教学。］

【总评】

黄老师执教的《王戎不取道旁李》，有"三绝"。

1. 绝在"读"

统编教科书中的文言文都是精品中的精品。感受其文字的质地，功夫也全在一个"读"字上。把古文读通，对多数学生来说实非易事。朱熹有言："凡读书，须要读得字字响亮，不可误一字，不可少一字，不可多一字，不可倒一字，不可牵强暗记，只是要多诵遍数，自然上口，久远不忘。"把功夫扎扎实实地花在读原文上，实乃学好文言文之金玉良言。

课始，由于学生是突然抽调来上此课的，因此课前全没预习过，所以老师简单交代今天要学的是《王戎不取道旁李》后，就用幻灯片出示《王戎不取道旁李》竖排无标点符号的原文，请学生先默看几秒，然后直接请了一男一女两位学生朗读，两位学生竟然全都读下来了，断句也基本正确。这下验证了黄老师课前的猜测——学生很可以凭借自己的学习潜力将小古文读下来。

继之，黄老师又用幻灯片出示《王戎不取道旁李》竖排但是有标点符号的，学生读得更容易了，师生共同朗读了数遍。见学生读得有感觉了，老师要求把喜欢王戎的感觉读出来，并指导想象王戎是如何说"树在道边而多子，此必苦李"这句话的，告诉学生读人物语言就要有"说话"的感觉，不要"朗读腔"。

在学生读得越来越有感觉的时候，黄老师出示了一张只有题目的空白幻灯片，要求学生背诵。学生各自默背后，竟然能集体背诵了下来。至此，黄老师又提高了要求——集体默写此文。老师在黑板上写，学生在作业纸上写。写后师生共同订正错字。

就这样，读一读，议一议；读一读，悟一悟；读一读，品一品；读一读，写一写。全课在琅琅的读书声中戛然而止。本分的"读"、本色的"读"、本真的"读"，在这堂课中如余音绕梁三日不绝。

2. 绝在"悟"

悟离不开问。问题是思维的引擎，问题要少而精，问到"思维"的"痛处"，这叫作"精准问"。本课教学中教师的问不多。一问"言语形式"——"人问之"此处作者省略了什么内容、为什么要省略？在学生有所思、有所议后，师又问还有哪些地方也有省略？生答道"取之，信然"后省略了大家的反应。显然学生对文言言简意赅的特点有所感悟。二问"意象情味"——你觉得王戎怎么样？一石激起千层浪，各自围绕着"聪明"一词谈开了。教师的问促进了学生的悟，悟"言语形式"，悟"意象情味"，借助教师的层层点化，学生终于悟向了本文的"中心"。

3. 绝在"信"

"信"即相信学生的学习潜力。在本课的教学中，教师教的痕迹不多，绝大多数的时间都在让学生自读自悟。"没有标点符号的竖排的《王戎不取道旁李》"学生居然能读下来，读得差不多；不需要"注释"的帮忙，基本能"理解大意"——用自己的话讲述这个故事。"尝""竞走""唯""信然"不用看注释也能猜得八九不离十，甚至连"人问之"的"之"都能"补充"得那么恰当。

为什么？因为有"生活经验"，有"上下文语境"。

小学生阅读文言文，不需要"字字落实、句句解释"，只需要用自己的话讲讲这个故事而已。这就是浅易的文言文阅读教学目标："重点考察学生的记诵积累，考察他们能否凭借注释和工具书理解诗文大意。词法、句法等方面的概念不作为考试内容。"

黄老师的课，面对四年级的学情，将"度"把握得恰到好处。

（赏析：泉州市晋江市养正中心小学　陈华红）

26. 梳理与探究：指向核心素养的文言文复习课转型

——《〈文言文二则〉复习》教学赏析

温故而知新——复习对于学习的重要性不言而喻。但长期以来，复习课却因为枯燥乏味、效率低下成为师生眼里的"鸡肋"。在不少教师的观念中，复习课的目的就是为了让学生获得高分。因此，基于考试的评价标准，教师常常会对一阶段所学的知识点进行高强度的记忆和反复的操练，期望学生查漏补缺、熟能生巧，从容应对考试。这样"题海战术"式复习，不但加重了学习负担，还加剧了厌学情绪，无益于学习力提升。因为，温故而没有知新，学生只在原有水平做平行移动，难以从复习中抵达"最近发展区"。

从学习的本质上看，复习课的意义是通过回顾旧知、梳理提炼，逐渐构建结构化的知识体系。在此过程中，学生归纳总结出恰当的学习方法，发展思维，形成可迁移的学习力。因此，以学习为中心的课堂，必然要摒弃传统"炒冷饭"型、"题海战术"式复习课，以尊重学习规律、尊重学情为基础，以提升学生的核心素养为目标，开展复习课新课型的有益探索。

临近期末，省教研室黄国才老师在厦门五缘第二实验学校执教《〈文言文二则〉复习》（六年级）一课。基于对复习课价值和意义的理解，以"梳理与探究"任务群为主线引导学生在复习中巩固文言文课文的重难点，初步形成文言文的大概念认知，达到知识的串联和结构化，取得良好效果。

一、明确学习目标，提炼核心概念

1. 复习目标指向核心概念的提炼

复习不是零碎知识的简单拼凑，也不可能进行完整的教学复现。复习内容的整体性特点，需要对应思维的系统性。因此，复习课需要教师巧妙连缀知识的片段，引导学生深化对核心概念的认识和理解。从教学过程中，我们可以清晰地感知其目标定位。

(1) 通过勾连《司马光》《王戎不取道旁李》等学过的6则文言文，拓展阅读《书黄筌画雀》(选自《东坡题跋》，[宋] 苏轼撰，白石点校。浙江人民美术出版社，2016年版，第171页)，引导学生初步提炼、抽象出文言文的特点。

(2) 在文言文基础知识和难点字词的梳理中，指导学生进行探究性学习，激发学生继续学习文言文的兴趣。

(3) 通过有感情的朗读练习，进一步提升学生的文言语感，掌握文言文学习的基本方法。

上课伊始，黄老师即与学生就文言文复习进行专业对话——

课堂回放1：关于"文言文"

师：这节课由老师和同学们一起做一个复习性的学习。请看（板书：文言文），读——（生：文言文。）你对"文言文"有什么认识？

生：文言文是一些比较难懂的语言，是古代的人写的。

师（把话筒递给同桌）：她讲了两个要素。是哪两个要素？

生：是古人写的，是难懂的语言。

师：你认可吗？（生：认可。）但我不太认可。"古人写的"我认可。那些"难懂的语言"作为文言文的要素我不太认可。现代文中也有一些语言很难懂啊！比如"白鹭是一首精巧的诗"，这句话好懂吗？

生：不好懂。

师：但它是文言文吗？

生：不是。

师：对。有一个要素是对的——是古人写的。我对"古人"这个词还不太了解。什么叫古人，什么叫现代人？有没有一个时间的划分标准？

学科核心概念反映着学科的本质，具有高度的概括性，对学科知识起着支撑和架构作用。本节课是文言文复习课，其核心概念是"文言文"。黄老师在课一开始就让学生回忆学过的多篇文言文，通过勾连已有经验，试图构建对文言文整体的感知。从学生的回答来看，他们对文言文的词汇和语法特点还没什么深刻印象。其原因大致为：从三年级开始学习的浅易文言文在课本中的分布为散点状且大多与语文要素无关，教师对文言文的教学尚缺乏系统性的认识。因此，需要以形成初浅的"文言文大概念"为目标设计复习框架，帮助学生将零散的文言文知识统整起来，初步形成抽象的概念理解，使学生在理解大概念的基础上实现迁移。这也是学科知识内化为学科核心素养的重要路径。黄老师的课遵循此路径。

2. 以构建核心概念为复习的思维逻辑线

六年级学生要在头脑中构建"文言文"这一核心概念并非一蹴而就的事。对于成人来说，从具体表象到抽象概括形成概念的理解，也经历过一长段思维进阶。因此，教师在引导学生形成核心概念时，要设计具体的"思维地图"，即思维的逻辑线索。

通过课堂观察发现，黄老师的课主要分成五个学习阶段。首先，提出问题，让学生思考对"文言文"的认识；然后，联系学过的文言文，唤起学生对文言文这一核心概念的具象回忆；进而聚焦《文言文二则》的内容、关键语句和主旨展开复习；再拓展延伸阅读课外的文言文《书黄筌画雀》；最后，推荐阅读《东坡题跋》整本书。这五个环节，环环相扣，逻辑严密，形成循序渐进的有机整体。

尤其值得称道的是，基于小学生的思维特点，黄老师并没有要求学生硬生生地概括、抽象出文言文的特点或背诵文言文的定义，而是在一步步进阶的认知活动中，不断丰富、完善学生对文言文特点的感受。例如，课初，某同学认为"文言文是一些比较难懂的语言，是古代的人写的"。课后，该同学接受"教学效果"访谈时说："现在我感受到文言文用字很讲究。例如，文言中的'首''篇''则'所代表的意思是不一样的。文言文会以一种概括的形式来讲故事，并且每一则故事都包含对应的道理。"

由此可以看出，以该同学为代表的六年级群体，通过以核心概念统摄的课堂学习，虽不能非常准确地提炼文言文的定义，但已经能够从多个具体文本的比较中深刻感受到其"言简意丰"的突出特点。

二、突出课型特征，设计有效作业

2022年版新课标规划了"语言文字积累与梳理"1个基础型学习任务群，"旨在引导学生在语文实践活动中，积累语言材料和语言经验，形成良好语感；通过观察、分析、整理，发现汉字的构字组词特点，掌握语言文字运用规范，感受汉字的文化内涵，奠定语文基础"。

黄老师的《〈文言文二则〉复习》属于专题复习课。黄老师结合所复习的内容，带领学生对复习材料中的词汇词义、汉字构字、规范书写、作家常识等方面进行了梳理，并布置相应的课外实践作业，引发学生对语言现象、构字组词特点等产生兴趣和思考，从而自觉、自能进行深入的学习。

课堂回放2—1：梳理"篇、首、部、本"等量词

师（在"文言文"后板书"二则"）：齐读课题——（生：文言文二则。）你有什么问题想问？

生：为什么是"二则"，不是"两篇"？

师：你还可以往下问——

生：为什么不是"文言文二首"？

师：为什么不是"文言文二部"？"二本"？（板书：篇 首 部 本）我们学古诗的时候说古诗——（生：二首。）我们说课文是一篇；说小说，是——（生：一部。）我们说《三国演义》——（生：一大本。）我们曾经还学过一篇课文叫《故事二则》。

师：布置一道作业，请大家回去查一查，这五个量词，一般指称什么样的作品。我们小学生，就要遵守《小学生守则》。"守则"和"二则"这两个"则"，有什么相同或者不同？回去也查一查。

课堂回放2—2：关注"车、玉"等字作为偏旁的变化及原因

（师请一位同学上台讲《书戴嵩画牛》的故事，生忘记作者）

师：（板书：[宋]苏轼）"车"作为偏旁的时候发生了一点小变化。笔画笔顺变化了，横也变成了提。你们有什么问题吗？

生：为什么横要变成提，笔画笔顺也要变？

师：这是一个非常高级的问题，涉及我们古人创造汉字和书写汉字的智慧。同学们注意一下汉字中不少字都有这样的现象。比如，这是"玉"（板书：玉　王），它作为偏旁的时候，我们俗称"王字旁"，但大多时候应该读"玉"（斜玉旁）。同学们发现了什么问题没有？

生：点没了，最后一笔变成了提。

师：所以刚才那位同学提出的是一个非常有价值的问题。现在布置第二项作业，回去查一查，我们的汉字部件当中，有哪些存在这种现象、为什么会有这种现象。

课堂回放2—3：推荐阅读整本书《东坡题跋》

（在拓展学习《书黄筌画雀》之后）

师：同学们把"务学好问"这四个字抄写在笔记本上。（学生抄写）

师："务学好问"是《书黄筌画雀》中苏轼告诉我们的道理。《书戴嵩画牛》中，他也告诉我们"专业的事情要问专业的人"（板书：专业）。那么，"务学好问"跟《书戴嵩画牛》中的"耕当问奴，织当问婢"（板书）之间有什么关联？"务学好问"跟我们的学习又有什么关系？同学们带着这些问题回家思考。

师：这两个故事都记载在《东坡题跋》这本书中（出示书）。东坡先生一辈子光题跋就写了五百多篇。"题跋"在他手上成为了专门的一种文体。这本书很值得去看。希望同学们下课之后，到学校初中部图书馆找一找有没有这本书。如果没有，你们班至少派一位代表去找校领导，建议采购若干本。老师更希望我们六（7）班有一部分同学在成为中学生之前，能浏览完这本书或边读边做"阅读日记"。这是最后一道作业。

从以上三个教学片段可以看出，黄老师的课重点进行"梳理与探究"实践活动。即从某一语言现象出发串联同类同质例子，再整体上抽象出语言规律，以点串线，以线连面，以面达整体。正如陆志平教授所言："在语言经验积累的过程中梳理，在梳理探究的过程中体会语言的规律，加深对语言文字的认识和理解。梳理把零散的知识结构化，使客观的知识成为自己的。可以说，梳理是一个不断从零散到统整、从模糊到清晰、从客观到主观、从经验到理性的过程。积累与梳理，循环往复，螺旋上升，使学生的语文基础更加坚实。"

还值得注意的是，黄老师设计（也是课堂生成）的作业，鲜明地体现了他主张的"备—教—学—评"互动一体的特点。每一道题都生成于"梳理"过程中学生未完全明确的规律或可以继续拓展的问题。通过这样的作业，试图让学生明白：不是所有的问题都要在课堂上由教师解答；作为学生，留心观察、质疑问难，要尝试用各种方式去解决问题，或从课堂出发去探究。作业，让课堂延续、让思考延续。如此，课堂中有价值的"问"，变成作业中有探究的"答"。这样的作业，实现"教—学—评"高度一致、互动一体，充分发挥作业"反哺"课堂的功能，为学会学习、持续发展奠基。

三、注重因材施教，提升学习品质

《义务教育课程方案（2022年版）》提出了"面向全体学生，因材施教"的课程实施基本原则，体现差异性公平。具体而言，因材施教的"材"至少包括两个角度：一是教学对象的整体水平；二是不同层次学生的差异性。因材施教的过程至少包括"识材"与"施教"两部分，即先识别学生的差异性特征与需求，再据此施加差别化的教育教学。只有对学生实施适合他们的教育行为，才能真正实现"以学为中心"的教学转型。

课堂回放 3—1：关注文言实词与虚词，反复朗读

师：《伯牙鼓琴》，选自《吕氏春秋·本味》，齐背——

生（齐背）：伯牙鼓琴，钟子期听之……巍巍乎若太山……

师：停一下。"善哉乎鼓琴，巍巍乎若太山"是谁对谁的评价？

生：是钟子期对伯牙的评价。

师：这个评价怎么样？

生：很好。

师：那我怎么一点都听不出评价的好呢？试想一下，钟子期在评价伯牙鼓琴的时候，是带着一种点赞的语气。你怎么把这种点赞的语气读出来？听老师背诵（示范背诵）：伯牙鼓琴……再读——

生（齐读）：钟子期曰……

师：（板书：善哉乎、巍巍）"善"后面的"哉""乎"都是语气词。你想，表扬一个人、称赞一个人，是评价词重读一点还是语气词重一点？

生：评价词重一点。

师：就像我给你的评价"你真聪明啊！"是"聪明"重一点，还是"啊"重一点？

生："聪明"重一点。

师：语气词虽然在那里，但是要做到声断气连。重点词用重音突出。现在老师读提示语，你们来读句子。

生（齐背）：善哉乎鼓琴，巍巍乎若太山。

师：有进步。善哉乎鼓琴，巍巍乎若太山。可以拿出手来，用动作提示自己。再读——

生（齐背）：善哉乎鼓琴，巍巍乎若太山。（进步明显）

师：少选之间，而志在流水。钟子期曰——

生（齐背）：善哉乎鼓琴，汤汤乎若流水。

师（示范）：善哉乎鼓琴，汤汤乎若流水。再来——

生（齐背）：善哉乎鼓琴，汤汤乎若流水。……（进步明显）

从学生表现看，对文言文的实词、虚词把握得不清晰，难以通过朗读表现对文言文内容的理解。黄老师敏锐地发现这个问题，并及时通过示范读、板书标注、举例论证、反复练习等方式解决，效果显著。同时，突出浅近文言文教学中最重要的方法——示范朗读、反复朗读、多层次朗读——感知文言特点，形成良好的文言语感。

课堂回放3—2：在梳理"卑"的过程中，关注"学困生"

师：（板书：耕当问奴　织当问婢）"婢"这个字，右边读什么？（生：卑。）给"卑"组几个词——

生₁：卑微。

生₂：（不会。）

生：自卑。

师（再问生₂）：你再来组一个词。（这位学生仍然不会）你重复他们两个说的词。

生₂：（很小声）卑微。

师：还有，刚才你同桌说的——

255

生₂：自卑。

师：很好！

生：卑鄙。

生：阿尔卑斯山。

师：现在一共有4个词。（话筒递给生₂）现在你再重复一遍。

生₂：（含糊地）卑微、卑鄙、自卑、阿尔卑斯山。

师：卑微、卑鄙、自卑、阿尔卑斯山，像我这样一字一字清楚地说。

生₂：（清晰地）卑微、卑鄙、自卑、阿尔卑斯山。

师：很好！你自信多了。请坐。

从学生表现看，第二位同学是一名"学困生"——六年级了还无法独立完成"卑"字的组词任务。黄老师并没有为了教学环节的"丝滑"而放弃对这位同学的个别辅导与鼓励，多个回合与学生交流对话，引导学生通过注意倾听同学发言，积累正确答案，最后自信地表达出来。黄老师的"课堂辅差"，不但辅内容，还辅方法，更辅心理。短短一分钟左右的教学，看似微不足道却鲜明地体现了黄老师"尊重学生差异，因材施教"的教育理念。

课堂回放3—3：重视思辨与用心育人水乳交融

师：苏轼说"耕当问奴，织当问婢，不可改也"。你认为他这个观点有没有什么问题？

生：不一定要问专业的人，问那些自己有亲身经历过的人也可以。

师：如果这个奴耕地耕得不怎么样，这个婢织布织得也不怎么样，还应该问他们吗？

生：不能问他们。

师：那么文章真正的观点究竟是什么？（话筒递给正开小差的同学）

生：要问专业的人。

师：不错，你可以一心二用。文章真正的观点是什么？

生（齐）：专业的事问专业的人。

师：（板书：专业）专业的人做专业的事。请问同学们的专业是什么？

生：学习。

师：（板书：学习）好好记住你们自己的专业。

教学中，针对个别同学不专心的情况，黄老师的教育非常巧妙。他借文本主旨"专业的事问专业的人"引出"专业的人做专业的事"，顺势引导学生反思自己的专业是什么、该做什么。教学全过程黄老师没有批评学生，但言语用心有力，促人反省，帮助同学及时调整状态专心学习，可谓育智育人水乳交融。

促进学习、提升品质是教学永恒的追求。影响学习品质的因素很多，主要有学习的内容、环境以及学生的能力、兴趣、动机、方法、意志、习惯，等等。黄老师及时关注以上因素，构建了和谐、积极、善思、好问的探究型课堂，使学生获得良好的学习效能。

总而言之，一节好课的价值远不在于教会了学生什么知识，而是通过课堂，能让孩子喜欢学习、有方法地学习、学会怎样学习并反思学习的过程和意义。一节好课映射的是一位教师内心深处的学生观、学习观和学科观。复习课也不例外。站在学生立场、基于学科本质特点研究"学会学习"，实现"学为中心"的课堂转型，是黄老师的课传递给我们的强烈的信号，也是新课标理念下每位教师的应然和必然。

[评析：阮宇航（福建省厦门市音乐学校　高级教师）]

附录

我们是书香少年

黄国才 原词
清华附小改编
范巧燕 作曲

1=G 4/4
欢快、激扬地

后　记

教研员的生命在课堂。因为课堂是教研员学习的对象、研究的对象，也是服务的对象。因此，教研员必须感谢课堂给予生命的滋养。

没有课堂就没有教研员。

而教师每天都在辛勤地耕耘课堂、创造课堂、成就课堂。因此，教师每天都在为教研员提供"生命滋养"。教研员必须感谢教师。

没有教师就没有教研员。

我自1998年开始从事教研员这一职业——从县级到省级——我的"生命在课堂"，我的生命价值在课堂。如果我取得了一点成绩，都因为课堂、也为了课堂。因此，我真诚地、热切地感谢课堂，感谢每一位为我提供学习机会和宝贵资源的老师们！

感谢你们！

就拙著中的课例而言，一方面，是一线优秀教师——"七零后""八零后""九零后"——提供的优质课例，如，刘冰、陈姬、黄平平、阎晶晶、吴筱瑾、庄小芳、赵海青、罗懿临、林月颖、林应功、陈晓旭、曾哲、黄玮玲、陈瑾、陈贝迪、陈李园、雷晓芳、肖明英、张舒哲，等等。这些课我一一听过且都全程参与了备课、研课和现场即兴评课等，一一感受到课的美好——那是教师和学生与教材共同创生的一种智慧生活的大美。我努力地将美好一一揭示出来、回馈教师。如果我做到了，非常高兴；如果挂一漏万，我恳请老师们补充、优化。另一方面，是我自己上的课——绝大多数是我在听完老师的课后产生"也去上上"的冲动后——和学生共同完成的学习过程和结果。承蒙同仁胡和春、邵巧治、陈朝蔚、张春霞、冯洁珏、陈华红、阮宇航等给予了肯定和赏析。这不正是"教研员的生命在课堂"的生动注释吗？

因此，我借拙著真诚地、热切地感谢课堂，感谢每一位为我提供学习机会和宝贵资源的老师！

感谢你们！

由于收入本书的课例绝大多数都在专业期刊发表过，都规范地标注过"参考文献"，因此，本书不再罗列参考文献。我的专业成长得益于老师们的课例，也得益于专业文献——隐身大师的教诲。

感谢你们！

天地，有大美而不言。
课堂，有大美而言不尽。

因为，
　　每一位孩子拔节，
　　　　　开花，
　　　　　　　结出硕果，
　　　　　　　　　有待时日。
但是，
　　我们分明听见——
　　　　　美妙的拔节声；
　　　看见——
　　　　　鲜妍的花儿开。
　　　　　我们坚信累累硕果必定来……

　　　　　　　　　2024 年 12 月 6 日（甲辰年大雪）于福州陋室